아산재단 연구총서 제419집

종교심리학의 이해

죽음인식의 논의를 중심으로

아산재단 연구총서 제419집

종교심리학의 이해
죽음인식의 논의를 중심으로

김 재 영

집문당

김재영(金在榮) 캐나다 오타와 대학교 인문대학 종교학과 박사
한국 종교학회 회장역임
국제 종교학 저널 편집위원
현재 서강대학교 국제인문학부 종교학 전공 교수

아산재단 연구총서 제419집

종교심리학의 이해: 죽음인식의 논의를 중심으로

2017년 4월 20일 1판 1쇄

저 자 | 김재영
발행인 | 임동규
발행처 | **집문당**
등 록 | 1971. 3. 23. 제300-2012-69호
영업부 | 10881 경기도 파주시 광인사길 85
(02)743-3192~3 팩스(02)742-4657
전자우편 | sale@jipmoon.co.kr
편집부 | 03134 서울시 종로구 돈화문로 82 집문당빌딩 5층
(02)743-3096~7 팩스(02)743-0227
전자우편 | edit@jipmoon.co.kr
홈페이지 | www.jipmoon.co.kr

편 집 | 장이지
디자인 | 임용우

ISBN 978-89-303-1757-3
978-89-303-1500-5(세트)

가격 17,000원

이 도서의 국립중앙도서관 출판시도서목록(CIP)은 e-CIP홈페이지(http://www.nl.go.kr/ecip)와
국가자료공동목록시스템(http://www.nl.go.kr/kolisnet)에서 이용하실 수 있습니다.
(CIP제어번호: CIP2017008253)

For Shinja

머리말

인간이 엄청난 경쟁을 뚫고 인생학교에 입학한 이후 수강해야 할 수업 시간 중에서 가장 난해하여 도저히 이해할 수 없는 역설 중의 역설은 죽음의 시간이다. 이 죽음의 시간을 인간은 늦게 수강해도 될 것이라고 생각하고 강질의 근육이나 매혹적인 몸을 만들어 보기도 하고, 세월의 흔적이 깊이 담겨 있는 몸에 엄청난 뇌물공세를 벌여 보기도 한다. 또한 그 시간은 존재하지 않는다고 마음으로 큰 소리를 외쳐대 보아도 거기에는 공허한 메아리만 들릴 뿐 어떤 영향력도 보여주지 못한다. 그 시간은 철저하게 준비했던 몸과 마음의 질서를 파격하면서 조건만 되면 도망가기는커녕 지각도 하지 않고 정확히 찾아온다. 그럼에도 불구하고 죽음의 시간은 아름다움, 명예, 권력, 부귀, 근육, 교양, 학연을 쌓기 위해 무한 경쟁력을 담보할 수 있다고 호언장담하는 다른 시간의 존재감과 비교하면 초라할 정도로 주변으로 밀쳐져 있다.

하지만 일단 죽음의 시간이 찾아오면 그 시간은 상상할 수 없을 정도의 '파괴력'으로 다른 시간을 단번에 제압하면서 움츠리고 있었던 존재감을 당당하게 드러낸다. 그 시간은 슬픔, 후회, 아쉬움, 안타까움, 어쩔 수 없음, 분노, 고뇌, 부정, 침묵, 한숨, 의심, 비관, 비난,

망상 등으로 절망의 모습을 전적으로 드러내면서 희망으로 가득 찼던 삶을 송두리째 정지시키면서 그동안 소중히 달고 다녔던 계급장을 떼어버리게 하고 철저하게 무장했던 갑옷을 결연한 모습으로 벗어 던지게까지 한다. 이러한 모습만이 끝이 아니다. 그 시간에 보여주는 또 다른 모습은 떠나는 자는 여러 가지 사연으로 굳게 닫혀 있던 마음의 문까지 열개하여 화해와 용서를 귀한 선물로 남겨주기도 한다. 그 모습은 마치 떠나는 자와 남겨진 자가 서로를 향에 "종교적 인간"임을 기억시켜주는 자연적 기도를 진정으로 올려주고 들려주는 것처럼 보인다.

현대 학문의 어떤 분야보다도 종교심리학이 북미에서 19세기 말에서 20세기 초기를 걸쳐 새로운 학문 운동으로 시작한 이후 죽음인식과 밀접히 연결된 다층적 경험은 종교심리학뿐만 아니라 종교학의 일반 논의에서도 핵심주제 중의 하나였다. 그 운동이 초기에 설정한 연구의 방향성이나 주제범위는 현대 학문분야의 또 다른 탄생에 대한 배경사적 이해를 넘어 지금도 인간의 내면에서 일어나는 경험에 대한 연구의 필요성을 설득력 있게 보여주고 있다. 특히 종교심리학은 죽음인식으로 인해 올라오는 한계성의 파동을 끊거나 초월하려는 몸부림을 "종교적 경험"으로 규정하고 그것의 역동적 과정을 파헤치려고 하였다. 다시 말해서 종교심리학은 종교인이든 무종교인이든 죽음의 시간에 대한 최종적 의미를 직조하기 위해 결론적으로 마련한 "대답"에 담겨 있는 마음의 역동적 경험과 그것의 열매를 집중적으로 이해하려고 하였다.

이번 연구는 종교심리학과 관련해서 전체 네 권 중 첫 번째 권으로 준비하였다. 원래 계획은 "종교적 경험"을 첫 번째 권으로 출판한 다음, 이번 연구를 두 번째 권으로, 세 번째 권으로 "신비주의 이론",

그리고 "종교교육 이론"에 대한 종교심리학적 논의를 마지막 권으로 출판하려고 하였다. 이 네 권의 저술은 처음부터 함께 준비하고 있었기 때문에 그렇게 하는 것이 가능할 수 있을 것이라고 생각하였다. 그러나 많은 분량을 차지하고 있는 첫 번째 권을 거의 마무리하는 과정에서 원래 종교심리학이 지향하려고 했던 연구의 방향을 더욱더 섬세하게 기술할 필요가 있기 때문에 이번 연구를 먼저 출판하는 것으로 결정하였다. 물론 그 결정은 쉽지 않았다. 아직까지 한국의 학계에서는 종교심리학이 연구되기 시작한 배경이나 연구 방향과 주제범위를 연구사와 관련해서 정리한 글들이 거의 발표되어 있지 않은 상황에서 이번 연구를 먼저 출간할 경우 종교심리학이 중점적으로 파헤치려고 했던 종교적 경험에 대한 논의가 심리환원주의로 희석될 수 있겠다는 판단 때문이었다.

사실 한국의 학계에서 종교심리학이라는 학명은 익숙해져 있어 종교학을 비롯하여 심리학이나 특정 종교전통에서 이루어지고 있는 연구에서도 그 논의가 다양하게 이루어지고 있다. 하지만 기존 연구풍토에서 종교심리학은 이상할 정도로 특정 심리학 이론에 압도되어 종교심리학이 일어나게 된 배경이나 원래의 방향에 대한 연구가 실종되어 있다. 그러한 풍토가 수정되지 않고 계속 이어지다 보니 "종교심리학"이라는 학명은 익숙해져 있지만 "심리학"이라는 말 앞에 붙어 있는 "종교"라는 말의 의미를 거세시켜버린 연구나 그렇지 않으면 특정 종교전통에만 국한시켜 그 논의를 막무가내로 대변하기 위한 연구가 주를 이루고 있다. 후자의 경우 더욱더 안타까운 것은 "종교"라는 말을 강조하고 있지만 심리학주의를 지향하는 연구에 맹목적으로 빠져 있다는 느낌을 받게 된다. 그러므로 전자의 경우든 후자의 경우든 이 두 가지 연구의 흐름은 역설적으로 심리학을 또 다른 "종교"로 만들어버린 결과를 낳았다. 앞으로 종교심리학이 더욱 발전되어가기 위해서는 이 부분에 대한 비판적 성찰이 반드시 제기되어야 할 것이다.

이번 연구는 제2장과 제7장을 제외하고는 아산사회복지재단의 연구지원을 통해서 이루어졌다. 제 2장과 제 7장은 각각 2014년 한국종교학회 정기 학술지인 「종교연구」에 발표한 글들을 수정해서 이번 연구에 첨가하였음을 밝힌다. 이번 연구가 중지되지 않고 가능할 수 있었던 것은 연구 결과를 제출해야 할 시간이 많이 초과되었음에도 불구하고 연구를 매듭지을 수 있도록 끝까지 기다려준 아산사회복지재단의 배려 덕분이다. 이 자리를 빌려 감사한 마음을 전한다. 또한 최종 연구결과가 한 권의 책으로 나올 수 있도록 수고해준 집문당 장이지 편집자님에게도 감사한 마음을 담는다.

끝으로 조금도 나눌 수 없고 지켜보아야만 했던 슬픔을 기꺼이 이겨낸 아내와 두 아들에게 많이 고맙고 감사하다는 말을 전한다.

서강대학교 정하상관 연구실에서

2017. 4. 김재영

| 차 례 |

제6장 노먼 브라운의 죽음인식 · 199

제7장 어니스트 베커의 죽음학과 종교 · 233

제8장 결 론 · 267

제 1 장

서 론

제1장 서 론

인간의 삶에 있어서 확실한 사실은 인간은 누구든지 삶 속에서 누렸던 조건과 상관없이 죽는다는 점이다. 그럼에도 불구하고 인간의 모습은 끊임없이 그러한 사실을 잊어버리거나 그 사실 자체를 기억에서 지우려고 한다. 대부분의 삶의 모습은 그것에 대한 기억과 망각 사이에서 강렬한 충돌을 경험하기도 하고, 때로는 충돌보다는 다른 쪽을 제압하면서 한쪽의 경험을 극대화시키기도 한다. 인간의 삶의 모습은 개인이든 집단이든 이러한 이중경험의 역동을 입체적으로 보여주고 있다. 그것은 과거의 모습만이 아니라 지금도 계속 이어지고 있고 앞으로도 계속해서 변할 수 없는 삶의 경험으로 존재할 것이다.

그러나 죽음의 기억과 망각 사이의 균형은 과거의 삶에 비해 현대로 접어들면서 점점 깨지기 시작하였다. 당연히 있어야 할 죽음에 대한 기억의 자리는 없어지고 자연스럽기까지 할 정도로 망각의 자리가 일상의 삶 곳곳을 지배하고 있다. 죽음의 기억이 살아나지 못하고 역설적으로 처절하게 죽어가고 있는 실정이다. 기억의 자리는 오히려 바쁘게 전진, 또 전진만 외치면서 거침없이 돌아가는 시간의 압박이 더욱 치열해진 현대의 삶에서는 환영받지 못하고 배척과 금기의 대상이 되어 있다. 죽음의 기억은 '나'를 둘러싼 주위 어느 곳에서도 머물 수 있는 자리가 없다. 죽음의 기억은 천덕꾸러기로 취급되기도 하여 '나'와 '우리'의 삶속에는 존재하지 않고 단지 타자에게만 다가오는 현실로 착각하기도 한다.

인간의 역사에서 그러한 망각의 벽을 거침없이 산산조각내면서 삶의 전진 속도에 브레이크를 밟게 한 것은 어떤 장치보다도 종교가 그 역할을 많이 하였다. 종교사를 살펴보면 대부분의 종교전통은 죽음의 기억을 토대로 그에 대한 대답을 일반적으로 세 가지 차원에서 발전시켜 왔다.

하나는 대부분의 종교전통은 죽음에 대한 이유와 그 대답에 대한 이야기를 구전이나 기록으로 남겼다는 점이다. 어떤 이야기는 중심인물 자신의 생존에 남겨진 이야기가 모인 경우도 있고, 그렇지 않으면 제자나 그 이후의 다른 인물을 통해 면밀한 주석을 달아 교리화의 과정을 거친 이야기도 있다. 대부분의 종교전통은 그러한 이야기들로 끊임없이 죽음을 기억시키는 동시에 이곳의 삶이 끝이 아니라 그 이후의 삶에 대한 희망을 약속하기도 한다. 특정 종교전통에 참여하지 않는 사람에게는 낯설게 들리기도 하고 이해가 되지 않을 수도 있지만 그 종교전통에 참여하는 사람에게는 중심인물의 이야기를 비롯해서 그 이후에 생겨난 이차적 이야기는 죽음의 기억과 그것으로부터 벗어나게 해주는 신앙고백의 토대가 되기도 한다.

다른 하나는 대부분의 종교전통은 남겨진 이야기 못지않게 그 이야기를 정기적으로 실행할 수 있는 의례를 통해서 죽음의 기억과 대답체계를 보여주기도 한다. 많은 경우 이야기가 일차 대본이 되어서 의례를 탄생시키기도 하지만 그 반대로 의례를 통해서 기존의 이야기를 엄격하게 방어하거나, 수정보완하거나, 극단적인 경우에는 전혀 다른 새로운 이야기를 만들어내기도 한다. 물론 모든 종교전통은 정도의 차이를 보이는 것은 사실이지만 의례로 죽음의 기억과 그것에 대한 대답을 구체화시킨다는 점에서 공통적이다. 지구촌의 어느 지역이든 대부분의 삶의 방식은 역사적으로 종교전통과 밀접히 연결되어 있어 인간이라면 죽음의 기억을 의례화하지 않는 경우는 거의 찾아볼 수 없다.

마지막으로 대부분의 종교전통은 죽음의 기억과 그것에 대한 대답으로 마음의 고통을 극복하거나 완화시켜주는 치유체계를 축적하고 있다. 인간은 죽음의 기억으로 인해 떠나는 자이든 남겨진 자이든 어디에서 시작되었는지 알 수 없을 정도로 다양한 경로를 통해서 지속적으로 생성되는 복잡한 고통을 지독하게 경험한다. 인간은 개인의 차원에서만이 아니라 집단의 차원에서도 죽음의 과정을 대면하면서 드러내는 모습은 이러한 과정을 그대로 증언해주고 있다. 물론 어떤 특정 개인이나 집단의 경우에 정도의 차이를 보여주고 있다고 할지라도 그러한 마음의 소용돌이로부터 완벽하게 초연한 경우는 거의 찾아보기 힘들다. 그래서 대부분의 종교전통은 죽음의 기억으로 인한 공포감, 상실감, 슬픔, 그리고 그러한 감정 못지않게 원망과 분노의 감정을 다스릴 수 있는 나름대로의 치유체계를 발전시켰다. 사실 종교전통의 치유체계는 죽음의 기억으로 인해 겪게 되는 고통스러운 감정을 심리적으로 해소하는 데 그 끝을 두지 않고, 종교적이고 영성적 차원으로까지 확장하고 있다는 점에서 일반 심리상담체계보다도 전인적 치유에 그 초점을 두고 있다. 그러므로 종교전통에서 제시하고 있는 치유체계는 죽음의 기억으로 인해 갖게 되는 고통스러운 감정치유를 넘어 종교적이고 영성적 마음을 회복시키는 데 최종 목표를 두고 있다는 점에서 종교심리학적 통찰을 근본적으로 담지하고 있다.

종교학은 이런 측면 때문에 이야기나 의례에 대한 교리와 제도 연구 못지않게 종교적 감정 연구에 적극적으로 관심을 기울였다. 종교학은 종교현상학 운동이 일어나면서 더욱더 그러한 논의에 집중하여 종교적 감정을 종교의 본질로 인식하는 단계로까지 나아가기도 하였다. 그러나 죽음인식의 문제를 인간의 감정과 연결해서 종교현상학 운동보다 먼저 연구하기 시작한 계기는 종교학이 태동한 시점과 거의 비슷하게 북미의 뉴잉글랜드 지역을 중심으로 일어났던 종교심리학 운동이다. 종교심리학적 죽음인식 연구는 종교심리학 운동에서 그 논의를 처음 시작한 이후 종교현상학 운동, 정신분석 운동, 그리고 일반 심리학의 논의와 밀접히 결합되어 발전해 나갈 수 있었다.

최근 한국에서도 죽음이라는 주제와 연관된 여러 가지 모임이 구체적으로 조직되고 또한 학제적으로 다양한 연구가 전개되고 있지만 종교심리학적 관점에서 죽음인식에 대한 연구는 거의 이루어져 있지 않다. 단지 부분적으로 특정 종교의 교리나 실천의 맥락 안에서 죽음인식의 연구가 발표되어 있을 뿐이다. 아쉬운 점은 특정 종교의 맥락이 강조되다 보니 대부분의 연구가 그 종교에 참여하지 않는 사람에게는 익숙한 논의로 다가가지 못하고 있다. 그래서 이번 연구에서는 그러한 문제를 해소하기 위해 종교심리학이 태동한 이후, 정신분석학, 심층심리학, 그리고 그 이후의 죽음인식에 대한 종교심리학적 연구를 비판적으로 정리하는 데 일차 목표를 두려고 한다. 물론 한 권의 저술로 종교심리학이 태동한 이후 이룩한 모든 연구들을 정리한다는 것은 불가능하다. 그 대신, 지금까지 축적한 종교심리학적 죽음인식 연구 중에서 여전히 핵심적으로 영향을 미치고 있는 9명의 중심 연구자를 선별해서 그들의 논의를 여섯 장에 걸쳐서 비판적으로 정리하는 데 최우선의 목표를 두려고 한다.

이번 연구에서 9명의 중심 연구자를 선별한 기준은 두 가지 차원에서 강조점을 두었다. 하나는 종교심리학 운동에서 제기하기 시작한 죽음인식에 대한 논의와 연결하면서 죽음인식에 대한 논의를 종교심리학적 관점에서 발전시켜 나간 7명의 연구자를 우선 선별하였다. 그들은 종교심리학 운동의 주창자들인 윌리엄 제임스(William James, 1842-1910)와 그렌빌 스탠리 홀(Granville Stanley Hall, 1844-1924)을 비롯하여 제임스의 사상으로부터 많은 영향을 받은 오토 랑크(Otto Rank, 1884-1939), 롤로 메이(Rollo May, 1909-1994), 로버트 제이 리프튼(Robert Jay Lifton, 1926-), 노먼 브라운(Norman Oliver Brown, 1913-2002), 그리고 어니스트 베커(Ernest Becker, 1924-1974)이다. 다른 하나는 종교심리학 운동과 직접 연결성을 보여주고 있지는 않지만 종교심리학 운동의 또 다른 주창자인 홀의 초청 덕분에 당시 유럽에서 일어나기 시작한 정신분석 운동과 관련해서 2명을 선별하였다. 그들은 정신분석학의 주창자인 지그문트 프로이트(Sigmund Freud, 1856-1939)와 후에 정신분석 운동과 차별된 심층심리학(depth psychology)을 제창한 카를 구스타프 융(Carl Gustav Jung, 1875-1961)이다. 물론 7명의 연구자도 마음의 심층적 차원과 죽음인식을 연결해 나가는 데 있어서 프로이트와 융의 논의를 비판적으로 참고하기도 하였다. 그러므로 각각의 연구자마다 차이점을 보이고 있지만 공통적으로 모두 종교심리학 운동과 직접적이든 간접적이든 연결되어 있다.

책의 구성은 다음과 같다. 다음 장인 제2장에서는 19세기 말엽부터 20세기 초엽 북미 뉴잉글랜드 지역을 중심으로 종교심리학 운동을 이끌었던 제임스와 홀의 죽음인식에 대한 논의를 비판적으로 검토할 것이다. 제임스와 홀은 죽음인식과 종교의 상관관계에 대한 종교심리학적 논의를 처음으로 현대학문의 장 안에서 발전시켰다. 사실 그들의 논의는 종교심리학 연구사 차원에서 최초의 학문적 연구라는 점에서 의의를 보여주고 있을 뿐만 아니라 그 이후에도 지속적으로 다양하게 영향을 미치고 있어 죽음인식에 대한 연구와 관련해서 종교심리학의 고전 연구로 이미 분류되어 있다. 제임스와 홀은 나이는 비슷하였지만 사제지간이었고 종교심리학과 관련해서 핵심주제를 방법론적으로 다른 관점에서 다루었다. 그래서 이 장에서는 제임스와 홀의 논의를 각각 독립적으로 다루기보다는 비교의 관점에서 그들의 죽음인식 연구에 대한 논의를 함께 검토할 것이다.

제3장에서는 제임스와 홀이 독창적인 종교심리학 운동을 이끈 이후 부정적이든 긍정적이든 종교심리학적 논의를 강력하게 영향을 미친 정신분석학의 창안자인 프로이트의 저술들 중에서 죽음과 종교에 대한 비판적 논의를 살펴볼 것이다. 나아가 제1차 세계대전을 경험하면서 목도하게 된 폭력과 죽음의 현상 이면에 흐르고 있는 죽음욕동 그리고 떠난 자로 인해 남겨진 자가 복합적으로 겪고 있는 슬픈 감정에 대한 논의를 집중적으로 검토할 것이다. 사실 프로이트가 죽음인식에 대한 논의를 욕동과 연결해서 전개하였기 때문에 정확하게 읽지 않으면 프로이트가 주장하는 내용과 전혀 다르게 이해를 할 수 있는 여지가 충분히 있다. 그래서 우선 이 장에서는 프로이트가 주장하고 있는 죽음욕동의 의미가 구체적으로 무엇을 의미하고 있는지를 상세하게 밝혀볼 것이다. 그런 다음 지금도 여전히 영향을 미치고 있는 남겨진 자가 겪고 있는 슬픈 감정에 대한 논의를 검토할 것이다. 프로이트가 슬픈 감정을 애도(mourning)와 우울증의 연구로 확장시킨 것은 아직까지도 그의 죽음인식에 대한 연구 중에서 독창적인 연구로 평가받고 있고 애도 연구에서 중요한 이론으로 분류되어 있다.

제4장에서는 프로이트의 정신분석 모임의 핵심 멤버였고 또한 충

실히 그의 논의를 초기에 따라갔지만 나중에 인간이해에 대한 근본적 차이로 인해 프로이트와 헤어지면서 독창적으로 심층심리학을 전개한 융의 죽음인식에 대한 논의를 집중해서 검토할 것이다. 융은 근본적으로 인간을 종교적 인간(homo religiosus)으로 인식하고 있다는 점에서 종교학의 인간이해와 동일한 주장을 하고 있다. 융의 이러한 논의는 미르체아 엘리아데(Mircea Eliade, 1907-1986)를 비롯하여 종교학자의 논의로부터 확증받기도 하고 역으로 영향을 미치기도 하였다. 그의 연구는 근본적으로 종교심리학의 주장과 비슷한 논의임에 따라 종교심리학의 발전에 압도적으로 영향을 미쳤다. 또한 그의 종교심리학적 논의 이면에 핵심적으로 주장하고 있는 주제 중 하나는 죽음인식이었다. 특히 그는 죽음인식을 논의하기 위해 인간의 삶을 오전과 오후로 분류하였다. 오전인생의 경우 주로 심층적 에너지를 밖으로 분출하는 데 사용한다면, 오후인생의 경우는 주로 그 에너지를 내면으로 들여와 삶을 성찰하고 또 다른 삶을 향해 준비해가는 죽음인식을 강렬하게 경험한다는 점을 주장하였다. 이런 측면에서 오후인생에서 밀접하게 경험하고 있는 죽음인식과 삶 이후의 삶에 대한 준비로서의 죽음교육에 대한 논의가 반드시 필요함을 주장하였다. 사실 융의 이러한 논의는 프로이트의 죽음욕동의 논의와는 결정적으로 차이점을 갖는다는 사실을 보여줄 것이다.

제5장에서는 프로이트의 추천으로 정신의학자 자격보다는 인문학자로서 처음 정신분석 모임에 참석하였고 정신분석 모임에서 일어났던 일을 기록하는 일을 담당하였던 랑크의 죽음인식과 그의 영향을 결정적으로 받은 종교심리학적 죽음인식의 연구들을 집중적으로 검토할 것이다. 랑크는 프로이트의 인간이해가 담고 있는 한계를 깨닫기 시작하였고 인간의 경험에서 보다 근본적 경험은 죽음인식과 연관

되어 있음을 주장하였다. 그는 프로이트와 달리 인간이 태어날 때 갖게 된 모체로부터의 분리 경험을 죽음공포로 인식하였다. 그는 바로 그러한 공포로부터 벗어나기 위한 의지의 발현을 삶의 중심과정으로 이해하였다. 그는 인간은 탄생 경험에서 갖게 된 죽음공포를 부정적으로 평가하지 않고 삶을 창조적으로 나갈 수 있는 의지를 발현시킬 수 있는 근원적 밑거름으로 인식하였다. 그의 죽음인식에 대한 논의는 성 인식보다 우선적이어서 결국 프로이트와 헤어질 수밖에 없는 계기가 되었다. 더 나아가 랑크는 그의 생애 후반기에 정신분석을 비롯하여 심리학이 내재하고 있는 심리주의의 한계점을 정직하게 비판하면서 인간의 유한성인 죽음 문제를 벗어나려는 종교적 혹은 영성적 추동(urge)에 대한 논의를 통해서 그 한계점을 극복해 나갈 것을 주장하였다.

이 장에서는 먼저 랑크의 죽음인식 논의를 상세하게 검토할 것이다. 그런 다음 이번 연구의 제2장에서 검토했던 제임스의 논의와 더불어 랑크의 논의가 결정적으로 영향을 미친 실존주의 심리학(existential psychology)과 사회심리학(social psychology)의 죽음인식에 대한 논의를 비판적으로 살펴볼 것이다. 물론 실존주의 심리학이나 사회심리학도 워낙 광범위하므로 모든 연구를 다룬다는 것은 불가능하다. 그래서 그러한 논의 중에서 이번 연구가 초점을 두고 있는 종교심리학 운동 이후 새롭게 확장시킨 두 연구자의 죽음인식을 집중적으로 살펴볼 것이다. 하나는 우리에게도 익숙한 롤로 메이의 실존주의 심리학이고 다른 하나는 중국의 문화대혁명을 비롯해서 전쟁포로들이 경험한 죽음인식의 다양한 경험을 비롯해서 일본의 히로시마에 원자폭탄이 투하된 이후 살아남은 자들의 죽음인식에 대한 연구를 공감적으로 발표하였던 로버트 리프톤의 연구를 검토할 것이다.

제6장에서는 현대문화가 죽음인식을 논의하는 데 관심이 멀어질 수밖에 없었던 근본 원인이 몸의 인식과 연결되었다고 파악하였던 노먼 브라운의 논의를 검토할 것이다. 노먼 브라운은 제임스와 랑크의 논의를 비롯하여 고전 인문학, 정신분석, 그리고 신비주의 사상에 해박하였다. 그는 몸과 마음을 분리하는 현대 서구 사상의 이원론으로 결국 죽음인식에서도 몸의 죽음이나 죽어감에 대한 이해를 간과하게 되는 것, 즉 현대문화 자체가 죽음인식을 억압시킨 원인이라는 점을 비판적으로 지적하였다. 이런 차원에서 프로이트의 죽음욕동 이론도 예외가 아니다. 브라운은 프로이트의 죽음욕동 이론도 이원론의 관점으로 끝나다보니 몸의 죽음이나 죽어감의 심층적 이해가 간과될 수밖에 없었다는 점을 날카롭게 지적하였다. 그래서 이 장에서는 브라운이 한 논의 중에서 무엇보다도 서구 사상의 이원론의 폐단으로 종교적이고 영성적 차원의 죽음도 몸과 결합되지 못하고 정신적으로만 남게 되었던 점, 죽음인식에 대한 논의도 이러한 맥락 안에서 이루어져 몸의 죽음이나 죽어감의 경험을 심층적 논의할 수 없었던 측면, 그리고 그 대안으로 몸 신비주의 사상을 제안하게 된 점을 각각 비판적으로 정리해볼 것이다.

제7장에서는 앞의 논의들을 모두 통합하여 죽음인식을 종교와 연결해서 적극적으로 추구하려고 했던 어니스트 베커의 죽음학을 검토할 것이다. 브라운의 논의와 달리 베커는 몸의 죽음에서 벗어날 수 있는 것은 마음의 문제와 연결되어 있다고 하였다. 물론 베커는 단순히 이원론적으로 몸의 부정을 얘기하는 것이 아니라 몸의 죽음을 결국 받아들이고 거기에서 벗어날 수 있는 과정은 결국 그 몸으로 살아가고 있는 주체의 마음 안에서부터 시작될 수 있다는 점을 강조하였다. 인간은 몸의 한계에 벗어나기 위해서 여러 장치로 경쟁하기도 하

고 타자보다 훨씬 뛰어난 장치를 끊임없이 만들어가는 과정에서 다양한 갈등이 일어나기도 하지만 동시에 그런 행위들이 인류의 문화와 문명을 탄생시키는 원천이라는 점, 그러한 과정이 종교적 차원으로 나가게 되는 시발점이라는 점을 그는 강조하였다. 그는 제도적 종교인이든 그렇지 않든 인간은 죽음인식을 통해서 자신의 근본적 한계인 몸의 제한성을 넘어서려는 영웅성(heroism)을 표출하는 것으로 이해하였다. 그래서 이 장에서는 베커의 논의 중에서 몸의 죽음인식과 그것에서 벗어나려는 경쟁 구조가 종교적인 마음을 갖도록 이끄는 원천이기도 하지만 동시에 종교 간의 갈등이나 폭력을 일으킬 수 있는 악의 저장소라는 점을 비판적으로 분석하는 데 집중할 것이다.

마지막으로 제8장 결론에서는 2장부터 7장까지 논의한 죽음인식을 종합적으로 정리한 다음, 죽음인식과 관련한 종교심리학의 논의가 앞으로 더욱 심화시켜 나갈 수 있는 부분을 지적할 것이다. 그런 다음 궁극적으로 인간의 원형적 모습은 종교전통에 참여하는 종교인이든 어떤 전통에도 참여하지 않는 사람이든 죽음인식으로 인해 인간 자신의 유한성을 처절하게 경험하지만 동시에 그곳에 폐쇄적으로 안주하지 않고 언제나 한계를 넘어서려는 종교적인 마음을 여러 가지로 연출해가는 모습이라는 종교심리학의 근본 주장을 다시 확인하면서 논의를 매듭지을 것이다.

제 2 장

윌리엄 제임스와 그렌빌 스탠리 홀의 죽음인식 비교

제2장 윌리엄 제임스와 그렌빌 스탠리 홀의 죽음인식 비교

1. 서론

종교학은 다른 현대학문의 경우와 마찬가지로 유럽에서 탄생하였다. 종교학의 핵심 분야라고 할 수 있는 종교현상학 운동이 네덜란드를 중심으로 일어났던 비슷한 시기에 종교적 경험을 연구한 종교심리학 연구는 윌리엄 제임스(William James, 1842-1910)의 기포드 강연(Gifford Lectures)을 시작으로 미국에서 독창적으로 개척되었다(Robert H. Thouless, 1971, 1-2, 그리고 Benjamin Beit-Hallami, 1977, 참조). 종교심리학 운동은 미국의 지성사 안에서도 독특한 의의를 지닌다. 사실 종교심리학 운동이 일어났던 시기에 미국 대부분의 학계는 유럽 지성계의 영향을 받고 있었다. 현재의 상황과 정반대로 당시 대부분의 미국 지식인은 미국에서 연구를 하기 보다도 유럽으로 유학을 가거나 유럽에서 연구를 하는 것이 일반적이었다. 그러나 이러한 상황과 대조적으로 죽음인식을 비롯한 다양한 연구 주제를 다루었던 종교심리학은 미국에서 탄생해서 미국의 특화된 학문분야가 되었다. 그 결과 종교심리학과 관련된 연구는 유럽으로 유학이나 연수를 떠나지 않아도 되었고 정반대로 유럽의 지식인을 비롯해서 아시아의 지식인도 종교심리학과 관련해서는 미국으로 오는 경우가 흔하였다.

미국의 종교심리학 운동은 다양한 연구자가 함께 일으켰지만 윌리엄 제임스와 그의 제자인 그렌빌 스탠리 홀이 운동의 중심을 이루고 있었다(David M. Wulff, 1997, 25-30). 제임스는 주로 하버드대학교를 중심으로 종교현상학적 관점에서 종교적 경험에 대한 논의를 주도해 나갔던 반면 홀은 자신이 총장으로 재직하고 있는 우스터(Wooster)의 클라크대학교(Clark University)를 중심으로 발생 심리학(genetic psychology)의 관점에서 종교적 경험에 대한 논의를 전개하였다.[1] 제임스와 홀의 종교심리학적 죽음인식의 개척적인 연구는 현대 상아탑에서 이루어진 최초의 시도라는 점에서 하나의 학문적 프레임을 구축하였다. 이번 장에서는 현대 죽음연구의 개척자인 제임스와 홀의 죽음인식에 대한 논의를 비교분석하는 데 우선적으로 목표를 두겠다.

죽음인식 연구와 관련해서 홀의 연구가 방대하기 때문에 이번 장에서는 제임스가 홀의 스승이지만 홀의 논의를 먼저 다룬 이후에 제임스의 논의를 비교의 관점에서 논의하는 방식으로 글을 전개해 나갈 것이다. 제임스의 논의와 달리 홀의 논의는 한 권의 책에 모여 있지 않고 여러 가지 저술 속에 산재되어 있기 때문에 제임스의 논의와 연결할 수 있는 공통 주제를 선별해서 그것을 중심으로 비교 분석하고자 한다. 그 후 그들의 죽음인식 논의가 서로 공유할 수 있는 공통점과 차이점을 밝혀보려고 한다.

---

1) 제임스와 홀의 종교심리학 연구는 종교심리학을 태동시켰을 뿐만 아니라 미국 종교학의 태동에도 결정적 기여를 하였다(Louis Henry Jordan, 1986, 472-73).

2. 공포경험과 우울증

학문 공동체에서 이루어지고 있는 죽음연구는 과학적이고 객관적이라는 측면 때문에 연구자의 개인적 삶의 경험과 무관하게 그 논의가 이루어질 수 있을 것이다. 그러나 대부분의 연구는 일반적으로 어떤 경우이든 연구자 자신이 처한 삶의 경험과 분리되지 않고 밀접히 연결되어 있다. 홀과 제임스의 경우도 예외가 아니다. 그들이 죽음연구에 대한 학문적 관심을 갖게 된 것은 자신의 삶에서 겪었던 경험과 뗄 수 없이 연결되어 있다. 그러므로 죽음연구를 심층적으로 이해하기 위해서 그들의 죽음인식 경험에 대한 논의를 기본적으로 검토해보는 것은 필수사항이다.

먼저 홀이 직접 겪었던 죽음인식의 경험을 검토하기로 한다. 홀의 경우 죽음과 관련한 세 가지 종류의 경험이 그가 죽음연구를 발전시켜 나가는 데 있어 중요한 계기를 이루고 있다. 처음에 해당하는 경험은 주로 어린 시절 겪은 경험이고 다른 두 가지 종류의 경험은 결혼 이후 비극적으로 겪은 경험이다. 홀은 죽음과 관련한 어린 시절과 청소년기의 경험 중에서 세 가지 사례를 모범적 예로 분류하여 그의 자서전에 기술하였다(Granville Stanley Hall, 1923, 135-37). 처음 두 가지 사례는 어린 시절 겪었던 공포경험이고 다른 사례는 청소년기에 겪은 도덕적 의무감의 경험이었다.

홀이 처음으로 제시한 사례는 초등학교 동급생이었던 친구의 죽음이었다. 그는 밤에 친구의 시신을 천으로 감싼 다음 시신 보관 장소에 한 어른과 함께 옮길 때까지도 죽음의 공포를 실감나게 느끼지 못하였다. 19세기 말엽의 뉴잉글랜드 지역에서는 십대 소년들이 어른과 함께 죽은 자의 시신을 지키고 돌보는 일이 일반적 관례였다. 홀의 경우도 친구의 시신을 돌보는 것이 처음이 아니었고 이전에도 여러 번 했던 일이었다. 그러나 홀은 친구의 시신을 옮기고 난 이후 이전과는 다르게 몸서리치는 공포를 경험하였다. 시신을 옮기고 나서 함께 옮겼던 어른과 시신이 놓인 장소에 약간 떨어진 곳에서 잠을 자기 위해 누워 있을 동안에 시신이 있는 쪽에서 들리는 소리 때문에 겪은 공포였다. 사실 그 소리는 벌 소리였지만 시신 쪽에서 들리는 소리로 혼동해 같이 있던 어른과 함께 공포를 느꼈고 그 이후 죽음의 공포를 지속적으로 생각하는 계기가 되었다.

다음으로 홀이 갖고 있던 어린 시절의 다른 공포경험은 이웃에 살고 있는 어른의 시신과 관련되어 있다. 친구 시신의 경우 함께 한 어른이 있어 다행이었지만 이번 경우 어느 누구의 도움도 받지 않고 시신을 돌보면서 겪은 경험이다. 홀은 어린 나이에도 불구하고 시신을 아주 잘 다루어서 주위 사람들에게 장의사가 되라는 권유를 받기까지 하였다(Granville Stanley Hall, 1923, 137). 그런데 그는 익숙했던 경험과는 아주 다른 공포를 경험하였다. 그것은 혼자 시신을 긴 탁자 위해 정렬해 놓으려고 했을 때 탁자 다리가 부러지면서 난 소리를 시신이 다시 살아난 소리로 혼동해 겪은 공포였다.

마지막 사례는 홀이 자신의 형이 죽어가는 모습을 바라보면서 겪은 경험과 관련되어 있다. 이번 경우는 이전 경험처럼 친구든 어른이든 죽은 자의 시신을 대면하면서 겪은 공포경험이 아니라 형이 죽음을 앞두면서 유언으로 남긴 이야기와 연관되어 있다. 홀의 형은 젊은 성직자였고 폐렴 때문에 더 이상 성직자 생활을 하지 못하고 죽음을 기다리고 있었다. 홀은 형이 죽어가는 과정을 집중해서 관찰하였다. 홀은 형이 임종을 앞두고 가족 구성원 각자에게 들려준 마지막 이야기를 포함해서 자신에게 "선한 일을 하는 데 힘쓰라"는 말을 들었다

(Granville Stanley Hall, 1923, 137).

홀의 어린 시절의 경험은 성장한 이후에도 죽음에 대한 삶의 태도를 형성하는 데 결정적인 영향을 미치는 것으로 이해하였다(Granville Stanley Hall, 1922, 449-50). 그는 학생들이 건강하게 자라나기 위해서는 다른 교육 자료를 가르치는 것도 중요하지만 어린 시절의 죽음인식에 대한 경험을 교육적 자료로 가르칠 필요가 있다는 점을 강조하였다. 특히 그가 겪었던 어린 시절의 공포와 형의 임종 시간에 나누었던 대화는 아동교육에서 도덕교육의 토대로서 죽음교육을 고안하는 데 중요한 계기가 되었다(Granville Stanley Hall, 1923, 137).

홀은 자신의 경험을 바탕으로 죽음교육은 다른 교육과 마찬가지로 어린 시절부터 학교에서 가르치는 것이 중요하다는 점을 강조하였다. 그는 미국에서 처음으로 공교육 안에서 성교육과 더불어 죽음교육을 가르칠 것을 주장하였다. 그는 죽음인식의 중요한 측면은 그 원인이 어떠하든 죽음으로 인한 공포경험이 삶에서 중요하게 작동한다고 여겨 생애사의 관점에서 심층적으로 죽음연구를 개척하였다. 특히 그는 유년기에 가장 두드러진 감정 변화가 죽음인식과 관련해서 극적으로 일어나는 공포경험이라는 점을 강조하여 죽음과 공포의 상관관계를 아동학(child studies) 연구의 중요한 주제로 다루기도 하였다. 또한 그는 자신의 유년기 경험을 바탕으로 형과의 대화를 비롯해 죽어가는 자와 남겨진 자 사이에 주고받는 일종의 유언이 남겨진 자에게 중요한 교육적 시간일 뿐만 아니라 연구자에게도 한 인간의 생애 있어서 가장 진실한 모습을 드러내 주고 있으므로 죽음연구의 중심 과제라는 점도 깨닫게 되었다.

다음으로 홀의 어린 시절의 경험을 넘어서 그 이후의 경험을 검토해보기로 한다. 홀은 그 이후에도 죽음과 관련한 경험을 자서전에서 언급하고 있지만 결정적으로 죽음연구를 종교심리학의 관점에서 깊게 성찰하게 된 계기는 결혼한 이후 겪은 사별 경험과 연결되어 있다. 홀의 생애는 그렇게 행복하지 않았다. 그는 두 번이나 비극적 죽음에 대한 경험을 겪게 된다. 한번은 첫 번째 부인과 자녀를 가스 사고로 잃은 경험이었다. 다른 하나는 재혼을 한 이후의 경험이었다. 그는 첫 번째 부인을 잃은 이후 거의 10년 정도 홀로 생활하였다. 그 이후 그는 두 번째 부인과 재혼을 하지만 얼마 지나지 않아 두 번째 부인도 정신질환으로 죽음을 맞이하였다. 그는 이러한 두 명의 부인과 자녀와의 사별 경험이 있은 이후 죽음연구에 있어 공포의 감정 못지않은 애도의 문제가 그 기저에 깔려 있다는 점을 주장하였다.

홀은 바로 이러한 감정을 파헤치고 그로부터 벗어나기 위한 인간의 몸짓을 과학적으로 연구하려고 하였다. 그는 핵심 연구 분야인 종교심리학과 종교교육학의 논의를 심리학과 교육학의 커리큘럼에 죽음에 대한 교과과정으로 반영하려고 하였다. 당시 심리학과 교육학의 중심연구자들은 거의 대부분 종교심리학과 종교교육학의 연구자들이었다. 지금과 같이 종교심리학과 종교교육학이 심리학이나 교육학의 아류로 취급되어 종교학 내부로 그 논의의 중심이 이동하지 않았고, 심리학과 교육학 내에서 막강한 영향력을 행사하였다. 그러므로 홀은 아동연구, 성교육, 종교심리학 운동, 회심연구, 청소년 연구, 노년기 연구 등과 같이 여러 가지 신생 현대학문분야를 개척하였을 뿐만 아니라 당시 누구도 학문적으로 연구하지 않았던 새로운 주제로서 죽음연구를 포괄적으로 개척하였다(Edwin Diller Starbuck, 1925, 106).

반면 제임스의 죽음과 관련한 경험은 홀의 경우와는 사정이 달랐다. 그는 홀처럼 어린 시절에 시신과 관련해서 공포경험을 갖거나 가족에 대한 사별 경험을 비극적으로 갖고 있지 않았다. 오히려 제임스의 경우 자신이 삶의 의욕을 잃으면서 경험한 마음의 고통 때문에 어려움을 겪었다. 그가 겪은 고통스러운 경험은 나중에 죽음연구에 관심을 갖게 되는 데 결정적 계기가 되었다. 그는 젊은 시절부터 신체적으로도 너무 약해서 앉아서 책을 읽을 수 없을 정도로 어려움을 많이 겪었다. 그가 젊은 시절에 직접 그린 자화상을 보면 밝은 모습보다는 누워 있거나 병약한 모습이 거의 대부분이다. 신체적으로나 정신적으로 그의 모습은 의과대학을 졸업하고 대학교에서 학생들을 가르치기 시작하면서 심각할 정도로 악화되었다. 그는 1869년 가을과 겨울 동안에 삶의 의욕을 잃고 거의 실신한 상태로 어떤 일도 하지 못하고 생명을 포기하려는 자포자기의 모습을 보이기도 하였다(Ralph Barton Perry, 1935, 320). 이러한 모습은 제임스가 쓴 편지를 읽어보면 그 경험이 견디기 힘든 고통임을 쉽게 느낄 수 있다.

> 사랑하는 헨리에게,
>
> 나는 지금 동생에게 어떤 소식도 보내지 않은 채로 오랫동안 삶의 의미를 찾을 수 없는 비참한 사람이 되어 있어. 지난 삼 개월 동안 글을 쓴다는 것이 불가능할 정도로 삶에 대한 혐오감으로 가득 차 있어…. 그러나 나는 말 그대로 어떤 종류의 책도 읽을 수 없고 연구조차 할 수 없어….
>
> 1869년 12월 29일 케임브리지에서, 제임스로부터(Ralph Barton Perry, 1935, 320).

제임스가 극단적으로 겪은 경험은 외적 삶의 조건뿐만 아니라 인간의 최후 보호막인 종교를 비롯하여 삶의 가치와 의미를 발견하지 못하여 삶 자체에 대한 근원적 회의를 불러냈던 종교적 위기감을 절규하는 고통이었다. 그의 죽음인식과 연관된 종교적 경험에 대한 논의는 거의 대부분 일반 사람들의 평범한 자료이기 보다는 드라마틱한 자료를 중심으로 이루어지고 있다. 그가 다루고 있는 자료는 잘못 이해하면 마치 삶의 비정상적 특성을 지닌 것처럼 오해받을 소지가 충분히 있다. 그의 연구는 홀을 비롯한 당시의 많은 연구자로부터 일반 종교인의 경험과는 큰 차이를 보이는 경험들에 초점을 두고 있었기 때문에 비판을 받기도 하였다.[2)]

그러나 제임스는 종교적 경험에 대한 연구는 비정상적인 것이 아니라 지극히 정상적인 자료이고 동시에 진정한 의미의 종교적 경험 사례임을 강조하였다. 그가 종교적 경험에 대한 논의를 전개할 당시 연구 분위기는 과학적 실증주의가 강조되었기 때문에 대부분의 종교 연구자는 그러한 경험에 대해서는 연구를 하지 않았다. 하지만 그러한 분위기와는 반대로 제임스는 1870년에 스스로 겪은 삶의 총체적 회의였던 종교적 위기감에 대한 경험을 나중에 그의 기포드 강연의 주된 자료로 인용하였다(Ralph Barton Perry, 1935, 320-21). 비록 자료는 실명을 밝히지 않고 가명을 써서 프랑스 요양원에서 온 편지라고 밝히고 있지만 제임스 스스로 지독한 경험을 겪으면서 종교적 위기를 경험한 내용이었다. 그는 자신의 경험자료뿐만 아니라 다른 사람의 드라마틱한 자료를 토대로 종교적 위기감을 역동적으로 보여주고 있는 경험을 종교적 우울증(religious depression)이라고 처음으로 이름을 붙이기도 하였다(윌리엄 제임스, 2001, 216). 제임스가 기포드 강연에서 가명으로 서술한 자신이 겪었던 경험을 직접 인용해보기로 한다.

2) 지금도 사정이 비슷해서 한편으로는 그러한 경험이 종교적 경험의 핵심임을 강조하고 있는 연구자들이 있는 반면에 그렇지 않고 비판적 관점을 유지하는 입장이 있다. 후자의 입장은 주로 웨인 프라우드후트의 자연주의 논의가 그 중심을 이루고 있고(Wayne Proudfoot, 2004, 44-5) 전자의 입장은 제임스의 입장을 지지하는 안 타비스의 입장이다(Ann Taves, 2004, 62-5).

나는 이 병원에서 육체적으로나 도덕적으로 너무나 많은 고통을 당하고 있다. 게다가 신열과 불면(나는 여기 갇혀 있기 때문에 더 이상 잠을 자지 못하고, 내가 취하는 조그만 휴식은 나쁜 꿈으로 깨지고, 악몽 무서운 환영, 번개, 천둥 등에 의해 깜짝 놀라 잠에서 깼기 때문이다). 공포, 지긋지긋한 두려움은 나를 내리누르고 쉼 없이 나를 잡고 놓아주지 않는다. 병원 안의 정의는 다 어디 갔단 말인가! 내가 무슨 일을 저질렀기에 이 과도한 아픔을 감당해야 하는가? 이 두려움은 어떤 모습으로 나를 짓누르고 있는가? 내게서 내 삶을 앗아가려는 사람에게 감정을 품지 말아야 된단 말인가! 먹고 마시고 밤새도록 깨어 있어도 계속 괴롭다. 그것은 내가 어머니로부터 물려받은 업보인가 보다! 내가 알 수 없는 것은 이러한 힘의 남용이다. 모든 일에는 한계가 있고 중도가 있다. 그러나 신은 중도도 한계도 알지 못한다. 나는 신에게 "어째서?"라고 말했다. 내가 지금까지 알아온 것은 모두 악마다. 결국 나는 악마만큼이나 신을 두려워하고 그래서 나는 자살만을 생각하면서 헤매지만, 결행할 용기도, 방법도 없다.

당신이 이 편지를 읽게 되면 그것은 내가 미쳤다는 것을 당신에게 쉽게 증명해 줄 것이다. 문체와 내용에 일관성이 없다. 나는 그 점을 나 자신에게서 볼 수 있다. 그러나 나는 나 자신이 미치거나 천치가 되는 것을 막을 수가 없다. 지금 형편으로 내가 누구에게서 동정을 구해야 하는가? 나는 철사줄로 나를 조여오는 보이지 않는 적으로부터 무방비 상태에 놓여 있다. 내가 그를 보거나 또는 보았다 하더라도 지금보다 더 잘 무장하지는 못할 것이다. 오, 그가 나를 죽이려 하면, 악마여, 그놈을 데려가라! 죽음, 죽음아, 이번 한 번만! 그러나 나는 멈춘다. 당신에게 너무 오래 헛소리를 지껄인 것 같다. 나는 지껄였다고 말했다. 왜냐하면 나는 두뇌도 없고 남아 있는 생각도 없어서 달리 쓸 수가 없기 때문이다. 오, 신이시여! 어떤 불행이 생겨날지! 아침과 저녁 사이에 반드시 버섯처럼 솟아나는 불행 말이다. 비관론자들과 함께 쓰라린 고뇌를 곱씹어보던 대학의 철학도 시절에 나는 얼마나 진실 되고 옳았는지! 정말로 그렇다. 삶에는 즐거움보다 고통이 더 많다. 그것은 무덤까지 끌고 가는 기나긴 고뇌이다. 이 무서운 나의 참극이 형언할 수 없는 두려움과 함께 50년, 100년, 아니면 얼마나 더 갈지 누가 알겠는가? 이런 것을 떠올리면, 내가 어떻게 즐거울 것인가 생각해보라(윌리엄 제임스, 2001, 215-16)!

위의 인용구가 보여주듯이 제임스는 끔찍할 정도로 비관적인 관점으로 세상을 바라보았다. 그는 삶에 대한 총체적 회의와 지독한 불안을 해소하기 위해 할 수 있는 것은 죽음뿐이고 그 외에는 어떤 돌파구도 없다는 점을 절실하게 경험하였다. 그는 친구들에게 더 이상 쓸모없고 사치스러운 시간 낭비를 하지 말고 마음을 고쳐먹으면 세상이 아름답게 보일 수 있다는 말과 충고를 받았다고 하더라도 여전히 그러한 소리로부터 어떤 위안도 받지 못했다. 그는 세상에 역설적으로 흔들리지 않고 굳건히 죽음이 존재한다는 사실을 이해할 수 없을 뿐만 아니라 그 해결책을 찾을 수 없어서 괴로운 나날을 보냈고 그러한 고민으로 인해 처참할 정도로 심신이 피폐해져 갔다(Ralph Barton Perry, 1935, 322).

그러나 제임스는 다행히도 종교적 우울증을 심하게 앓고 난 지 일년이 지난 1871년, 믿음과 행위와의 연관성에 대해 고민을 하던 중 우울증으로부터 벗어날 수 있는 계기를 경험하였다. 그는 어떤 희망도 찾을 수 없는 어려운 상황에서도 믿으려는 의지로 그러한 상황을 벗어날 수 있다는 경험을 하게 된다. 사실 그때의 경험으로 인해 종교와 관련하여 중요한 저술 중 하나인 『믿으려는 의지』를 출판할 수 있었다. 그가 삶의 회의로부터 벗어날 수 있는 깨달음에 대한 통찰을 얻은 결정적 계기는 프랑스의 의지의 철학자인 르누비에르(Charles Bernard Renouvier, 1815-1903)와의 서신 교환이었다(Ralph Barton Perry, 1935, 324-25). 제임스는 서신 교환으로 삶에 대한 의욕을 갖게 되었고 가르치는 일에도 전념할 수 있었다(Gay Wilson Allen, 1967, 151).

제임스는 종교적 우울증을 극복한 이후에도 이를 과거에 국한된 개인적 경험으로 간주하지 않고 계속해서 종교적 경험 연구를 중심 주제로 발전시켰다. 그는 종교적 우울증을 계기로 종교적 경험의 핵심이 삶의 총체적 회의인 종교적 위기와 연결되어 있기 때문에 언제나 긍정적 삶의 모습만을 보이는 것이 아니라 때로는 정반대로 부정적 모습을 동시에 보이고 있기 때문에 병리적 차원도 지니고 있다는 점을 잘 알고 있었다. 제임스는 정식으로 하버드 의과대학교에서 의학 교육을 받은 의사였기 때문에 누구보다도 그러한 문제를 깊게 알고 있었다(Allen, Gay Wilson, 1967, 99-100). 하지만 그는 종교적 우울증을 부정적인 병리 현상으로만 규정하려는 당시의 의학적 유물론(medical materialism)에는 비판적이었다(윌리엄 제임스, 2001, 70-2). 그는 종교적 우울증은 의학적 유물론의 진단과 상충된다고 보았으므로 그 의견에 일방적으로 동조할 수 없었다. 왜냐하면 종교적 우울증은 인간의 다양한 종교전통 안에서 일어나는 여러 종교적 경험 사이에서 부정적 차원 보다는 긍정적 차원이 흔히 발견되기 때문이다.

그러므로 제임스는 종교의 입장이나 과학의 입장만을 두둔하지도 않고 그 사이에서 새로운 입장을 견지하면서 종교적 우울증을 이해하려고 하였다. 그가 그 과정에서 관심을 갖고 이해하려고 했던 것은 죽음의 문제가 핵심적으로 담겨있는 종교적 우울증이 병리적 현상인가의 판단 기준이 원인보다 결과와 연결된다는 것이었다. 그에 따르면 종교적 우울증을 극복한 사례들은 그 경험 이후 삶의 열매에 의해서 판단된다. 그는 종교적 우울증의 참과 거짓에 대한 판단은 경험을 토대로 갖게 되는 경험자의 삶의 변환이나 열매와 관련되어 있다는 점을 강조하였다(윌리엄 제임스, 2001, 314-17).

제임스의 죽음인식으로서의 종교적 우울증의 판단기준인 열매에 대한 연구는 프래그머티즘 사상의 출발점이 되었다. 프래그머티즘 사상을 단순히 실용적 차원으로 이해하거나 아니면 기껏해야 협소한 철학적 사상으로 국한해서 이해한다면 그 이면의 중심 논의를 놓치고 말 것이다. 최근 미국의 프래그머티즘의 사상을 철학의 한 부류 정도로 간단하게 취급하기보다 종교적 차원을 포함해서 종합적으로 다루려는 움직임이 제기된 것도 같은 맥락이라고 할 수 있다(David Leary, 2009, 8-10). 제임스가 마지막으로 정착했던 프래그머티즘까지도 결국 죽음인식의 경험과 근본적으로 무관하지 않음을 다시 확인할 수 있다.

3. 생애 발달과 성품유형

홀과 제임스는 죽음인식과 관련된 자신의 경험을 기초로 의식적 차원의 심리학적 논의를 넘어 그 이면을 보여주는 종교적 경험으로까지 확장하였다. 물론 그들이 죽음인식을 종교적 경험으로 논의하였다고 해서 기존의 믿음 체계나 의례 혹은 교리적 주장을 전개하고 있는 것은 아니다. 오히려 그들은 모두 그러한 기존의 종교전통에서 다양하게 얘기하는 교리적 논의에 대한 관심보다는 제도적 종교인이든 그렇지 않든 간에 인간이 죽음인식을 통해서 지니게 된 심층적인 종교적 경험에 일차적으로 관심을 기울였다. 그들 모두에게 죽음인식은 단순히 사변적 논의가 아니라 전인적 인간의 모습을 담아낸 삶의 근원적 욕구인 종교성의 표출이다. 그러므로 그들에게 죽음인식은 인간의 삶에서 종교적 눈을 뜨게 만드는 심층적 마음의 분출이라고 할 수 있다.

홀은 발달심리학의 논의가 대두되기 훨씬 이전에 인간의 생애 시기를 다섯 단계로 구분하여 발달심리학의 관점에서 인간을 심층적으로 이해하려고 하였다(Sheldon H. White, 1992, 30-32). 그는 단계를 각각 유아기, 유년기, 사춘기부터 결혼 정년 시기에 해당하는 청소년기, 어느 정도 경제적으로 안정을 이루는 중년기, 장년기, 그리고 노년기로 지칭하였다(Granville Stanley Hall, 1922, vii). 그는 생애 시기를 이런 식으로 분류해서 죽음인식에 대한 이해를 추구하였다. 그는 유년기, 청소년기, 그리고 노년기의 죽음인식에 많은 관심을 두고 각 시기에서 보이는 죽음인식은 동일한 것이 아니라 계속 변화 발전하는 것으로 이해하였다.

홀은 직접 경험했듯이 유년기에 해당하는 죽음인식은 비록 그 모습이 완전히 개화되어 있지 않고 미숙한 모습을 보인다고 하더라도 그 이후 생애의 다른 시기의 죽음인식에 지속적인 영향을 미치므로 학교에서의 죽음교육을 강조하였다. 그는 죽음인식은 유아기에서는 거의 일어나지 않고 유년기부터 빠르게는 세네 살부터 시작되는 것으로 파악하였다(Granville Stanley Hall, 1922, 440). 이러한 판단은 추상적 연구를 토대로 주장한 것은 아니었다. 그는 거의 최초로 미국에서 실증적 자료들을 얻어낼 수 있는 질문지법을 사용해서 유년기의 죽음인식을 연구한 것을 토대로 주장을 하였다.

홀이 생애 발달의 관점에서 연구한 유년기의 죽음인식에 대한 다양한 연구들을 살펴보면 죽음인식에 대한 이미지가 복합적으로 나타나 있다. 그가 질문지를 통해 얻어낸 실증적 대답은 어린이들에게 직접 질문을 한 경우도 있지만 그들과의 소통이 쉽지 않았으므로, 이미

성인이 된 사람들에게 유년기에 경험했던 죽음인식에 대한 질문을 토대로 수집한 경우가 대부분이다. 성인들이 유년기의 죽음인식 경험 중 가장 오래 남아 있는 기억은 처음으로 시신을 보거나 접촉하면서 몸이 차갑게 변해가는 것, 눈동자가 움직이지 않고 반쯤 떠 있는 것, 주위에서는 침묵과 눈물이 계속해서 흐르는 것, 음악, 설교, 꽃, 영구차 등 어떤 특정한 부분에 끌리면서 갖게 된 경험이 그 중심을 이루었다(Granville Stanley Hall, 1922, 440). 수집한 대답 중 어떤 대답도 죽음인식 경험에서 유아기의 공포경험을 보여주는 경우는 없었다. 그러므로 홀은 자신이 경험했던 것과 마찬가지로 죽음의 공포는 유아기에 발견되지 않고 초등학교에 다니기 시작할 무렵에 비로소 시작되는 것으로 이해하였다(Granville Stanley Hall, 1922, 442).

초등학교 시기에 나타나는 죽음인식은 공포의 경험을 불러내는 경우도 많이 발견되지만 또한 특정 대상을 이상화하거나 상상력으로 새롭게 변형해서 종교적 모습으로 변화시키는 경우도 있다. 홀은 이 시기의 죽음인식으로 나타나는 종교적 모습을 세 가지로 기술하였다. 하나는 많은 경우 어린이들은 자신이 잘 알고 있는 사람이 죽음에 임박해 있거나 죽음을 맞이할 경우 부정적인 생각보다는 이상화하여 살아 있을 때보다 더 많이 공경하는 모습이다(Hall, 1922, 443). 이 점은 프로이트가 『토템과 타부』에서 지적하였듯이 아버지의 말씀을 생존해 있을 때에는 지키지 않았지만 아버지의 죽음이후에는 말씀을 철저히 지키려는 "지연된 복종(deferred obedience)"의 모습과 동일하다(Sigmund Freud, 1973, 143-45). 아버지를 살해한 아들에게 아버지는 생존해 있을 때 보다 더 강력하게 이상화되어 있어서 신으로까지 격상된 모습이다. 홀은 조상 숭배나 인디언의 유령 춤 등에서 보이는 죽은 자에 대한 공경은 이러한 모습과 맥을 같이하는 것으로 해석하였다. 다른 하나는 어린이들이 죽은 자를 영원히 간직하려는 열망으로 인한 이상화의 과정으로 죽은 자가 소멸되지 않고 그들 마음 안에 영원히 존재한다는 불멸의 믿음을 처음으로 갖는 모습이다(Granville Stanley Hall, 1922, 443). 마지막 하나는 어린이들이 또한 죽음에 대한 공포를 느껴서 죽음이후에 벌을 받거나 보상을 받을 수 있다는 생각을 갖게 되는 모습이다. 이는 기존에 자신이 갖고 있던 종교적 지식과 연결되면서 지옥이나 천국에 대한 이해를 더욱 강화시키기도 한다(Granville Stanley Hall, 1922, 442).

홀은 이렇게 세 가지 차원에서 초등학교 시기에 심층적인 종교적 욕구가 분출된다고 하더라도 죽음인식에 대한 실질적 이해를 갖지 못하면 죽음에 대한 그릇된 생각으로 정신적 고통을 받을 수 있는 것으로 이해하였다. 많은 경우 어린이들이 죽음인식을 통해서 표출하는 종교적 모습이 극단적으로 왜곡될 경우 성장해서도 더 이상 발전적으로 죽음인식이 표출되지 못하고 초등학교 시기의 그릇된 경험이 그대로 고착화되어 나타날 수 있다. 인간은 죽음을 맞이할 수밖에 없는 존재여서 어느 누구도 그러한 조건으로부터 벗어날 수 없는 것이 사실이지만 그러한 사실은 자신이나 가족에게는 존재하지 않는 것처럼 부정하는 것이 고질적으로 고착화 된다면 성장 후 어려움을 갖게 된다. 대표적으로 어린이들이 성장해서 사별의 경험을 세월이 지나면서 이겨내야 하지만 그렇게 하지 못하고 계속해서 그 슬픔에 매몰되거나 죽은 자가 다시 살아온다는 잘못된 망상을 포기하지 않고 유지하게 되는 경우가 있다. 그래서 홀은 죽음은 삶의 자연적 과정이라는 사실을 우선적으로 교육하는 것이 초등학교 시절 매우 중요한 교육과정임을 강조하였다(Granville Stanley Hall, 1921, 123-24).

다음으로 홀이 기술한 사춘기에 접어든 청소년기의 죽음인식을 살펴보기로 한다. 청소년기에 두드러지게 보이는 특성은 죽음에 대한 실질적 생각이 나타난다는 점이다. 청소년 시기에는 성에 대한 관심만큼이나 죽음에 대한 관심을 많이 갖게 된다는 것이다(Granville Stanley Hall, 1922, 450). 특히 청소년기는 생애 어떤 시기보다도 타자의 죽음인식을 넘어서 자기 자신도 죽을 수밖에 없는 존재라는 "나의 죽음"을 실제적으로 생각하게 되는 시기이다(Granville Stanley Hall, 1922, 448). 또한 이 시기에는 사랑하는 가족이나 친구 그리고 종국적으로 자기 자신의 죽음에 대한 생각으로 상상할 수 없을 정도로 죽음의 공포를 경험하기도 한다. 유년기의 왜곡된 죽음인식은 청소년기의 공포감을 더욱 강화시키기도 한다. 그러므로 홀은 유년기와 마찬가지로 청소년기에도 죽음인식에 대한 교육이 적절히 이루어질 필요가 있다는 점을 다시 강조하였다.

홀은 청소년 시기에 인간은 영원히 이 지구상에서 존재할 수 없고 때가 되면 떠나야 한다는 삶의 유한성을 구체적으로 처음 깨닫게 되는 것으로 이해하였다(Granville Stanley Hall, 1922, 456). 이 시기의 유한성 인식은 삶과 대조되는 죽음이 존재한다는 사실을 절실히 깨닫게 되지만 죽음이 오기 전에 삶을 완성시키려는 내적 동기를 주기도 해서 죽음이후 남겨진 자에게 의미를 부여할 수 있는 이미지로 남기를 원한다. 그러므로 이 시기에 청소년들이 많은 관심을 보이는 것은 이상적인 도덕적 삶의 모습인 개인 차원을 넘어선 인류의 원형적 삶이다(Granville Stanley Hall, 1921, 124).

마지막으로 홀은 노년기의 죽음과 종교성 인식에 대한 논의를 전개하였다. 물론 홀은 노년기 이전의 중년기나 장년기의 경우에도 죽음인식이 있음을 잘 알고 있었지만 일반적으로 그 시기는 죽음인식과 종교성에 대한 문제는 상대적으로 높게 나타나지 않음을 지적하였다.

노년기 바로 직전의 시기인 장년기의 경우 결혼, 직업, 자녀 교육 등과 같이 삶의 실제적 문제가 압도적으로 드러나는 시기여서 많은 경우 죽음인식에 대한 깊은 열망은 대부분 은폐되어 있다. 그러나 노년기에 접어들면서 그 이전에 지녔던 죽음인식을 다시 경험하게 된다. 그래서 홀은 주로 유년기, 청소년기, 그리고 노년기를 중심으로 죽음인식에 대한 연구를 발전시켰다.

홀의 분석에 의하면 노년기의 죽음인식은 이전 시기와 차이점을 보인다. 그가 지적하는 차이점은 일반적으로 알려져 있듯이 죽음의 공포가 이전 시기들처럼 노년기에도 핵심적 특성으로 여전히 영향을 미치고 있을 것이라고 짐작하지만 그렇지 않다는 것이다. 노년기의 죽음인식은 죽음의 공포나 죽음을 거부하는 것이 아니라 의연하게 죽음을 받아들이고 맞이하려고 한다는 것이다(Granville Stanley Hall, 1920, 304). 물론 인간은 노년기에도 때로는 삶을 계획대로 완성하지 못한 미련이나 자녀에 대한 걱정 때문에 자신의 죽음을 연기하고 싶은 열망을 표출하기도 하지만 그렇다고 해서 마땅히 받아들여야 할 자신의 죽음을 부정하는 경우는 이전 시기들에 비해 매우 낮다. 오히려 많은 경우 노인들은 자녀들에 부담을 주기 싫거나 더 이상 삶을 연장하기를 희망하지 않아 죽음을 일찍 선택하기도 한다. 홀은 노년기에 자살률이 높게 나타난다는 점은 바로 이러한 모습과 무관치 않는 것으로 이해하였다(Granville Stanley Hall, 1922, 356).

홀은 또한 노년기의 죽음인식을 통해서 드러난 종교성은 일반적으로 알려져 있듯이 노년기에 제도 종교전통 안에서 종교적 삶을 더욱 추구할 것이라는 견해와는 상충되고 있음을 지적하였다. 그는 교육을 많이 받은 사람이나 문화적인 사람은 제도 종교전통에서 강조된 종교성의 모습에 대해서 회의적이라는 점을 지적하였다(Granville Stanley Hall,

1922, 354). 대부분의 노인 중에서 일반 종교전통에 참여하는 노인은 주로 교육을 많이 받지 않은 경우나 문화에 노출되지 않은 계층에서 두드러지게 발견된다는 것이다. 현재도 홀의 연구가 유효한지는 실증적 연구를 통해서 확인해야 하겠지만 당시에는 그의 주장이 설득력을 보여주었다. 특히 이 부분에 대한 연구는 홀의 제자인 제임스 헨리 루바(James Henry Leuba, 1867-1946)의 실증적 연구를 참조하면 구체적으로 이해할 수 있다(J. H. Leuba, 1906).

홀은 노인이 열망하는 종교적 삶을 마지막으로 보내고 싶은 공간은 전통적인 제도 종교라는 공간보다는 전혀 새로운 곳이라는 점을 지적하였다. 그는 두 가지를 구체적으로 지적하였다(Granville Stanley Hall, 1922, 357-58). 하나는 노인이 쉽게 접근할 수 있는 자연에서 삶의 마지막을 보내고 싶어 한다는 것이다. 지금 시점으로 보면 노년기의 죽음인식을 통해서 보여주는 종교성은 자연생태적 특성을 지니고 있다. 다른 하나는 노년기에는 다른 어떤 것보다 죽음을 맞기 전에 그림이나 글쓰기와 같은 다양한 매체를 통해서 자신의 삶을 정리하고 싶어 한다는 것이다. 홀의 이러한 지적은 지금 시점에서 보면 지극히 당연한 것으로 얘기할 수 있지만 당시에는 노년기의 심리적 차원을 배려한 실증적 차원의 혁명적 연구였다. 바로 이러한 부분이 홀의 연구가 현대의 죽음연구를 학문적으로 가능하게 한 계기가 되었다.

다음으로 제임스의 죽음인식을 살피기로 한다. 제임스의 경우 연구 방법이나 관점에 있어서 홀의 논의와 차이점을 보인다. 제임스는 홀의 경우처럼 생애사의 관점에서 연구를 하거나 생애사의 특정 시기에 초점을 맞추어서 죽음인식을 연구하지 않았다. 그는 죽음인식의 다양한 모습을 인간의 성품과 연결해서 연구하였다. 그의 연구는 유형론(morphology)이나 현상학의 관점을 유지하고 있다(Eugene Taylor, 2010,

125-26).[3)]

제임스는 그의 기포드 강연 출판물인 『종교적 경험의 다양성: 인간 본성의 연구』에서 다양한 사람들이 보여준 종교적 경험의 자료 속에 핵심적으로 드러나 있는 죽음인식을 상세하게 기술하였다. 그는 책 4-5장에서는 낙관주의적 성품(the healthy mindedness), 그 다음 장인 6-7장에서는 고뇌하는 영혼(the sick soul)으로 인간의 성품을 구분해서 죽음인식을 탐구하였다. 그는 두 성품 사이에 놓여 있는 결정적인 차이점은 행복한 삶을 방해하는 것들, 이를테면 질병, 죄, 악을 비롯해서 많은 것을 지적할 수 있지만 결정적인 것은 죽음인식의 문제로 규정하였다.

물론 두 가지 성품 모두 인간은 태어나면 죽음에 이른다고 하는 점을 모르는 것은 아니지만 낙관주의적 성품은 죽음인식에 있어 근본적으로 다른 태도를 보이고 있다. 제임스는 세상에 잘 알려진 작가 중 월트 위트만(Walter Whitman, 1819-1947)(윌리엄 제임스, 2001, 151-53)의 주장, 다양한 편지 교환 내용, 그리고 자신의 제자였던 에드윈 스타벅(Edwin D.Strabuck, 1866-1947)이 질문지에서 얻어낸 대답 자료(윌리엄 제임스, 2001, 156-58)를 토대로 세상을 부정적으로 보지 않고 언제나 긍정적으로 인식하려는 삶의 태도를 낙관주의적 성품으로 기술하였다. 그는 종교적으로도 개신교보다 가톨릭 교회나 유니테리언 교회(제임스, 2001, 144-45), 마음 심리치료 운동(mind-cure movement), 그리고 신사고 운동(new thought movement)(윌리엄 제임스, 2001, 158-59) 등이 낙관

3) 융은 제임스의 두 가지 성품 이론으로부터 자신의 성격유형을 발전시켜 가는 데 영향을 받았다(Jung, 1937, 300-21). 그는 제임스의 성품이론만이 아니라 심층적 경험의 참과 거짓에 대한 판단이 이루어져야 한다는 프래그머티즘 사상을 통해서도 영향을 받았다(Carl Jung, 1937, 300).

주의적 성품을 잘 드러내는 것으로 이해하였다.

제임스는 낙관주의 성품은 기본적으로 세상에 존재하는 근본적 역설인 죽음 문제를 고뇌하는 영혼보다는 깊게 고민하지 않는 것으로 이해하였다. 낙관주의적 성품이 보여주는 삶의 태도는 자연적으로 주어진 조건에 대해서 의심을 갖거나 극복하기 위한 또 다른 힘을 요청할 필요가 없다. 자연적 삶에 순응하면서 있는 그대로 받아들이는 삶이라고 할 수 있다. 이러한 삶의 태도는 죄책감을 갖고 괴로워하거나 갈등을 느끼는 것은 그 자체가 오히려 마음의 병이라고 간주한다. 죽음 또한 자연적 운명이므로 그 문제를 생각한다고 해서 해결될 문제가 아니므로 죽음에 대해 그렇게 많이 고민할 필요가 없다는 것이다. 오히려 그러한 문제에 너무 깊이 매몰되어 있는 것은 시간과 정력의 낭비라는 것이다. 종교적으로도 낙관주의적 성품은 밖의 도움을 받아 인간의 자연적 상태를 벗어나야만 궁극적 행복에 도달할 수 있으므로 두 번째 탄생인 회심(conversion)을 주장하지도 않는다(윌리엄 제임스, 2001, 144). 그러므로 낙관주의적 성품이 드러내고 있는 종교적 삶은 또 다른 탄생에 대한 열망보다는 자연주의적 삶의 조건에 적응해서 행복을 추구하는 데 있다. 제임스는 자연주의적 삶의 모습은 현대문화의 일반적 경향이 되어 있어 그러한 모습이 기독교의 자유주의 신학에서도 발견되고 있음을 지적하였다.

> 우리는 질병과 죽음으로부터 가급적 우리의 주위를 돌리려 한다. 우리의 삶이 만들고 있는 살육이라든지 한없이 상스런 행동은 보이지 않게 쌓여만 가고, 어느 누구도 한마디 거론치 않는다….
>
> 과거 50년간 그리스도교에서, 이른바 자유주의의 진보는 옛 지옥 불 신학이 조화롭게 관련을 맺었던 병적인 것에 대한 낙관주의적 성품의

> 승리라고 부를 수 있다. 요즈음 집회의 모든 설교자들은 우리의 죄책감을 확대하기보다는 오히려 그것을 축소시키는 일에 열을 올리는 것처럼 보인다. 그들은 영원한 벌을 무시하거나 심지어 부정하며 인간의 타락보다는 존엄성을 주장한다. 그들은 구시대적 그리스도 교도가 자신의 영혼 구원 속에 계속 몰두하는 것은 칭찬받을 만한 것으로 이해하기보다는 구역질나고 비난받을 만한 것으로 이해한다(윌리엄 제임스, 2001, 155).

다음으로 제임스가 분류한 또 다른 성품인 고뇌하는 영혼에서 드러난 죽음인식을 살펴보기로 한다. 제임스는 낙관주의적 성품을 기술했던 방식처럼 다양한 사람들이 겪은 경험을 담고 있는 자료 중 드라마틱한 자료를 중심으로 고뇌하는 영혼을 드러내려고 하였다. 삶의 드라마틱한 자료들은 종교적 경험이나 의식 조사에서 일반적으로 많이 통용되고 있는 질문지법으로 읽어내기 어렵다. 이 부분이 종교심리학 운동에서 보여주는 연구방법론과 이후 사회과학적 실증연구방법의 큰 차이점이다. 종교심리학 운동에서 보여주는 연구는 일반 사람의 종교적 경험을 토대로 죽음인식을 이해하기도 하였지만 또한 종교적 천재들이자 드라마틱한 종교적 경험을 갖고 있는 경험자에 대한 연구도 균형적으로 관심을 갖고 있었다. 그러나 그러한 운동에서 발견되는 연구는 그 이후 주로 후자에 대한 논의보다는 과학적 관점이라는 명목 하에 전자인 일반 사람의 경험에 집중해서 연구가 이루어졌다. 그 결과 대부분의 연구는 아주 협소한 양적 연구 내지 통계적 자료에 근거해서 객관성을 얻으려고 하고 있다. 초기에 발견된 연구 경향이 일반 사람의 종교적 경험에만 경도되어 있어서 이전 연구에서 많이 접할 수 있었던 드라마틱한 심층 종교적 경험에 대한 연구는 상대적으로 점점 배제되어 갔다. 이러한 측면 때문에 최근 종교학과 종교심리학 연구자들은 원래 종교심리학 운동의 주창자인 제임스의 종교심리학으로 되돌아가서 그 운동이 지향했던 관점을 다시 회복할 것을 주장하였다(Jeremy R. Carrette, 2002, xIiii).

물론 현재 종교심리학에서 이룩한 연구는 제임스의 관점보다는 홀의 관점이 더욱 정교하게 발전된 것이라고 말 할 수 있다. 하지만 홀의 종교심리학은 현재 종교적 경험에 대한 연구범위나 관점이 보여주고 있는 것과 달리 일반인의 평범한 경험으로만 국한시켜서 연구하는 경향과는 구별된다. 홀과 제임스는 이런 측면에서 공통적으로 현재 이루어지고 있는 종교심리학의 연구보다도 훨씬 더 확고하게 종교적 경험의 심층에 대한 이해를 강조하고 있다. 그럼에도 불구하고 당시 제임스와 홀은 종교적 경험자의 죽음인식과 관련한 자료를 선별하는 과정에 있어 큰 차이점을 보인다. 홀의 연구는 현재 종교심리학에서 이루어지고 있는 연구보다는 상대적으로 더 강렬한 종교적 경험과 그것을 토대로 한 죽음인식을 주로 연구하였다. 반면에 제임스는 홀의 자료보다도 더 드라마틱한 자료를 중심으로 종교적 경험을 다루었다.

그러므로 제임스는 낙관주의적 성품과 달리 고뇌하는 영혼을 다룰 때는 그의 제자였던 스타벅이 제시한 질문지를 돌려서 수집한 자료에 많이 의존하지 않았다. 오히려 그는 다양한 자서전이나 고백적 문헌들에 담겨있는 사례들을 선별해서 고뇌하는 영혼의 성품을 드러내려고 하였다. 그가 주로 사용했던 대표 자료는 마르틴 루터(Martin Luthen, 1483-1546)가 중세 가톨릭 교회의 타락에 대한 비판과 관련해서 겪은 고통스러운 죽음인식(윌리엄 제임스, 2001, 195-96), 레오 톨스토이(Leo Tolstoy, 1828-1910)와 존 버니언(John Bunyan, 1628-1688)의 자서전 속에 생생하게 드러난 다양한 고통스러운 경험들을 담고 있는 죽음인식(윌리엄 제임스, 2001, 216-28), 그리고 직접 서신을 통해서 얻어낸 죽음인식과 관련한 희귀한 자료들이다.

제임스는 다른 강연에서도 마찬가지로 자신의 논의를 논리적으로 전개하기 보다는 구체적으로 인용한 자료들이 읽는 독자로 하여금 죽음인식이 삶의 모습 속에 본질적 요소라는 점을 현상적으로 드러내도록 하였다. 그는 낙관주의적 성품에서 주장하듯이 종교적 삶은 아름다운 행복의 모습으로만 경도되어 있기보다 근본적으로 죽음의 존재로 인한 고통의 모습이 섞여서 실질적으로 강렬하게 영향을 끼치고 있음을 간파하였다. 낙관주의적 성품이 삶의 이러한 어두운 모습에 대하여 아무리 고민해봤자 해결할 수 있는 것은 아무것도 없으므로 쓸데없는 짓이라고 주장하는 것은 삶의 전체 모습을 간과했기 때문에 그렇다는 것이다.

제임스는 이러한 고통스러운 경험을 자신이 겪은 지독한 경험과 연결해서 낙관주의적 성품이 간과하고 있는 차원을 파헤치려고 하였다. 고뇌하는 영혼은 낙관주의적 성품과 대조적으로 세상에서 경험하게 되는 것은 밝고 기쁘고 아름답기보다는 어둡고 비참한 고통의 늪에 빠져있고 그것으로부터 벗어날 수 있는 출구가 보이지 않음을 처절하게 경험한다는 것이다. 이러한 성품이 드러내고 있는 삶의 모습은 지인을 통해서 권고를 받고 의지를 다해서 세상을 밝게 보고 비참함의 상태를 벗어날 수 없어 철저한 무력감을 겪는 자포자기의 상태이다. 이 상태는 아무리 주위에서 그 상태를 반전할 수 있는 계기를 만들어준다 하더라도 즐거움을 찾지 못하고 결국 죽음만이 유일한 출구라는 인식을 향해 더욱 강하게 이끌려 간다. 제임스가 이러한 모습을 기술한 부분을 인용해보기로 한다.

> 삶이 예전에는 너무난 황홀경이었다가 이제는 밋밋한 정신으로 돌아

와, 아니 그 이상이 되어 죽은 듯 생기를 잃었다. 그 의미가 예전에 너무나도 자명했던 일들이 이제는 무의미해졌다. '왜'와 '다음은 무엇을'이라는 질문이 그에게 훨씬 자주 던져지기 시작했다. 그는 처음에는 그러한 질문에 답해야만 할 것 같았고 시간만 있으면 해답을 쉽게 찾을 수 있을 것 같았다. 그러나 그 대답을 할 때가 급하게 되었을 때 그는 그것이 어떤 병자의 첫 번째 심리 불안과 같다는 것을 알았다. 그 병자에게 거의 관심을 두지 않다가 그것들이 지속적인 고통으로 다가와서야 비로소 잠깐 지나가는 병으로 치부한 것이 바로 이 세상을 곧 하직해야 하는 죽음을 뜻한다는 것을 깨닫는다(윌리엄 제임스, 2001, 219-20).

제임스의 분석에 의하면 고뇌하는 영혼은 고통스러운 우울증 상태를 자연적으로 극복할 수 없어서 극단적인 경우 스스로 죽음을 선택해야 하거나 자연적 차원을 넘어서서 새롭게 다시 거듭남의 경험을 통해서 그러한 고통으로부터 벗어날 수 있다. 전자의 경우 주로 자살을 선택하는 경우이다. 제임스는 죽음인식으로 인한 삶에 어떤 의미도 찾을 수 없는 우울증이 자살로 이끌어 갈 수 있다는 사실을 이미 120여 년 전에 지적하였다. 반면 후자의 경우 기존의 삶의 고통스러움을 전적으로 다르게 변화시킬 수 있는 회심의 경험을 통해서만 이러한 극단적인 우울증에서 구원받을 수 있다는 것이다. 다시 말해 고뇌하는 영혼은 낙관주의적 성품과는 대조적으로 자연적으로 한번 태어나서는 불가능하고 종교적 차원에서 새롭게 다시 태어나야 하는 재생 경험이 있어야 한다는 것이다(윌리엄 제임스, 2001, 224).

제임스는 인간의 다양한 삶의 모습을 종합해보면 낙관주의적 성품보다 고뇌하는 영혼이 훨씬 더 많은 사람의 내면과 밀접하게 연결된 것으로 이해하였다. 그러한 모습은 인류의 다양한 삶의 경험을 생략하지 않고 심층적으로 이해하는 데 포괄적 견해를 제시하고 있다. 또한 고뇌하는 영혼이 보여주는 죽음인식의 정직한 대면이 죽음인식을 변환시킬 수 있는 치유체계로 종교를 발전시킬 수 있다는 것이다. 그러므로 제임스는 종교의 핵심은 고뇌하는 영혼이 보여준 죽음인식과 죽음의 존재에 대한 대답과 밀접하게 연결되어 있음을 강조하였다. 만약 종교전통이 죽음인식에 대한 문제를 깊게 다루지 않고 마음치료운동에서 보여주고 있듯이 생략한다면 그 전통은 완벽하지 않는 것으로 평가하였다. 그는 불교와 기독교는 이런 측면에서 죽음인식에 대한 경험을 깊게 다루고 있으므로 완벽한 종교전통으로 평가하였다. 직접 그가 이야기하고 있는 부분을 읽어보기로 한다.

> 그러나 잠정적으로 그리고 단순히 계획이나 방법의 문제로서 악적 요소들은 선의 요소와 마찬가지로 자연의 진짜 부분들이기에, 철학적 명제는 악의 요소들도 합리적인 어떤 의미를 지니고 있다고 말해야 한다. 그리고 슬픔과 고통, 죽음에다가 어쨌든 긍정적이고 적극적인 관심을 모으는 데 실패하는 체계적인 낙관주의적 성품은, 그 방법에서 적어도 이런 요소들을 포함시키려는 체계들보다 더 형식적으로 완전치 못하다.
>
> 그러므로 가장 완벽한 종교는 비관적 요소들이 가장 잘 발달된 종교인 것처럼 보인다. 물론 불교와 그리스도교는 이런 점에서 가장 잘 알려져 있다. 그것들은 본질적으로 구원의 종교이다. 인간은 진정한 삶으로 태어날 수 있기 전에 먼저 비실제적인 삶을 잊어야 한다(윌리엄 제임스, 2001, 232-33).

4. 불멸

삶을 돌이켜 보면 인간은 죽기 이전에 적어도 두 번의 성장 과정을 갖게 된다. 한 번은 태반에서의 성장 과정이고 다른 한 번은 태어난 이후의 성장 과정이다. 물론 반드시 성장 과정만 있는 것은 아니다. 때로는 성장하지 않고 퇴보하기도 한다. 그러나 일반적 삶은 그러한 과정으로부터 크게 벗어나 있지 않다. 인간은 더 이상 몸은 성장하지 않을지라도 정신적으로는 현재의 상태를 넘어서 죽음이후에도 더욱 성장하기를 원하는 열망을 다양하게 갖는다. 바로 그러한 열망의 궁극적 상태가 불멸이라고 할 수 있을 것이다. 홀과 제임스는 불멸에 대한 논의를 그들의 죽음인식의 핵심주제로 분류하였다(Giampaolo Moraglia, 2004, 350-52). 먼저 홀의 경우부터 살펴보기로 한다.

홀은 『노년기: 인생의 후반부』라는 책 마지막 장에서 죽음이후의 또 다른 삶인 불멸에 대한 자신의 생각을 정리하였다. 마지막 장에는 '죽음의 심리학(psychology of death)'이라는 제목이 달려 있다. 이 장은 홀이 창간한 미국 심리학회지에 발표한 불멸과 관련된 글을 다시 정리해서 확장한 글이므로 거의 100페이지가 넘는 책 한 권의 분량으로 구성되어 있다. 홀의 종교심리학의 연구 중에서 불멸에 대한 이 글은 최초의 학문적 논의에 해당하는 글일 뿐만 아니라 그 이후 논의를 선도하는 고전으로 받아들여지고 있다. 사실 이 글로 인해서 죽음연구에 있어서 불멸과 관련한 거의 대부분의 논의는 홀이 종교심리학의 관점에서 학문적으로 제시했다고 주장할 수 있을 것이다.

홀은 개개인이 지니는 불멸에 대한 논의를 심리적 차원과 연결하여 일곱 가지로 유형화해서 분류하였다. 그가 전개한 각각의 논의는 지금까지 축적된 죽음연구에서 이루어지고 있는 대부분의 연구를 종합해서 비교해보더라도 흠이 없을 정도로 죽음연구의 범위와 방향을 잘 보여주고 있다. 하나씩 정리해보기로 한다.

1. 홀은 인간이 불멸에 대한 소원을 갖는 심리적 동기는 남겨진 자들(survivors)의 기억과 평가 속에 좋은 이미지로 존재하기를 원하는

열망 속에 있는 것으로 이해하였다(Granville Stanley Hall, 1922, 478). 풍요로운 삶의 환경에서 좋은 죽음을 맞이하는 사람들도 같은 열망을 가지고 있다. 어떤 죽음은 단순히 개인 차원을 넘어서 가문이나 공동체에 계속해서 이어지기를 원한다. 홀은 이런 경우 대표적인 예를 유교의 제사나 조상 숭배 등에서 찾았다. 아무리 쓸쓸히 죽음을 홀로 맞이하는 사람의 경우에도 죽음 자체를 끝으로 생각하지 않고 그 이후의 삶에 대한 열망을 많이 보인다. 그러므로 인간이 보여주는 불멸에 대한 모습은 그 이면을 들여다보면 어떤 조건에서 삶을 살았든 삶의 교과과정을 우등생으로 이수하였음을 증명해주는 "우주의 졸업장(diploma of cosmos)"(Granville Stanley Hall, 1922, 479)에 대한 열망이다. 다시 말해 인간은 누구나 한평생 잘 살았다는 모습을 세상에 남겨 놓기를 원한다는 것이다.

2. 홀은 남겨진 가까운 가족 혹은 지인들 뿐만 아니라 남겨진 자들이나 죽은 자에 대해서 아무 것도 알지 못하는 사람이나 단체에 대해서도 적극적으로 영향력을 행사하려는 불멸의 열망을 갖고 있는 존재로 인간을 이해하였다(Granville Stanley Hall, 1922, 479-80). 이 중에는 흔히 마주칠 수 있는 공적 영역에 자신의 영향력을 행사하려는 열망도 찾을 수 있다. 가령, 교회, 절, 학교, 건물, 시계탑, 공원, 나무, 체육관, 도서관 등을 설립할 것을 유언으로 남겨 죽은 자가 기억될 수 있는 불멸의 열망이 있을 것이다. 어떤 단체에 힘이 있는 자리에 있을 경우에도 공공복지를 위해서 새로운 법안을 만들려는 노력도 이러한 것과 무관하지 않다. 이런 불멸에 대한 열망의 경우 종교적으로도 인간의 공공복지를 위해 유언을 남기는 것이 바로 신을 경배하는 일이고 동시에 그런 방법 외에는 다른 방법이 없음을 드러내기도 한다(Granville Stanley Hall, 1922, 480).

3. 홀은 인간은 죽음의 공포를 완화시키기 위해 불멸에 대한 믿음을 다양하게 작동시키고 있는 존재로 이해하였다. 인간은 자녀를 남기는 것을 통해 불멸에 대한 믿음을 강화시켜 죽음에 대한 두려움을 완화시키기도 한다(Hall, 1922, 481). 지금은 사정이 조금 다르지만 자녀가 없는 경우를 수치스럽게 여기고, 자녀의 존재를 통해 자신의 삶이 계속 이어진다는 믿음은 인간의 삶 속에서 다양하게 발견된다. 왕조시대나 세습이 당연시되는 인간의 삶의 현장에서 이런 모습을 쉽게 발견할 수 있다. 현대에서도 모양만 바뀌었지 이런 불멸에 대한 열망을 찾아보기는 쉽다. 이를테면 권력을 잡고 있는 사람은 노후가 되면 자신의 권력을 자녀에게 넘겨주기를 원하고, 기업가는 자신의 기업을 무엇보다도 자녀에게 넘겨 자신의 불멸을 이어가기를 원한다. 인류의 문명의 창조와 발전 그리고 쇠퇴도 이런 자녀에 대한 지배자나 창시자의 열망이 없다면 계속 이어지지 못했을 것이다. 이런 측면에서 보면 종교전통의 경우도 예외가 아니어서 많은 경우 자녀를 통해서 계속 이어지기를 원하기도 하고 자녀만큼 자신의 가르침을 충실히 따르는 후계자를 통해서 그렇게 하기도 한다(Jean du Buy, 1905, 12-19).

4. 앞의 세 가지 경우와는 다르게 이번 논의는 이 세상에서의 불멸에 대한 열망이 아니라 이 세상과는 전혀 다른 차원인 내세에서 이루어질 삶에 대한 열망이다. 일반적으로 이러한 열망은 종교전통 안에서 많이 제시되는 죽음인식에 대한 대답이다. 인간은 종교전통에 참여하면서 죽음인식에 대한 대답으로써 내세에 대한 믿음과 연결해서 불멸을 이루려는 열망을 지니고 있다(Granville Stanley Hall, 1922, 483). 이러한 대답에 의하면 이 세상에서 자녀나 권력 또는 다른 어떤 세상의 기준으로 불멸이 이루어지는 것이 아니라 죽음이후 또 다른 삶에 대한 믿음을 통해서 이루어진다는 것이다. 물론 어떤 경우 한 번의

죽음으로 이루어지기도 하고 여러 번의 삶과 죽음의 과정을 통해서 이루어지는 경우도 있다. 한 번의 경우라고 하더라도 같은 종교전통의 교파마다 차이점을 보이기도 한다. 어떻게 되었든 인간의 종교전통에서 대답으로 제시하고 있는 것은 이 세상은 인간이 머물러야 할 최후의 장소가 아니라 오히려 죽음이후의 다른 영원한 곳으로 가기 위한 나그네의 장소이다. 이런 차원에서 죽음인식은 궁극적으로 평화와 안식으로 나아가는 과정이지 두려워 할 과정이 아니라는 것이다.

인간은 위의 네 가지 경우가 보여주듯이 개인적으로 불멸에 대한 열망을 갖고 있다고 하더라도 그 이면을 보면 몸의 불멸에 대한 생각이나 개인적 차원을 떠나서 훨씬 더 깊은 열망을 보이고 있다. 홀은 그러한 불멸에 대한 열망은 제도 종교전통에 참여하든 그렇지 않든 관계없이 마음의 심층적 차원을 드러내고 있으므로 인간 누구에게나 주어진 보편적인 종교성의 표출로 이해하였다(Granville Stanley Hall, 1922, 486). 그는 이러한 심층적 모습에 대한 이해를 좀 더 적극적으로 나머지 세 가지 불멸 논의에서 전개하였다.

5. 홀은 인간을 불멸을 이루려는 개인적 열망을 넘어서서 좀 더 과학적 연구에 기초해서 이전의 네 가지 불멸에 대한 이해와는 차이를 보이는 우주의 심층적 차원을 드러내려는 존재로 이해하였다(Granville Stanley Hall, 1922, 487-88). 그는 과학이 규명한 우주의 근본이 되는 요소들에 근거해서 불멸에 대한 논의를 전개하였다. 그는 인간의 죽음은 끝이 아니라 자신이 유래한 원래의 우주적 고향으로 다시 돌아가는 과정임을 주장하였다. 죽음은 몸이나 자아의 소멸이지 않고 우주적 생명 과정의 한 부분임을 소개하였다. 삶과 죽음은 근본적으로 분리되지 않고 언제나 상호 교환 과정이라는 것이다. 당시 대부분의 서구학자들이 동양에 대한 이해를 갖지 못했던 것과 달리 홀은 도교

나 또는 유교에서도 나름대로의 독특한 방식 안에서 불멸에 대한 열망의 방식을 우주적으로 발전시켰다는 점을 지적하였다(Granville Stanley Hall, 1922, 490).

6. 홀은 종교적 경험자 중 신비주의자나 영지주의자가 체득한 불멸에 대한 열망을 죽음인식의 경험에 대한 또 다른 대답으로 범주화하였다(Granville Stanley Hall, 1922, 497). 그들이 공통적으로 보여주는 자료들은 인간의 몸은 소멸하지만 의식은 소멸하지 않는다는 점을 증언하고 있다. 홀은 그러한 차원을 당시 새롭게 연구되고 있던 잠재의식적 차원과 연결하여 불멸에 대한 열망을 본질적인 마음인 영혼의 표출로서 이해하였다. 홀은 융의 집단적 무의식에 대한 논의가 이루어지기 이전에 이미 인간의 의식 이면에는 개인적 차원을 넘어선 보다 심층적 무의식의 영역이 존재함을 주장하였다. 그는 그 영역은 삶의 과정 속에서 만들어진 것이 아니라 생득적으로 주어진 것으로 인류가 지금까지 이룩해 온 경험이 총체적으로 녹아 있는 심층적 장소를 "인류의 영혼(racial soul)"으로 명명하였다(Granville Stanley Hall, 1923b, 387). "인류의 영혼"은 융의 집단적 무의식의 경우처럼(Jung, 1973, 7) 다양한 문화나 문명을 비롯해서 인간의 종교전통을 이끌어내는 근원적 원천지이다(Granville Stanley Hall, 1923b, 280).[4]

7. 마지막으로 홀은 기존의 종교전통이나 철학에서 발견할 수 있는 종교적이고 철학적인 불멸의 열망에 대한 논의를 정리하였다(Granville Stanley Hall, 1922, 501-3). 그는 인간은 어떤 환경에 처해 있든 죽음

---

4) 인간의 역사 안에서 "인류의 영혼"은 문화나 문명의 토대인 종교의 세계를 표현하는 원천지이면서 동시에 그러한 원천지를 통해서 표현된 종교의 세계는 인간이 자신의 심층인 "인류의 영혼"을 다시 경험할 수 있도록 인도해주는 다리와 같은 상징체계이다.

이후에도 다른 모습으로 존재한다는 생각이나 새로운 몸으로 태어난다는 종교적이거나 철학적 믿음으로 죽음인식에 대한 대답을 추구하는 존재로 이해하였다. 물론 그가 이러한 논의를 주장하였을 때 지성적 분위기는 과학주의 영향이 거칠게 일어나는 시기였으므로 종교전통이나 철학에서 주장하는 이야기는 시대착오적이라는 비판이 제기되기도 하였다. 그럼에도 불구하고 부정할 수 없는 것은 과학주의의 판단과 달리 그러한 논의가 인류의 역사 안에서 과거에도 그랬고 현재 또는 앞으로도 없어지지 않고 여전히 많은 종교인들에게 깊은 위로를 주고 있다는 것이다(Granville Stanley Hall, 1920b, Vol. II, 305). 그러므로 홀은 인간의 삶의 미완성이나 삶의 의미를 갖게 해주는 데 근본적으로 그 역할을 다한 종교적이고 철학적 차원의 불멸의 열망에 대한 논의도 반드시 고려해야 할 연구임을 강조하였다.

다음으로 제임스의 논의를 살피기로 한다. 제임스의 경우 홀이 제시한 일곱 가지 불멸 이론에 대해서 알고 있었지만 홀만큼 불멸에 대한 연구를 포괄적으로 다루지 않았다. 제임스의 연구는 홀이 분류한 여섯 번째 이론에 토대를 두고 자신의 연구를 집중하였다. 그는 1893년에 설립한 저명한 "잉거솔 강연회(The Ingersol Lectureship)"에 초대를 받아 "인간의 불멸"이라는 제목으로 강연회를 하였다. 그 강연회는 긴 미주가 달려 있는 거의 70페이지가 넘는 원고이다. 홀의 불멸에 대한 원고만큼이나 죽음연구에 있어서 죽음이후의 삶에 대한 논의의 방향성을 구체적으로 보여주고 있어서 고전으로 받아들여지고 있는 글이다.

제임스는 잉거솔 강연회에서 불멸에 대한 경험 자료를 유형화하기보다는 뇌과학이 보여주고 있는 문제점을 비판하면서 자신의 논의를 전개하였다. 그는 뇌를 인간의 정신이나 의식 또는 다양한 경험적 자료를 단순히 배출해주는 "생산적(productive)" 장소로만 설명하는 관점을 비판하였다(William James, 1956b, 13). 그가 비판했던 설명에 의하면 살아있다는 것은 다른 것이 아니라 바로 뇌가 계속해서 그러한 배출기능을 하고 있다는 증거인 반면에 죽는다는 것은 바로 그러한 생산적 뇌의 활동이 정지된 것이다. 당시 과학주의의 담론은 이런 식의 뇌에 대한 설명을 절대화하고 있어서 죽음은 단순히 소멸이지 이 세상 밖의 차원을 연결하는 불멸에 대한 논의는 상상조차 할 수 없었다. 과학주의와 계몽주의의 관점에 일방적으로 경도되어 있는 의학적 뇌과학자들은 인간의 역사 안에서 흔하게 발견된 종교전통과 철학에서 제시된 불멸의 열망에 대한 논의들은 폐기처분되어야 할 대상으로만 인식하였다. 제임스는 이런 식의 설명을 "의학적 유물론(James, 1956b, 18)" 또는 "과학의 청교도주의(William James, 1956b, 10)"라고 혹독하게 비판하였다. 그는 기포드 강연에서도 뇌가 종교적 경험을 생산하는 근원지라면 종교적 경험은 뇌의 산물일 뿐이지 인간의 뇌를 벗어난 다른 차원과 연결할 수 있는 논의가 처음부터 성립할 수 없는 문제점이 제기될 수 있음을 비판적으로 지적하였다(윌리엄 제임스, 2001, 70-72).

제임스는 뇌의 기능에 대한 생산적 이해에 머물지 않고 그것을 넘어설 수 있는 새로운 논의를 하나의 대안으로 제시하였다. 그는 사유나 의식을 산출하는 생산기능으로 뇌의 역할을 한정하지 않고 새로운 사유나 의식이 나타날 수 있도록 "허용해주고 전달해주는 연결 기능(permissive or transmissive function)"으로 그 역할을 이해할 수 있다는 점을 지적하였다(William James, 1956b, 15). 그는 뇌에 대한 이런 생각은 인간의 의식이나 사유는 뇌라는 매개물을 통해서 기존의 사유나 의식을 다른 차원과 연결할 수 있는 논의의 토대를 마련할 수 있는 것으로 판단하였다. 만약 뇌를 기존의 사유와 의식을 다른 차원과 연결할 수 있는 매개물로 이해한다면 죽음은 단순히 소멸이 아니라 개인적 차원의 의식을 넘어서 연결되어 있는 원천으로 다시 돌아가는 것으로 이해해 볼 수 있을 것이다. 마치 나무에 붙어 있는 가지들은 현상적으로 다양하게 보이지만 모두 이면의 뿌리에 닿는 것처럼 인간의 개별적 의식도 또 다른 의식과 연결되어 있다는 것이다(William James, 1956b, 15-16).

제임스는 자신의 주장을 더욱 구체화하기 위해서 세 사람의 논의를 그의 불멸에 대한 이해에 핵심적으로 받아들이고 있다. 하나는 당시 독일의 정신물리학의 개척자인 구스타프 페히너(Gustav Fechner, 1801-1887)의 연구였다. 페히너에 의하면 인간의 의식 이면 입구에는 의식과는 다른 차원을 보여줄 수 있는 "역치(threshold)"가 존재한다. 제임스는 이런 페히너의 발견을 받아들여 인간의 의식은 역치를 매개로 그것을 넘어선 다른 차원과 연결되어 있다고 생각하였다. 죽음을 맞이한다고 하더라고 인간의 의식은 없어지는 것이 아니라 살아 있을 때 높았던 역치가 낮아져서 다른 차원으로 연결 이동하는 것으로 이해하였다(William James, 1956b, 23).

다른 하나는 제임스의 아버지가 종교생활의 토대를 두었던 스웨덴보리(Swedenborgianism) 사상에서 불멸에 대한 통찰을 얻었다. 그는 스웨덴보리 사상 중 창조성이나 새로운 통찰은 이미 존재한 의식으로부터 유래하는 것이 아니라 의식의 밖으로부터 새롭게 유입되어서 기존의 의식을 변환시킨다는 "유입(influx)"이론을 수용하였다(William James, 1956b, 27).

마지막으로 제임스는 영국에서 대두되기 시작했던 심령연구(psychical research)의 논의에 관심을 기울였다(William James, 1956b, 24-5). 심령연구는 앞의 두 경우보다 결정적으로 제임스가 뇌의 "전달적" 기능에 대한 논의를 전개하는 데 주된 이론이 되었다. 그는 심령연구에서 새롭게 발견한 인간의 의식 이면에 존재하는 잠재의식 차원과 연결해서 불멸에 대한 논의를 전개하였다. 그는 불멸에 대한 논의뿐만 아니라 일반적인 의식의 현상으로 규정할 수 없는 종교적 경험도 잠재의식과 연결되어 있는 것으로 이해하였다.

제임스는 미국의 심령연구 협회를 조직해서 회장 일을 수행하기도 했다. 그는 심령연구를 다양하게 접근하였다. 직접 영매의 행동들을 참여해서 관찰하기도 했고 동시에 지적 차원에서는 납득할 수 없는 다양한 인간의 현상들을 경험의 차원에서 무시하지 않고 인간을 이해해 나가기 위한 다양한 자료로 인정하여 공감적으로 이해하려고 하였다.[5] 제임스가 끝까지 심령연구에 대한 논의에 관심을 갖고 다양한 글을 쓰게 된 것은 의식의 차원으로는 이해하기 어려운 인간의 경험을 이해하기 위해서는 기존의 사변적 철학적 논의나 실증 심리학적 논의로는 한계가 있음을 잘 알고 있었기 때문이었다. 그는 1896년 7월 그의 미국 심령연구회 회장 연설에서 이러한 문제점을 상세하게 기술하였다(James, 1956a, 299-303). 그는 그러한 과정에서 영국의 심령연구의 핵심 인물인 프레드릭 마이어스(Frederic Myers, 1843-1901)의 논의에서 통찰을 발견하였다. 그는 마이어스가 다양하게 연구한 인간의 의식 이면의 잠재의식(subliminal) 차원에 대한 논의는 기존의 심리학이 앞으로 더 발전할 수 있는 혁명적 발견이라고 극찬하였다(William

5) 사실 19세기 말이나 20세기 초기 찰스 센더스 퍼스(Charles Senders Pierce, 1839-1914)를 비롯해서 미국의 고전 프래그머티즘 연구자들도 초창기에는 미국 심령 연구협의회에 참여하였지만 거의 대부분 비과학적 현상이라고 평가해서 탈퇴하거나 아니면 참여하지 않은 채로 남아 있었다. 그러나 제임스는 끝까지 그 현상에 대한 호기심을 버리지 않고 지속적으로 연구하였다. 그가 심령연구와 관련해서 써 놓은 글은 600페이지가 넘는 분량으로 하버드대학교 출판부에서 제임스 전집 중의 한 권으로 출판되어 있다(William James, 1986, 참조).

James, 1986, 202-203).

제임스가 이러한 세 가지 이론을 통해서 주장하려던 것은 죽음은 의식의 소멸이 아니라 심층적인 우주적 의식으로 연결되는 매개과정이라는 점이다. 바로 이러한 우주적 의식이나 잠재의식과의 연결에 대한 논의로 인해 제임스의 불멸의식에 대한 논의는 범신론이라는 비판을 받았다.[6] 그러나 제임스는 범신론을 주장하고 있는 것이 아니라 기독교를 비롯해서 유신론과 그 밖의 종교전통의 불멸의식을 모두 포함할 수 있는 다원적 논의를 전개하였다(James, 1956b, 7). 그는 개인적 의식은 죽음을 통해서 완전히 소멸되지 않고 죽음이후에도 지속되어서 궁극적 차원의 의식인 무한한 사랑에 참여하는 것으로 이해하였다. 물론 개인적 의식의 불멸은 특별한 부류의 사람들에게만 국한하지 않고 모든 인간에게 민주적으로 공평하게 주어져 있다. 그러므로 제임스에게 있어서 인간의 개별적 의식은 이 세상과 죽음이후에도 인간의 의식을 넘어선 고차원적 의식인 사랑이나 빛과 분리되지 않고 연결되어 있다(William James, 1956b, 33). 제임스는 바로 이러한 논의를 그의 종교심리학을 비롯해서 철학의 최종적 스케치인 『다원적 우주』에서 전개하려고 하였다(William James, 1977, 141-2).

결론적으로 홀과 제임스에게 불멸의 열망은 과학주의자가 주장하는 시대착오적인 망상이 아닌 보다 고차원적 의식으로 나가려는 열정과 희망을 갖게 해주는 종교적 의식(religious consciousness)이다. 이런 측면에서 종교전통은 죽음인식의 대답으로 불멸의식이 표출된 세계

---

6) 여러 가지 비판들이 제기되었지만 가장 대표적인 것은 이러한 논의는 단순히 회귀사상 내지 범신론이라는 비판이다. 하지만 제임스가 그러한 비판을 의식하지 않고 그의 강연을 준비한 것은 아니다. 사실 제임스의 강연을 듣고 있던 사람들은 대부분 기독교의 배경을 갖고 있는 사람들이었다. 그래서 그는 쉽게 범신론이나 인간의 불멸에 대한 개인적 의식의 차원이 무시되어버리는 논의에 만족하지 않았다.

일뿐만 아니라 그러한 의식을 다시 경험할 수 있게 해주는 상징적 연결고리이다.

5. 맺음말

지금까지 현대학문의 영역에서 죽음연구의 개척자인 제임스와 홀의 죽음인식에 대한 논의를 그들이 종교심리학 운동을 전개하면서 발표했던 글을 중심으로 비교하였다. 제임스가 홀의 스승이지만 홀의 논의의 범위가 광범위하므로 먼저 홀의 논의를 기술한 다음 그의 논의와 비교할 수 있는 측면을 제임스의 글을 통해서 제시하였다.

우선적으로 홀과 제임스가 죽음인식 연구의 배경이 된 죽음과 관련한 그들의 경험을 비교적으로 기술하였다. 홀의 경우 어린 시절에 갖게 된 시신과 관련된 공포경험과 홀 자신이 두 번이나 부인과 자녀를 잃은 비극적 경험이 죽음인식에 대한 연구에 지속적으로 중요한 계기가 되었음을 지적하였다. 반면 제임스의 경우 홀의 경험과 비슷한 점은 발견할 수 없지만 젊은 시절 갖게 된 지독한 우울증 경험과 그로부터 벗어난 계기가 그의 종교적이고 철학적 논의에 핵심을 두고 있음을 지적하였다.

다음으로 홀과 제임스의 죽음인식에 대한 논의를 전개하기 위한 연구방법론을 비교하였다. 홀은 죽음인식에 대한 논의를 인간의 생애발달의 관점에서 유아기, 유년기, 청소년기, 중년기, 장년기, 그리고 노년기로 나누어서 각 생애에서 발견된 죽음인식과 그로부터 벗어나기 위한 종교적 논의를 검토하였다. 홀은 유년기, 청소년기 그리고 노년기의 경험에 집중해서 논의를 전개하였음을 알 수 있었다. 반면 제임스는 홀의 경우처럼 논의를 생애의 발달단계에 두지 않고 인간이 보이는 두 가지 성품에 근거해서 죽음인식에 대한 논의를 전개하였다. 제임스는 인간의 성품 중 고뇌하는 영혼은 낙관주의 성품과는 달리 죽음인식이 핵심 문제였고 그로부터 벗어나기 위한 종교적 노력을 하고 있음을 강조하였다. 제임스는 고뇌하는 영혼은 낙관주의적 성품과 달리 자연적 상태에서는 그러한 인식으로부터 벗어날 수 없고 정신적으로 새롭게 태어난 거듭남의 경험인 회심을 통해서 극복할 수 있다는 점을 강조하였다.

마지막으로 홀과 제임스는 죽음인식에 대한 대답으로서 불멸 논의를 비교하였다. 홀은 동서양을 막론하고 불멸에 대한 거의 모든 광범위한 이론을 정리하였다. 홀이 포괄적으로 정리하면서 보여주려고 했던 것은 불멸은 인간의 삶은 근본적으로 미완성이라는 의식 때문에 좀 더 적극적으로 삶을 완성시키기 위한 근원적 몸짓이라는 것이다. 홀은 그러한 논의의 토대가 바로 그의 심리학의 뿌리인 종교성으로 이해하였다. 반면 제임스는 홀처럼 불멸 이론을 광의적으로 정리하지는 않았지만 홀의 인류의 영혼 표출과 연결할 수 있는 우주적 의식으로서 불멸에 대한 논의를 전개하였다. 특히 그는 불멸에 대한 논의를 처음부터 이론적으로 불가능하게 만드는 과학주의나 의학적 유물론이 강조하고 있는 뇌의 생산적 기능이 갖고 있는 문제점을 비판하였다. 대신에 그는 그러한 논의를 넘어설 수 있는 전달적 기능으로서의 뇌에 대한 이해를 기존 이론에 새로운 대안으로 제시하였다.

결론적으로 홀과 제임스의 죽음인식에 대한 비교 논의를 통해서 알 수 있었던 것은 죽음과 종교성의 상관관계에 대한 연구가 120년 전에 이미 그들의 종교심리학 운동을 통해서 개척적으로 제시되고 있었다는 점이다. 그들의 죽음인식에 대한 연구는 앞으로도 여전히 종교심리학과 관련해서 지속적으로 검토해야 할 논의라고 생각한다. 그들의 연구는 최근에 관심이 대두되기 시작한 한국의 죽음연구에서도 죽음인식과 관련한 종교심리학의 이론적 토대를 확고하게 보여줄 수 있을 뿐만 아니라 죽음연구의 범위와 방법과 관련해서 그 방향성을 가늠할 수 있는 비판적 토대를 제시해 줄 수 있을 것이라고 판단한다.

제 3 장

지그문트 프로이트의 죽음인식

제3장 지그문트 프로이트의 죽음인식

1. 서론

앞 장에서 살펴보았듯이 19세기 말 윌리엄 제임스와 그의 제자인 그렌빌 스탠리 홀이 주도하여 북미에서 하버드대학교와 클라크대학교를 중심으로 시작한 종교심리학 운동은 당시 그렇게 학문적으로 관심을 받지 못했던 죽음에 대한 연구를 처음 시작하였다. 사실 종교심리학 운동은 죽음인식에 대한 연구를 바탕으로 죽음교육을 성교육과 더불어 학문적으로 최초로 개척하였지만 죽음교육은 성교육의 확산과 달리 초기 종교심리학 주창자의 논의 이후에 지속되지 못하였다. 그들의 죽음인식에 대한 연구는 거의 1930년대까지 북미에서 잊혔지만 프로이트의 정신분석 운동에 거의 20년 이상을 헌신하였던 오토 랑크(Otto Rank, 1884-1939)가 프로이트와 1926년 공식적으로 결별한 이후 미국으로 이주하면서 다시 주목 받기 시작하였다.

북미 연구자들은 프로이트의 성보다 랑크가 죽음에 대한 논의를 제임스의 논의를 참고해서 강화하고 있다는 점을 깨닫기 시작하면서 그전에 일어났던 종교심리학 운동의 죽음연구에 다시 관심을 갖게 되었다. 일반적으로 프로이트의 정신분석에서 운동 초기 핵심 멤버였던 알프레드 아들러(Alfred Adler, 1870-1937), 융, 그리고 마지막으로 랑크와 같은 걸출한 제자들과 헤어지기 전까지만 해도 죽음인식에 대한 연구는 거의 이루어지지 않는 것으로 알려져 있다. 랑크가 프로이트와 헤어진 원인이나 시점을 두고 보면 프로이트가 죽음에 대한 인식을 그렇게 강조하지 않았다고 평가할 수 있을 것이다. 그러나 프로이트의 죽음인식에 대한 연구를 살펴보면 그가 연구에 관심을 갖고 있지 않았다고만 평가할 수 없다. 일반적으로 알려진 것과 달리 프로이트가 랑크와 공식적으로 헤어진 1926년 전후를 살펴보면 죽음 문제를 그의 정신분석에서 구체적으로 다루고 있음을 확인할 수 있다.

그러므로 프로이트의 죽음인식에 대한 연구는 랑크와 그의 논의에 영향을 받은 북미의 죽음인식 연구를 검토하기 전에 광범위하게 종교심리학의 논의에서뿐만 아니라 죽음연구에서도 획기적으로 영향을 미치고 있다는 점에서 반드시 검토해야 한다. 사실 프로이트가 죽음인식에 대한 관심을 갖게 된 배경도 그 이면을 보면 앞장에서 다룬 종교심리학 운동의 죽음인식에 대한 연구와 무관하지 않았다. 그래서 이번 장에서는 먼저 프로이트가 죽음인식에 대한 연구 배경을 살펴본 다음 그의 연구를 죽음의 감정, 죽음의 태도, 그리고 죽음욕동으로 분류해 비판적으로 검토해 보려고 한다.

2. 프로이트의 죽음인식의 배경

프로이트가 죽음에 대한 인식을 갖게 된 것은 세 가지로 찾아 볼 수 있다. 제일 먼저 지적할 수 있는 것은 제임스와 홀의 경우처럼 프로이트도 그의 개인적인 생애사와 연관되어 있다는 것이다. 프로이트는 어린 시절부터 낙관적인 삶의 경험을 갖고 있기 보다는 매우 비관적인 삶을 살았다. 그의 생애에서 죽음인식과 관련된 사례가 많이 나타나 있다. 제일 먼저 지적할 수 있는 것은 그의 동생이 태어나기 전 갖고 있었던 동생에 대한 죽음의 소원이 구체적으로 실현된 상황을 보고 처음으로 죽음인식을 갖게 된 경험이었다(Ernest Jones, 1953, 5). 그는 나중에 그러한 경험을 흔한 사고의 전능성과 연관해서 설명하기도 하였다. 다른 예는 그가 성장하면서 자신의 배다른 형에 대한 증오심을 형의 아들에게 복수하는 상황이나 어느 정도 성장한 이후 유대인인 그의 아버지가 가톨릭 성당 문지기로부터 당한 모욕을 들으면서 꿈꾼 로마 정복의 환상은 언제나 죽음인식에 대한 초기 경험으로 남아 있다. 또한 그는 말년에 후두암으로 인해 곧 자신에게도 죽음이 도래할 것이라는 인식으로 고통스럽게 삶을 지탱하였다.

다른 하나는 프로이트의 삶의 사회적 환경과 연관되어 있다. 프로이트는 한시도 편안하고 안정된 상태에서 삶을 살지 못하고 언제나 시간이 지난 이후 익숙했던 사회문화적인 환경을 떠나야만 했다. 프로이트가 수없이 겪은 떠남의 경험은 익숙한 환경과의 단절 즉 문화적이고 사회적인 죽음이었다. 그는 어린 시절부터 유대인이라는 이유 때문에 학교나 사회로부터 배척과 어려움을 당하였다. 그의 가족은 종교적으로 가톨릭이 강한 지금의 체코 프라이브르크에서 오랫동안 삶을 영위하였지만 유대인에 대한 편견으로 인해 그곳을 떠날 수밖에 없었다. 그 이후 지금의 독일인 라이프치히에서 잠시 정착했지만 유대인이라는 신분 때문에 또 다시 그곳을 떠나서 오스트리아 비엔나에 정착하였다. 그는 다른 지역과 달리 비엔나에서 평생 정착하면서 정신분석 운동을 처음으로 창안하고 계속 확산하려고 했지만 말년에 나치즘의 등장과 유대인이라는 신분 때문에 그 곳을 떠나 영국에서 죽음을 맞이하였다. 그는 계몽주의의 후예인 유럽인이 지적 교양과 미덕을 지향하려는 고상함을 벗어던지고 광기의 폭력을 표출한 제1차 세계대전과 유대인 학살을 생생하게 목도하였다. 프로이트가 생물학적 차원이든 문화적이고 사회적 차원이든 죽음인식을 깊게 경험하고 있었기 때문에 그의 사상 후기에 그동안 강하게 구축한 자신의 정신분석 이론을 새롭게 수정하면서까지 그토록 죽음인식의 문제에 천착할 수 있었던 것이다.

마지막으로 프로이트가 죽음의 문제를 정신분석적으로 새롭게 다루는 데 결정적으로 촉매 역할을 한 것은 지난 장에서 살펴보았던 북미의 종교심리학 운동에서 시작한 죽음인식에 대한 연구와 무관하지 않다. 프로이트가 죽음인식에 대한 연구를 주로 유럽의 사회문화적 맥락을 중심으로 생각하였기 때문에 처음 북미에서 학문적으로 제기된 죽음인식에 대한 연구와는 관련이 없는 것으로 생각할 수 있지만 프로이트의 죽음인식의 연구는 두 가지 측면에서 북미의 종교심리학 운동의 창안자들이 보여주었던 연구와 관련되어 있다.

하나는 프로이트가 죽음연구를 시작한 시점이다. 프로이트는 죽음인식을 오래전부터 갖고 있었지만 결정적인 계기는 그가 처음으로 1909년 북미에서 정신분석 강연을 한 시점 이후부터이다. 프로이트는 1909년에 융과 함께 클라크대학교 20주년 기념행사의 일환으로 종교심리학 운동의 창안자였던 홀의 초청을 받아 북미에서 처음으로 정신분석 강연을 하였다. 그의 강연회에는 종교심리학 운동의 핵심 창안자인 제임스도 참석하였고 강연 이후 제임스와 대화를 나누기도 하였다. 당시 유럽의 보수적 분위기와는 달리 프로이트의 정신분석 강연은 북미의 지성사회에서 냉소적이지 않고 호기심을 자극하는 새로운 연구 분야로 인식되었다. 프로이트는 그 강연을 계기로 자신의 정신분석 운동에 대한 논의를 전파하는 데 결정적 기회를 만들기도 하였지만 죽음인식에 대한 종교심리학적 연구의 새로운 통찰을 갖게 되기도 하였다. 프로이트는 북미의 종교심리학 운동에서 전인적 인간의 성장에 대한 교육을 위해 성교육 문제뿐만 아니라 죽음교육의 논의도 이미 구체적으로 제기하고 있음을 알 수 있었다.

다른 하나는 1909년 미국에서 강연을 하고 난 이후 그의 정신분석 운동의 후계자로까지 생각하였던 융과 헤어진 사건과도 밀접한 관련이 있다. 융이 프로이트와 결정적으로 결별하게 된 원인은 프로이트의 성적 차원의 인간이해와 관련되어 있다. 융과 관련해서 일어난 몇 가지 예들은 홀의 강연 초청으로 프로이트가 융과 함께 미국을 여행하기 이전부터 이미 둘의 관계는 깨질 수밖에 없다는 점을 예고하고 있다. 융은 프로이트와 대화할 때마다 성이 인간의 중요한 차원으로 이해할 수 있지만 그 이면에 더 근본적 차원도 있음을 암시하였다. 프로이트는 융이 그렇게 말할 때마다 인간의 심층적 차원에 대한 해석에 반대해서 이전에 거의 찾아볼 수 없이 부정적인 감정을 격렬하게 표출하였다. 가장 대표적인 예는 두 사람이 클라크대학교 강연을 마치고 돌아온 시점에 나눈 대화에서 찾을 수 있다. 프로이트는 1910년 오스트리아 비엔나에서 융과의 대화에서 인간의 성적 차원은 정신분석이 결코 양보할 수 없는 도그마가 되어야 한다는 점을 강하게 강조하였다.

> 지금도 나는 프로이트가 다음과 같이 말하던 것을 생생히 기억 하고 있다. "친애하는 융, 성 이론을 결코 버리지 않겠다고 나에게 약속하십시오. 그것은 가장 본질적인 것입니다. 보시오. 우리는 성 이론을 가지고 하나의 교리를 만들어야 합니다. 흔들리지 않는 보루 같은 것 말입니다(카를 구스타프 융, 2008, 280-81)."

프로이트는 위의 인용구에서 보여주듯이 그의 정신분석의 핵심 주장에 반기를 들며 종교와 죽음인식을 인간의 근본적 차원으로 강조하였던 융과 공식적으로 헤어질 수밖에 없었다. 1913년 융은 프로이트와 공식적으로 결별하였다. 융이 정신분석 모임에서 탈퇴한 이후 프로이트가 발표한 글을 보면 프로이트는 융의 논의를 일방적으로 정신분석의 인간이해에서 쓸데없는 논의로만 생각하지 않았다. 그는 개인정신분석을 통해 융의 논의를 적극 비교하면서 점검하기도 하였고 사회문화적 차원으로까지 확장해서 종교와 죽음인식에 대한 연구를 발전시켰다. 이전과 달리 그의 모습은 매우 유연하게 종교와 죽음인식에 대한 논의의 중요성을 시사하고 있다는 점을 알 수 있다. 물론 프로이트의 궁극적 성적 도그마가 수정되었는지 아닌지에 대한 연구는 많은 논의가 필요하지만 결과적으로 융과 헤어진 계기로 인해 프로이트가 종교와 죽음인식에 대한 종교심리학 연구를 해나갈 수 있는 새로운 통찰과 자극을 받았다는 점은 부정할 수 없는 사실이다. 프로이트와 융 사이가 가장 소원한 시점인 1910년부터 1913년 사이에 발표된 글들을 보면 더욱 이 점을 확인할 수 있다.

프로이트는 1910년 비엔나 정신분석학회에서 발표한 "자살, 특히 어린학생들을 중심으로"라는 제목으로 자살과 관련한 학교교육의 문제점과 그에 대한 짧은 토론 글을 발표하였다(Sigmund Freud, 1957, 231-32). 그는 학교는 학생들이 자라나는 시점에서 갖는 갈등이나 문제점을 제대로 파악하지 못해서 학생들의 삶의 의지와 지지를 충분히 보여주지 못하고 있음을 비판하였다. 또한 학교가 인식해야 하는 것은 학생들은 완전히 성숙한 성인이 아니라 심리적 갈등을 많이 겪고 있는 미성숙한 존재여서 때로는 일반 성인 관점에서 있을 수 없는 자살을 감행하고 있다는 점이다. 그리고 많은 경우 학생들이 자살할 경우 죽음과 관련된 감정인 애도보다는 우울증과 밀접하게 연결되어 있다는 점도 강조하였다(Sigmund Freud, 1957, 232).

프로이트는 논문을 발표한 이후 1913년에는 그의 연구 중 가장 독창적인 연구로 분류되어 있을 뿐만 아니라 종교와 죽음인식과 관련해서 종교심리학의 고전에 속하는 최초의 저술인 『토템과 타부』를 발표하였다. 프로이트는 책 서문에서 놀랍게도 자신이 종교심리학에 관심을 갖게 된 것은 바로 빌헬름 분트(Wilhelm Wundt, 1832-1920)의 민족심리학과 융이 프로이트의 정신분석과의 차이점을 분명하게 하였던 『리비도의 변환』의 저술에 대한 연구였다고 솔직하게 인정하고 있다(Sigmund Freud, 1953, xiii). 프로이트는 그 책을 출발로 해서 죽음과 관련한 대표적 논의들을 지속적으로 발표하였다.

전체적으로 그의 논의 시점을 살펴보면 프로이트의 죽음인식 연구는 북미의 종교심리학 운동의 창안자인 홀의 초대 강연 이후 여러 계기로 비로소 구체적으로 이루어졌다고 얘기하여도 무리한 주장이 아니다. 다음 그가 발표한 저술들 중 먼저 죽음인식으로 인해 남겨진 자가 경험하는 슬픔, 즉 죽음의 감정에 대한 문제를 검토해 보기로 한다.

3. 죽음의 감정

프로이트가 죽음의 감정과 관련해서 집중적으로 관심을 기울였던 것은 자신의 죽음을 예견하거나 남겨진 자가 겪는 슬픔인 애도 문제였다. 그는 애도 문제를 단순히 인간 간의 사별에서만 경험할 수 있는 감정으로 국한하지 않고 다양한 대상 상실의 경우에도 일어날 수 있는 감정으로까지 확장해서 논의를 전개하였다. 그가 사별이나 상실로 인해 남겨진 자가 겪는 감정 문제를 다룬 글은 여러 곳에 산재되어 있다. 이번에는 각각의 글 속 구절이나 한 부분을 차지한 글들은 제외하고 주로 독립적으로 발표된 두 편의 글을 중심으로 검토해보려고 한다. 먼저 프로이트가 1915년 11월에 베를린 괴테 학회의 초청으로 "일시적인 것에 대하여"라는 제목으로 강연하였던 원고를 후에 발표한 글이다(Sigmund Freud, 1963c, 305-7).

프로이트는 "일시적인 것에 대하여"라는 논의를 1913년 8월에 어떤 시인과 나누었던 대화를 상기하면서 전개하였다. 그는 시인이 한 말 중 자연의 아름다움에는 경탄하지만 얼마 있으면 아름다움이 시들어서 결코 기쁨을 유지할 수 없다는 얘기를 상기하며 자신의 생각을 발표하였다. 프로이트는 시인의 논의에 이면적 의미를 두 가지 차원에서 비판적으로 들추어내려고 하였다(Sigmund Freud, 1963c, 305). 첫 번째로 프로이트는 시인은 아름다움의 가치를 존재할 수 있는 시간성과 연결하고 있다는 점을 비판하였다. 자연이나 예술의 아름다움이 사라졌다고 해서 모두 가치가 없어졌다는 식으로 아름다움을 공유하지 못하는 것은 문제가 있다는 것이다. 사실 자연에 그러한 요구를 하는 것은 자신의 소원일 뿐이지 결코 현실적이지 못하다는 것이다. 사실이 세상의 모든 존재는 어느 정도 존재했다가 없어지고 새롭게 태어나는 것이 순리이지 영원히 존재하는 것만이 아름다움의 가치를 지키는 것은 아니라는 점이다. 오히려 자연의 아름다움은 시인의 견해와는 반대로 영원히 존재하는 것에서 가치가 있는 것이 아니라 시간의 제약으로 인한 일시성 때문에 가치가 존재한다는 것이다. 일시성은 단순히 끝남이 아닌 또 다른 시작으로 나가는 준비이므로 그 자체가 아름다움과 완벽성을 지니고 있다는 것이다. 직접 프로이트의 얘기를 들어보기로 한다.

일시적인 것의 가치는 시간 속의 희소가치이다. 즐김의 가능성 제약은 즐김의 가치를 증가시킨다. 아름다움의 일시성에 대한 생각이 그것에 대한 우리의 기쁨을 방해한다는 것은 이해할 수 없다고 나는 감히 선언한다. 자연의 아름다움과 관련해서 매번 겨울에 파괴되고 다시 그 다음 해에 다시 돌아온다. 그렇게 되므로 우리의 삶의 길이에 있어서도 사실상 영원한 것으로 간주될 수 있다. 인간의 모습과 얼굴의 아름다움은 우리의 삶의 과정에서 언제나 변하지만 그 삶의 순간순간의 사라짐만이 우리의 삶들을 신선한 매력으로 이끈다. 단지 하룻밤 동안에 피어난 꽃이 그러한 일시성 때문에 사랑스럽게 보이지 않는 것이 아니다. 나는 하나의 예술작품 혹은 지성적 성취의 아름다움과 완성이 시간적 한계성 때문에 그 가치를 잃어버려야 한다는 이유를 이것보다 더 잘 이해할 수 없다. 우리가 오늘날 경탄하는 그림과 조각상들이 망가져서 재로 변할 때가 정말로 올지도 모르고, 우리의 시인들과 사상가들을 더 이상 이해하지 못하는 인류가 우리들 다음에 나올 때가 있을지도 모르고, 지구상에 있는 모든 살아 있는 생명체가 없어질 때가 도래할지도 모른다. 그러나 모든 이러한 아름다움과 완벽함의 가치가 우리자신의 감정적 삶에만 그것의 중요성이 결정되어야 한다면, 그것은 우리보다 오랜 기간 살아남을 필요가 없으므로 독립적으로 존속하지 못한다(Sigmund Freud, 1963c, 305-6).

두 번째로 프로이트는 시인은 자연의 아름다움은 조만간 없어지고 말 것이라는 미리 예견된 상실로 인해 슬픈 감정을 받아들이지 않고 거부한다는 점을 비판하였다. 그는 시인이 자연의 아름다움을 즐기지 못한 것은 일시성 때문이 아닌 상실로 인해 갖게 되는 애도로부터 자신의 삶이 방해받고 싶지 않다는 생각에 주된 원인이 놓여 있다는 점을 비판적으로 지적하였다(Sigmund Freud, 1963c, 306). 시인은 아름다움의 대상을 상실하면 전혀 회복할 수 없다는 식으로 두려워하는 것은 대상 상실과 관련해서 잘못된 해석을 내리고 있다는 것이다.

프로이트가 이 글을 쓴 시점은 제1차 세계대전 중이었기 때문에 시인의 아름다움의 상실에 대한 두려움을 전쟁과 연결해서 더 확장시켰다. 그는 전쟁은 어떤 사건보다도 인류의 문화와 문명의 최고 작품과 예술을 파괴하였기 때문에 분명히 대상의 상실로 인간은 모두 슬픔을 겪지만 그 상태에 머무르지 않고 또 다른 대상을 창조해서 상실을 극복하고 새로운 문화와 문명의 토대를 다시 건축해 간다는 점을 강조하였다. 마치 자연의 아름다움이 때가 되면 시들어서 또 다른 아름다움을 피우는 것처럼 전쟁으로 인한 인류 문화와 문명도 파괴로 인해 상실이나 애도 상태에 앞으로 나가지 못하고 슬픔의 감정에만 묶여 있기보다는 인간은 그러한 애도를 극복하면서 새로운 문화와 문명을 지속적으로 만들어 간다는 것이다. 프로이트는 대상의 상실에서 놓치지 말아야 할 것은 그것을 넘어서려는 인간의 심층적 에너지의 움직임의 포착을 강조하였다. 직접 그의 예를 들어보기로 한다.

> 우리가 알고 있듯이 애도는 아무리 고통스럽다고 할지라도 자연적으로 끝이 난다. 애도가 상실된 대상의 모든 것을 포기할 때, 즉 애도가 모든 에너지를 다 소비하게 되면, 우리의 리비도는 한 번 더 자유롭게 되어서 (우리가 여전히 젊고 적극적인 한) 그 상실 대상을 동등하거나 여전히 더욱더 소중한 새로운 것으로 대체한다. 이번 전쟁으로 생겨난 상실들에 있어서도 똑같은 일이 일어나기를 바란다. 애도가 한번 끝나면, 풍부한 문명에 대한 우리의 고상한 견해는 문명의 깨지기 쉬운 연약성을 깨닫게 되어 어떤 것도 잃지 않았음을 발견하게 될 것이다. 우리는 전쟁이 파괴한 모든 것을 다시 지을 것이고 이전보다도 더욱 확고하고 오래갈 수 있는 토대 위에 지을 것이다(Sigmund Freud, 1963c, 307).

프로이트가 죽음의 감정과 관련해서 독립적으로 발표하였던 또 다른 대표적인 논문은 1914년 비엔나 정신분석 학회에서 발표한 애도와 우울증에 대한 글이다.(Ernest Jones, 1955, 367-68) 사실 이 글은 앞에서 살펴본 "일시적인 것에 대하여"보다 먼저 준비되어 있었지만 애도가 자연스럽게 끝나 새로운 대상으로 대체되는 것과 달리 그렇지 않은 경우도 많이 발견된다는 생각 때문에 더욱 그러한 사례들을 점검하기 위해서 발표를 늦추었다. 그러나 더 근본적인 원인은 다른 데 있었다. 프로이트는 1915년에 이미 학회지에 발표하기 위해 원고를 완성하였지만 자신의 기존 정신분석 이론을 수정할 수도 있다는 주장으로 2년 후인 1917년에 출판하였다. 사실 죽음연구에서 남겨진 자가 겪는 애도와 우울증에 대한 연구는 그 전까지 심층적으로 관심을 둔 선행연구가 많이 이루어지지 않았던 혁신적인 주제였다

프로이트는 사별이나 상실로 인해 생겨나는 감정인 애도를 우울증의 문제와 상호 비교하며 연구하였다. 먼저 프로이트가 사용하는 애도라는 용어의 의미를 살펴보면 핵심적으로 포착하려는 남겨진 자의 감정 문제를 파악할 수 있다. 그가 사용한 애도라는 용어는 독일어로 "trauer"이고 영어 번역은 "mourning"으로 되어 있다. 그 용어가 의미하는 것은 두 가지이다(Sigmund Freud, 1963d, 243). 하나는 상실로 인해 감정의 영향을 받는다는 의미이고 다른 하나는 그렇게 받은 영향을 밖으로 표출한다는 의미이다. 전자는 받는 주체의 의지와 상관없이 영향을 미치고 있다는 점에서 수동적 의미를 드러내고 있는 반면 후자는 그러한 감정의 영향을 밖으로 드러낸다는 점에서 능동적 의미를 포함하고 있다. 다시 말해서 애도는 사랑하는 사람의 죽음뿐만 아니라 나라, 자유, 이상 등의 비유기체와 같은 추상적인 것(abstraction)의 상실로(Sigmund Freud, 1963d, 243) 인해 주체의 의지와 상관없이 감

정적으로 영향을 받는 것과 밖으로 표출하려는 두 가지 감정이 혼재되어 있다는 것이다. 프로이트는 애도와 우울증은 대상이 무엇이 되었든지 상실로 인해 인간의 의지와는 상관없이 직접 영향을 받는다는 점에서 동일한 반응이지만 그러한 반응을 받아드리고 표출하는 방식에서 큰 차이를 보여주는 것으로 이해하였다. 그는 애도 이해의 핵심은 바로 이러한 애도를 남겨진 자가 어떻게 밖으로 표출하느냐, 즉 애도 작업에 달려 있는 것으로 판단하였다. 물론 애도 작업은 남겨진 자 마다 다양하게 하겠지만 가장 빨리 상실의 어려움을 극복할 수 있는 것은 작업의 적극성에 달려 있다. 그러나 애도 작업을 전혀 할 수 없어 대상과의 상실이 오래 전에 일어났지만 여전히 상실로부터 벗어나지 못하는 경우도 있다.

프로이트는 애도의 과정에서 드러난 특징을 우울증과 비교해서 두 가지로 제시하였다. 우선 대상 상실로 남겨진 자가 겪는 애도는 아무리 극단적 상황이라도 우울증을 앓고 있는 사람과 달리 자아를 상실하는 것이 아니라서 자존감(self-regard)의 특성을 잃어버리지 않는다는 점이다(Sigmund Freud, 1963d, 244). 남겨진 자는 자신의 문제보다는 상실로 인해 살아가야 할 세상이 이전과 비교해서 무의미한 것으로 나타나면서 어려움을 겪는 것이다. 물론 대상의 상실 초기에 남겨진 자도 우울증 증상처럼 고통스럽고, 외부적인 일에 더 이상 관심이 없고, 이제는 더 이상 새로운 사랑의 대상을 찾을 수 없다는 반응을 보이기도 하고 극단적으로는 자신을 자책하여 망상적인 죄책감을 보이기도 한다. 그러나 어느 정도의 기간이 지나면 자아의 상태가 원래의 상태로 회복되어서 그토록 못살 것 같던 현실을 견뎌나갈 수 있다는 것이다.

그러나 우울증을 겪는 주체는 애도의 경우와 달리 세상의 허무함이나 의미없음 때문에 고통을 당하는 것이 아니라 근본적으로 주체 자신의 자아에 대한 죄책감의 상태로부터 벗어나지 못해서 고통을 당하는 상태이다(Sigmund Freud, 1963d, 246). 애도와 달리 우울증은 남겨진 자가 상실된 대상에 대한 인식을 새롭게 배치하고 새로운 자아를 형성해서 현실을 받아들이는 단계로 나가기보다는 자아를 끊임없이 비판적으로 몰고 가기 때문에 존재 자체를 만족스럽게 인식하지 못하고 무가치한 것이나 보잘 것 없는 것으로 인식한다. 극단적인 경우 남겨진 자가 자아를 파괴시키는 죄책감을 극복하지 못해서 결국 상실대상에 대한 죄책감의 보상으로 자살을 시도하는 것도 이런 증상으로 볼 수 있다(Sigmund Freud, 1963d, 252). 사실 죽음의 반응에 있어 가장 중요한 문제는 남겨진 자가 상실로 인한 시간이 어느 정도 흘렀지만 현실로 나가지 못하고 여전히 자신을 자책하는 단계에 고착되어 있는 상태이다. 이 문제는 단순히 개인만이 아니라 집단의 문제로 드러나기도 한다. 또한 극단적 폭력과 관련된 장소에서 공격자나 피해자 모두에게 전염병적으로 나타나기도 한다.

두 번째로 프로이트가 비교하고 있는 것은 남겨진 자가 상실대상에 대한 동일시 인식이다. 그는 애도나 우울증 모두 다 남겨진 자가 상실 대상을 어떻게 받아들이느냐에 따라 애도 과정으로 나갈 수 있거나 우울증으로 나갈 수 있는 것으로 이해하였다. 특히 이 부분에 있어 애도 과정보다 우울증이 훨씬 더 복잡하지만 중요한 것은 처음 대상 상실에 대한 반응으로 리비도를 대상으로부터 철수하는 데 애도 과정은 정상적으로 이루어지지만 우울증의 경우는 그러한 과정이 자연스럽게 일어나지 않는다. 남겨진 자는 대상에 대한 사랑이든 그 반대인 증오이든 대상에 부여했던 심리적 에너지인 리비도를 현실적으로 쉽게 분리하는 것은 주로 정상적인 애도 과정에서 일어나지만 우울증의 경우 분리가 일어나지 않고 복잡성을 드러내면서 대상과의 동일시를 지속적으로 유지한다.

남겨진 자는 애도 과정을 통해서 대상은 죽었다는 것을 선언함으로 그 대상에 부여했던 사랑의 심리 에너지를 철수하면서 그 대상을 포기하거나 그렇지 않으면 이중적 태도를 유지하다가도 결국 포기하는 상태로 나간다. 반면 우울증의 경우 포기로 나가지 않고 아주 공격적인 증오의 감정으로 대상에 부여했던 심리 에너지인 사랑의 감정을 분리하는 과정에서 다시 분리 이전의 감정으로 회귀하여 현실을 인정하지 않고 그 대상을 계속 붙들고 있는 상태이다. 우울증은 대상을 포기하는 것은 결국 자아를 포기하는 것과 마찬가지이므로 더욱더 대상에 부여한 심리 에너지를 결코 포기하지 않는 경향을 드러낸다.

그러한 반복 과정이 오랜 기간 지속된다는 점에서 애도 과정과 차이를 보인다. 물론 애도 과정도 분리되지 않고 계속 지속되기도 하기 때문에 사실 애도와 우울증 과정을 구별하는 것은 분명하게 드러나는 것은 아니다. 하지만 일반적으로 우울증 과정은 애도 과정보다 시간이 오래 지속된다는 점에서 차이를 보인다. 문제는 애도 과정은 대상과의 분리는 세상을 새롭게 살아갈 수 있는 계기를 마련하지만 우울증의 경우 힘겨운 과정을 통해 분리가 이루어졌다고 하더라도 실제로 세상을 새롭게 살아내지 못하고 더 복잡한 내적 갈등을 일으킨다는 점이다. 프로이트는 남겨진 자가 겪는 문제는 자신의 자아와 떠난 대상과의 문제가 아니라 바로 자신의 자아 안에서 일어나고 있는 또 다른 종류의 갈등인 "조병적인 마음 상태"와 연결되어 있다고 지적하였다(Sigmund Freud, 1963d, 258).

4. 죽음의 태도

죽음인식에 대한 배경을 논하면서 잠시 지적하였듯이 프로이트가 죽음의 태도에 관심을 갖기 시작한 것은 죽음의 감정 문제와 마찬가지로 제1차 세계대전이 일어난 이후 6개월이 지난 1915년부터이다. 그는 제1차 세계대전의 환멸과 전쟁 현장에 없지만 밖에서 상황을 접하고 있는 사람들이 갖고 있는 죽음인식의 변화와 의미를 토대로 그 논의를 전개하였다(Sigmund Freud, 1963b, 275). 먼저 그가 죽음의 태도 변화와 그 이면의 정신분석적 의미를 비판적으로 검토하게 된 시대적 맥락인 제1차 세계대전과 관련한 논의를 검토해보기로 한다.

프로이트가 꿈을 통해서 이면의 심리적 역동과 진실을 드러내려고 했듯이 전쟁의 현상에 정치적이고 사회적 맥락의 이해에 초점을 두는데 그 이면의 문제점을 들추어내려고 하였다. 그는 서구의 현대 문화와 문명이 유럽인에게 많은 자부심을 갖게 했지만 근본적으로 제1차 세계대전은 자부심의 위선과 도덕성의 문제점을 드러낸다고 지적하였다. 그는 현대 문화와 문명이 원시적인 삶과 비교해 볼 때 그렇게 달라진 것이 없고 오히려 폭력성에 있어서 깊이와 넓이가 더욱 확장되었음을 고발하였다. 많은 경우 현대 문화나 문명은 인간을 동물적인 본능적 모습에서 벗어난 고상한 모습이라고 생각하고 있지만 사실 그렇게 많이 벗어날 수 있는 차원으로까지 나가지 못했다는 것이다(Sigmund Freud, 1963b, 285). 오히려 그는 인간의 폭력성과 파괴성은 문화와 문명이 발전된다고 해서 없어지지 않고, 물론 개인에 따라서 어느 정도 조절된다고 하지만 개인적 상황이나 또는 개인이 속한 보다 큰 집단 공동체의 욕구와 필요에 따라서 얼마든지 다양한 방식으로 그 폭력성을 지속적으로 드러내고 있다는 점을 지적하였다(Sigmund

Freud, 1963b, 281).

프로이트는 전쟁을 직접 목도하면서 인간에 대한 낙관적 견해보다는 매우 비관적 견해를 드러내고 있다. 그는 인간이 지성적이고 이성적인 힘을 독자적으로 갖고 있기 때문에 심층적 감정의 역동을 주체적으로 조절할 수 있다는 견해를 근본적으로 의심하였다(Sigmund Freud, 1963b, 287). 인간은 평소에 보여주었던 논리적인 주장이나 이성적 삶의 모습을 유지한다고 하더라도 특정 계기가 이루어지면 이면에 숨어 있는 심층적 감정의 소용돌이에 희생양이 되기도 하여 계획한 것과 전혀 반대의 상황을 언제든지 만들어 낼 수도 있고 극단적으로 증오심을 불러내서 전쟁과 같은 폭력성을 드러낸다는 것이다. 그가 전쟁과 죽음에 대한 글을 발표하기 바로 직전 1914년 말엽 네덜란드에 있는 의사인 친구 프레드릭 반 에덴(Frederik Van Eden)에게 보낸 편지를 보면 전쟁 이면에서 작동하는 파괴적인 원시성을 적나라하게 고발하고 있음을 알 수 있다. 그의 편지 내용 중의 일부분을 인용해 보기로 한다.

> 신경증 환자들의 증상에서뿐만 아니라 건강한 사람들의 꿈과 실착행위들(parapraxes)로부터 인류의 원시적이고 야만적인 악의 충동은 개개인들에게 결코 없어진 것이 아니라 억압된 상태로 무의식(우리의 기술적 용어를 사용하면) 안에 지속적으로 존재한다고 하더라도 한 번 더 작동할 수 있는 기회를 기다리고 있다. 더 나아가서 정신분석은 우리의 지성은 연약하고 의존적인 것, 즉 우리의 욕등과 정동의 노리개 내지 도구이고, 그리고 우리 모두는 우리의(감정적인) 태도와 내적 저항의 명령에 따라서 영리하게 또는 어리석게 행동하도록 되어 있는 점을 가르쳐 주었다.
>
> 만약 당신이 지금 이 전쟁에서 일어나고 있는 것—대부분의 문명 국

가들이 책임을 져야 할 잔인성과 불법, 그들 자신의 거짓말, 잘못, 그들 적들의 잘못을 판단하는 다른 방식 그리고 만연되어 있는 일반적 통찰의 부족—을 관찰한다면, 당신은 정신분석은 이러한 문제에 있어서 옳다는 점을 인정해야만 할 것이다(Sigmund Freud, 1963a, 301-302).

다음으로 프로이트가 지적하는 현대인의 죽음에 대한 일반적인 인식과 전쟁으로 인한 죽음의 태도 변화와 그것의 정신분석적 의미를 검토해보기로 한다. 먼저 프로이트는 세 가지 측면에서 현대인의 죽음에 대한 부정적 인식을 정리하고 있다. 첫째 대부분 현대인의 삶에는 다른 사람의 죽음이 존재할지 모르지만 '나'와 또는 '나'와 관련된 가족에게는 죽음은 닥칠 수 없다는 환상이 막강하게 영향력을 행사하고 있다는 점이다(Sigmund Freud, 1963b, 289). '나'와 '나'의 가족은 어떤 상황에서도 죽음을 맞지 않는 무의식적 불멸의 관념이 현대인의 삶 속 깊이 뿌리내려 있다는 것이다. 둘째, 물론 현대인은 죽음을 의식적으로 인식하고 있다고 하지만 죽음을 필연적인 것으로 인식하기보다는 사고나 질병 등과 같이 우연한 현상 정도로 인식하는 경향에 지배되어 있다는 점이다(Sigmund Freud, 1963b, 290). 셋째, 과거와 비교해볼 때 현대인은 문학이나 예술을 통해서 수많은 죽음에 대한 기술을 간접적으로 접하지만 관념적으로만 죽음현상을 접하기 때문에 인식의 밀도가 매우 엷어져 있다는 점이다(Sigmund Freud, 1963b, 291).

프로이트는 현대인들은 제1차 세계대전을 경험하면서 기존 태도와 대조되게 세 가지 차원에서 충격적으로 인식하는 계기가 마련된 것으로 파악하였다(Sigmund Freud, 1963b, 292). 첫째, 현대인은 세계대전을 비극적으로 경험하면서 이제 죽음은 타자에게만 일어나는 것이 아니라 바로 '나'와 '나'와 연관된 가족에게도 일어난다는 인식이다. 이전에는 무의식적으로 죽음은 타자에게만 일어나는 사건이어서 관찰자 내지 관중의 태도를 지니고 있었지만 죽음에 참여해야만 하는 참여자로서의 인식으로 태도가 변화되었다는 점이다. 둘째, 죽음은 단순히 사고나 질병으로 인해 생겨나는 우연한 것으로 인식되기보다 실제로 어떤 상황에서도 피할 수 없이 일어나는 필연적 사건임을 인식하게 되었다는 점이다. 셋째, 이제는 문학, 영화, 예술작품처럼 죽음은 연습하면 다시 살아날 수 있는 사건으로 인식되기 보다는 한번 죽음을 맞이하면 다음 기회는 없다는 인식으로의 변화이다.

물론 프로이트는 전쟁이 죽음의 태도에 극적 변화를 불러냈다고 하더라도 끈질기게 죽음인정을 부정하는 태도는 없어지지 않고 여전히 유지되는 심리적 메커니즘을 간파하고 심층적으로 파헤치려고 하였다. 인간은 근본적으로 '나'와 관련된 사람들, 특히 사랑했던 사람들의 죽음을 완전히 소멸로 생각하기보다는 그러한 죽음인정을 또 다른 방식으로 끊임없이 부정해 나간다는 것이다. 모든 인간은 정도의 차이는 있지만 자신과 친밀한 관계였던 사람의 죽음 앞에서도 이러한 메커니즘을 보인다는 것이다. 사실 죽음 태도에 대한 프로이트의 분석은 그의 종교심리학 저술인 『토템과 타부』에서 아버지의 죽음이후 자녀들이 갖게 된 죽음부정에 대한 메커니즘 설명을 확장한 것이었다. 그 책은 아들들이 아버지 살해 이후 아버지의 명령을 오히려 더 강하게 상기하며 복종할 뿐만 아니라 죄책감의 보상으로 아버지를 신으로까지 격상시키면서까지 자신의 죽음을 부정시켜 나간다는 내용이 중심을 이루고 있다.

프로이트는 이러한 논의를 분석한 것을 토대로 남겨진 자는 죽은 자의 몸을 대면하면서 세 가지의 죽음부정의 심리 메커니즘을 드러내는 것으로 분석하였다(Sigmund Freud, 1963b, 294). 하나는 남겨진 자는 죽은 자의 몸을 대면하면서 단순히 죽음을 경험하는 것으로 끝맺지 않고 죽은 자와 관련한 영들(spirits)을 새롭게 고안해서 궁극적으로 자신의 죽음을 부정한다는 점이다. 어떤 경우 그러한 영을 통해서 죽은 자의 소원을 계승하기도 하고 평소 부탁했던 다양한 일을 완수해 나가면서 자신의 죽음을 부정하기도 한다. 그러므로 죽은 자의 몸은 죽었지만 여전히 정신이나 영으로서 남겨진 자에게 계속해서 살아 있다고 할 수 있다. 다른 하나는 남겨진 자는 죽은 대상의 몸을 대면하면서 죽길 원했던 소원이 성취되었다는 만족감을 피상적으로 갖기도 하지만 이면에는 언제나 소원성취에 대한 후회와 죄책감으로 인해 새롭게 불러낸 영을 악한 영으로 변형시켜 만족감을 복수하도록 해서 심리적 갈등을 지독하게 겪기도 한다. 그러나 남겨진 자는 죽은 자의 몸을 대하면서 자신도 죽을 운명에 처했다는 점을 인정하기보다 죽은 자의 몸과 영혼의 분리 과정인 영을 고안해서 끊임없이 죽은 자와 동일시하여 자신의 불멸을 더욱 강화시켜나간다.

프로이트는 종교의 탄생과 기능도 바로 남겨진 자와 죽은 자와의 관계에서 보이고 있는 심리 메커니즘과 연결해서 죽음의 부정으로 설명하였다. 모든 종교는 현재의 삶은 단순히 소멸이 아니라 또 다른 삶으로 나가기 위한 준비 훈련을 강화시켜 주는 믿음 체계라는 것이다(Sigmund Freud, 1963b, 295). 물론 모든 종교는 믿음의 대상에서 차이를 보인다는 점은 사실이지만 이 삶에 끝을 두지 않고 언제나 세상 이후의 삶에 나름대로의 믿음 체계를 통해서 자신의 죽음부정을 궁극적으로 증언하고 있다는 점에서 프로이트의 주장을 확인시켜주고 있다. 이를테면 기독교인이 현재의 삶은 그 이후의 삶으로 나가기 위한 준비과정으로 인식하고 있는 것이나 불자를 비롯해서 힌두교도나 자이나교도가 죽음이후 다른 상태로 변환되어 다른 곳으로 이주 내지

이 세상으로의 복귀한다는 믿음은 모두 자신의 죽음을 부정하고 있는 증언이다.

마지막으로 남겨진 자는 죽은 자의 몸을 대면하면서 자신의 죽음을 인정하기 보다는 죄책감을 극대화해서 자신의 죽음을 회피하기 위한 금지 명령을 갖는다. 그것은 궁극적으로 “살인하지 말라”라는 윤리적 명령 내지 양심의 소리이다(Sigmund Freud, 1963b, 281). 여기에서 “살인하지 말라”라는 말은 단순히 실제적인 살인만을 의미하기 보다는 애증 관계에서 드러난 모든 종류의 증오심을 포함하고 있는 의미이다. 이 말은 남겨진 자는 떠난 자의 죽음을 대면하면서 애도를 표현하지만 자신 안에 숨겨진 죽은 자에 대한 증오심을 끝까지 들추어 고발하는 자기비판의 명령이다. 그러나 그 명령은 남겨진 자도 죽음을 맞이할 운명적 존재라는 점을 상기시키는 것이기 보다는 자신의 죽음을 회피하기 위한 수단이다. 더 나아가 이 명령은 부부와 같이 가장 친밀한 사람과의 관계에서만 발견될 수 있는 것이 아니라 사랑받지 않았던 사람이나 적에 대해 남겨진(승리한) 자가 갖고 있는 죽음인식에서도 발견된다. 그러므로 원시 문화에서 부족 간 전쟁에 참여했던 병사들이 죽은 적의 혼을 위로하기 위해서 남겨진 자로서의 애도를 표하는 경우도 끝까지 살아남기 위한 자신의 죽음부정이다.

그러므로 이 세 가지 심리적 메커니즘은 과거나 지금이나 거의 변하지 않고 존속하고 있어서 근본적으로 ‘나’의 죽음을 부정하는 태도이다. 인간은 아무리 현대 문화에서 살고 있고 전쟁의 소용돌이에서 죽고 죽이는 현상을 보고 있더라도 무의식적으로 여전히 타자인 적들이나 이방인에게는 죽음이 존재하지만 자신이나 자신과 관련이 있는 사람에게는 해당되지 않는다는 죽음부정의 태도를 유지한다. 그런데 문제는 인간은 역설적으로 그러한 죽음부정의 태도 이면에 작동하는 메커니즘을 보면 자기 자신의 죽음을 회피하기 위해서 타자에게 죽음의 소원을 거칠게 표출해서 개인의 갈등과 폭력과 전쟁을 일으킨다는 점이다. 다음에는 죽음부정의 메커니즘을 더욱더 파헤친 프로이트의 죽음욕동에 대한 논의를 검토해보기로 한다.

5. 죽음욕동

프로이트가 죽음 감정이나 태도 문제를 본능의 차원으로까지 심층적으로 확대해서 죽음 문제를 논하는 것은 걸출한 초기 정신분석 멤버들을 잃으면서까지 줄기차게 성적욕동을 정신분석의 도그마로 생각했던 자신의 주장에 혁명적인 변화였다. 그는 주로 1914년부터 1916년에 걸쳐서 죽음 감정이나 태도 문제를 집중적으로 논의하기 시작하였지만 기존의 정신분석 이론을 수정하지 않으면 죽음인식에 대한 논의가 완결될 수 없음을 짐작하고 있었다. 그는 거의 4년 동안 죽음인식에 대한 획기적인 주장을 발표하는 것을 머뭇거렸지만 마침내 1920년 9월 9일 헤이그에서 개최된 국제 정신분석학회에서 "꿈 이론의 보충"이라는 제목으로 강연을 하는 중 "죽음욕동"을 처음 공개적으로 언급하면서 그 논의가 담겨있는 새로운 저술인 『쾌락원리를 넘어서』가 곧 출판될 것임을 암시하였다(Sigmund Freud, 1955a, 4).

프로이트는 『쾌락원리를 넘어서(1920)』를 시작으로 3년 후에 발표한 『자아와 이드(1923)』에서도 죽음욕동의 논의를 심화시켜 나갔고 7년 후, 인간의 문화와 문명 안에 있는 심리적 메커니즘을 분석한 『문명과 그것의 불편함(1930)』에서 그의 죽음욕동의 논의를 발표하였다. 사실 그의 이러한 모든 논의는 이미 그의 제자들이었던 초기 정신분석 멤버들과의 갈등과 미국에서의 초청 강연 후 거의 20년 동안 죽음욕동에 대한 인식을 연구하고 있었다는 점을 짐작할 수 있다. 프로이트는 그러한 연구를 토대로 자신의 이론을 수정하는 방향으로 나갈 수밖에 없었다. 문제는 프로이트 자신도 수정을 하는 데 오랜 시간이 걸렸는데 그의 기존 이론을 철저히 지지하면서 끝까지 남아 있던 제자들의 의견을 새롭게 수정하도록 요청하는 것은 녹록한 일이 아니었다. 프로이트가 죽음욕동을 인정할 수밖에 없는 상황에서 드러낸 자신의 심정을 두 가지 읽어보면 지난한 과정을 짐작해 볼 수 있다. 하나는 『쾌락원리를 넘어서』 마지막 페이지에 있는 내용이고 다른 하나는 『문명과 그것의 불편함』에서 인용한 내용이다.

> 우리들은 인내해야 하고 신선한 방법들 그리고 탐구의 기회들을 기다려야 한다. 만약 우리의 길이 좋은 끝으로 인도하지 않을 것 같으면, 우리 역시 우리가 지금까지 따라왔던 길을 포기할 준비를 해야 한다. 신자들이 포기한 교리문답을 과학이 대체할 것임을 요구하는 신자들은 그들의 견해들을 발전시키거나 포기하는 탐구자를 책망할 것이다(Sigmund Freud, 1955b, 64).

> 나는 파괴욕동에 대한 생각이 처음으로 정신분석 저술에 나타났을 때 내가 나 자신의 방어적 태도와 내가 그것을 받아들이기까지 얼마나 오랜 시간이 걸렸는지를 기억한다. 다른 사람들이 내가 갖고 있었던 거부의 태도를 보여주었고 여전히 보여주고 있다는 것은 나를 전혀 놀라게 하지 않는다(Sigmund Freud, 1961b, 120).

프로이트는 성적욕동 못지않게 강력한 힘을 발휘하고 있는 죽음욕동의 존재를 확신하게 된 것은 전쟁에서 실제로 일어나는 다양한 죽음의 현상을 목도한 것을 넘어서 환자들을 치료 차원에서 분석하는 과정에서도 현실 못지않게 죽음욕동이 강하게 드러난다는 사실을 인정하지 않을 수 없었기 때문이었다. 죽음욕동과 관련한 글들을 전체적으로 종합해보면 프로이트는 대체적으로 반복강박(compulsion to repeat), 에로스와 죽음욕동, 그리고 자아욕동과 죽음욕동이라는 주제 하에 죽음욕동에 대한 주장을 구체적으로 전개하고 있다는 점을 알 수 있다. 하나씩 논의에 담긴 죽음욕동의 의미를 검토해 보기로 한다.

1) 반복강박

인간은 몸의 고통에서 벗어나려고 하듯이 정신적 고통의 사건으로부터 벗어나려고 한다. 그러한 상태에 머무르고 싶은 사람은 어느 누구도 없을 것이다. 프로이트는 이러한 정신적 상태를 정신분석적으로 두 가지 원리인 쾌락원리(principle of pleasure)와 현실원리(principle of reality)로 분석하였다. 쾌락원리는 인간의 정신적 충격이나 긴장상태를 완화시키는 역할을 하는 반면에 현실원리는 인간은 그러한 상태로부터 벗어날 수 없음을 늘 기억시켜주는 원리이다. 물론 정신적 긴장이나 충격이 없는 완전한 쾌락원리인 항상성원리(principle of constancy) 혹은 니르바나원리(nirvana principle)가[1](Sigmund Freud, 1955b, 20) 지배하는 삶을 사는 사람은 없을 것이다. 대부분의 사람은 긴장과 충격으로 인해 쾌락원리가 작동하기 보다는 현실원리를 현실로 받아들이면서 정신적 고통을 감내하며 삶을 유지한다. 궁극적으로 인간의 삶은 정신적 고통으로 인해 긴장이나 충격이 있지만 점점 어려운 현실을 인정하여 또다시 삶을 추슬러서 긴장과 충격의 강도를 점점 줄여 나

---

1) 프로이트는 바바라 로우(Barbara Low)의 이론을 따라 쾌락원리가 완벽히 지배하는 상태를 니르바나원리라고 불렀다.

간다는 점에서 쾌락원리 하에 있다고 할 수 있다. 인간이 정신적 고통에서 치료받았다는 것은 현실을 받아들이면서 살아갈 수 있는 능력의 회복으로 쾌락원리의 삶으로 복귀되었다는 의미이다.

프로이트는 『쾌락원리를 넘어서』를 발표하기까지 그의 정신분석적 인간이해에 있어 쾌락원리가 핵심이라는 사실을 정신분석 경험과 사례들을 토대로 주장하였다. 그러나 그는 정신분석 경험에 있어서 많은 사례가 쾌락원리로는 도저히 설명할 수 없다는 점을 알고 있었다(Sigmund Freud, 1955b, 20). 이러한 사례들이 보여주는 것은 환자들이 아무리 정신적 긴장과 충격이 있다고 하더라도 어느 정도 시간이 지나면 그러한 상태에서 벗어나서 다시 살 수 있어야 하는데 그렇지 못하고 여전히 머물러 있는 상태이다. 이는 환자들이 과거의 경험을 직접 대면하지 못하고 피해버려서 경험 자체를 객관적으로 재경험 할 수 있도록 나가지 못한 경우이다. 그들은 피하거나 억압 과정을 통해서 고통스러운 아픈 경험을 잊으려고 하지만 그 경험이 끊임없이 반복적으로 나타나기 때문에 고통을 받는다. 경험은 쾌락원리에서 보여주는 쾌락의 차원보다도 더 본능적이고 원초적인 차원을 보여주고 있다. 그래서 프로이트는 경험의 반복적 출현을 반복강박이라고 불렀고 기본적으로 정신분석의 기존 이론의 핵심인 쾌락원리를 넘어서는 근본원리로 죽음욕동을 예시해주는 반복강박을 가정할 수밖에 없는 증거라고 강조하였다. 그가 강조하고 있는 얘기를 직접 들어보기로 한다.

> 만약 우리가 전이에서 드러난 행동과 남성과 여성들의 개인사에 토대를 둔 이러한 관찰들을 고려한다면, 우리는 정신 안에 쾌락원리를 넘어선 반복강박이 정말로 존재한다는 것을 가정하는 용기를 발견해야 할 것이다(Sigmund Freud, 1955a, 22).

프로이트가 정신분석에서 반복강박의 존재를 제시하기 전에 주로 그의 꿈 이론에서 했던 핵심 주장은 의식적 상태에서 이루지 못한 것을 꿈을 통해 비로소 성취하는 금지된 소원성취이다. 소원은 현실세계에서 여러 가지 검열로 인해 이루어질 수 없고 꿈에서 실현할 수 있는 쾌락을 내포하고 있다. 아무리 꿈 중에서 공포의 원인을 쉽게 찾을 수 있거나 어떤 준비도 없이 받은 충격의 경우와 같이 쾌락을 성취한 것으로 쉽게 이해할 수 없다고 하더라도 정신분석을 통해서 드러나는 것은 모두 쾌락을 이루기 위한 예일 뿐이다. 이를테면 꿈에서 벌 받는 현상도 쾌락원리와 반대되는 것이 아니다. 죄책감으로 인해 벌을 받아야 되지만 가혹한 벌보다는 좀 더 적절한 벌을 소원한다는 식으로 해석할 수 있기 때문에 쾌락원리와 충돌되지 않는다는 것이다. 바로 이 점이 프로이트 정신분석의 핵심이다.

그러나 프로이트는 원인이 분명하지 않은 불안공포의 꿈들이나 외상 신경증, 특히 전쟁 신경증을 분석하면서 쾌락원리로는 설명할 수 없는 죽음공포를 생생하게 드러내고 있는 반복강박 증상이 존재한다는 점을 인식하였다. 그러므로 그는 정신분석에서 당시 일반적으로 받아들이고 있듯이 꿈의 기능도 이러한 예외적인 사례로 인해 기본적으로 잠을 자는 것을 방해하는 요소를 제거하여 잠을 계속 자도록 쾌락원리가 작동하고 있는 것만이 아니라는 점을 비판적으로 주장하였다. 그는 꿈의 기능의 기존 이해에 특정 불안 경험의 경우 반복강박의 명령에 근본적으로 복종하고 있다는 점이 첨가될 필요가 있음을 강조하였다(Sigmund Freud, 1955a, 33).

반복강박은 인간이 아주 어린 시절에 자신을 돌보아 주었던 부모로부터 분리되고 버려질 수 있다는 죽음의 공포와 같은 외상경험이다(Sigmund Freud, 1955b, 32). 어린 유아의 정신적 삶에서 발견한 것은 쾌락원리와 반대되는 경험들을 하게 되면 언제나 강력한 "마성적 힘(daemonic power)"을 작동시켜서 적극적으로 그 원리와 반대되는 죽음과 같은 불쾌감을 극복하려고 한다(Sigmund Freud, 1955b, 35). 대조적으로 성인의 경우에는 쾌락원리와 정반대되는 경험을 다시 반복강박을 통해서 접하게 되지만 그것을 적극적으로 대면해서 능동적으로 극복하기 보다는 오히려 회피하거나 억압시킨다(Sigmund Freud, 1955b, 35).

특히 프로이트는 성인의 꿈이나 신경증을 분석하는 과정 말기에 강렬하게 보이는 피분석가의 저항 안에 바로 그의 어린 시절의 원초적 공포였던 반복강박이 일어나고 있음을 간파하였다. 분석 말기에 분석가는 피분석가를 더 이상 분석으로 인도하지 않고 분리하려고 하지만 반복강박의 두려움으로 피분석가는 오히려 분석을 그만두는 것을 거부하기 때문에 종결을 쉽게 맺지 못한다. 물론 정신분석의 초기에도 피분석가는 자신의 어린 시절 외상경험의 재경험으로 인해 분석가와 갈등을 통해서 분석으로 나가게 된다. 피분석가는 저항의 과정을 지나면서 일단 분석가의 분석과정을 받아들이고 전이의 단계로까지 진입하게 되면 이전에 보였던 회피하려는 저항의 모습과 달리 객관적으로 자신의 어린 시절의 경험을 다시 경험할 수 있게 된다. 그러나 때로는 분석을 종결하지 못할 정도로 쾌락원리에 반대되는 반복강박의 두려움에 경험을 적극적으로 대면하지 못하고 움츠려들어 쉽게 종결로 나가지 못하기도 한다. 그럴 경우 피분석가가 보여주는 모습은 억압기제를 통해서 이차적 과정인 현실원리에 순응하지는 않지만 쾌락과 반대되는 자신 안에 숨겨진 마성적인 힘을 지닌 반복강박을 공포로 경험하고 있다는 점이다. 직접 프로이트가 주장하고 있는 얘기를 인용하기로 한다.

> 반대로 분석 중에 있는 사람의 경우 전이에서 그의 어린 시절의 사건들의 반복강박은 분명히 모든 측면에서 쾌락원리를 무시한다. 환자는 순전히 유아적 방식으로 행동을 하고 있어서 그의 원초적 경험들의 억압된 기억흔적들은 그 안에 가두어 놓을 수 있는 상태로 존재하지 않고 정말로 어떤 측면에서 이차적 과정에 복종할 수 없음을 보여준다. 그 기억흔적들은 이전 날의 잔류경험들과 연결되어 꿈속에 나타나는 소원환상을 형성시킬 능력을 갖게 되는 것은 바로 가두어 놓을 수 없다는 사실에 기인한다. 이러한 똑같은 반복강박은 때때로 분석의 끝에 우리가 환자 자신을 의사와 분리하도록 유인하려고 노력할 때 우리의 치료의 장애물로 우리에게 나타난다. 분석에 익숙하지 않는 사람들이 이상한 두려움, 그들이 느끼기를 잠자도록 남겨두는 것이 더욱 좋겠다는 어떤 것을 불러내는 두려움을 느낄 때 그들이 심층에서 두려워하는 것도 역시 어떤 '마성적' 힘에 의해서 사로잡혀 있다는 이러한 반복강박의 출현이라고 가정할 수 있다(Sigmund Freud, 1955b, 36).

반복강박은 앞에서 죽음의 감정과 관련해서 논의했던 우울증 사례에서 많이 발견된다. 남겨진 자가 죽은 자의 몸을 대면하면서 슬픈 감정인 애도를 갖는 것은 당연하지만 어느 정도 시간이 지났음에도 불구하고 계속해서 죽은 자를 떠나지 못하고 관계를 유지하려는 것은 근본적으로 남겨진 자의 문제 때문이다. 만약 남겨진 자가 죽은 자를 떠나보내려 한다면 이는 자신의 존재감을 포기하는 동시에 삶의 기반 자체를 포기하는 것이다. 프로이트는 이러한 모습을 심층 분석하면 단순히 남겨진 자와 죽은 자의 관계로만 볼 수 있는 것이 아니라고 이해하였다. 그것은 남겨진 자와 그의 어린 시절 외상경험과 깊게 연결되어 있어서 남겨진 자에게 다시 죽음과 같은 분리 공포를 경험하게 해주는 반복강박으로 드러나는 것이다. 그래서 죽음욕동과 관련된 대부분의 그의 글을 보면 앞의 논문에서 다루었던 애도 문제는 언급이 거의 없고 우울증과 연관된 설명이 주를 이루고 있는 것도 바로 이러한 이유 때문이다. 그러면 다음에는 에로스와 죽음욕동의 상관관계를 검토해보기로 한다.

2) 에로스와 죽음욕동

프로이트는 죽음욕동에 대한 논의를 에로스와 관련해서 더욱 발전시켰다. 그가 논의를 더욱 전개하기 위해 갖게 된 문제의식을 중심으로 검토하기로 한다. 그는 문제점을 기존 정신분석 이론을 수정할 수 있도록 논의를 이끌어 갔지만 이전 이론에서 보여주었던 이를테면 쾌락원리와 현실원리, 의식과 무의식, 자연과 문화 또는 문명, 그리고 욕동과 이성 등 이원론적 논의처럼 죽음욕동에 대한 논의도 다른 욕동과 연결하여 이원론적으로 끝을 맺고 있다. 특히 그가 죽음 문제를 욕동의 차원으로까지 확장하였지만 근본적 욕동으로 이해하기보다는 결국 이원론적 논의로 매듭지을 수밖에 없었던 점을 검토해보기로 한다. 프로이트가 그렇게밖에 논의할 수 없었던 고민은 크게 두 가지로 정리할 수 있다.

우선적으로 프로이트가 고민했던 부분은 죽음욕동이 기존에 일관되게 유지하고 있던 성적욕동 내지 에로스 즉 삶의 욕능과 근본적으로 충돌하고 있다는 점이었다. 프로이트는 모든 유기체가 가진 외부적으로나 내부적으로 긴장이나 갈등이 부재한 최초 상태를 회복하려는 추동(urge)을 바로 죽음욕동으로 간파하였다(Sigmund Freud, 1955b, 36). 그는 인간의 삶은 긴장이나 갈등이 부재한 무기체 상태에서 유기체 상태로 나가지만 최종적으로 그 이전의 무기체 상태로 복귀하면서 매듭을 지어가는 과정으로 이해하였다. 인간의 삶은 궁극적으로 죽음욕동의 봉사 내지 유기체 이전의 무기체 상태로의 되돌아가는 것이므로 신비주의적 특징을 함축적으로 드러내고 있다는 것이다. 그러므로 프로이트의 논의를 따라가면 결국 모든 삶의 존재 이유는 갈등이나 긴장이 부재한 무기체 상태로 되돌아가는 죽음욕동의 실현에 존재한다는 논의로 수렴된다(Sigmund Freud, 1955b, 38-9).

프로이트는 이 문제 때문에 고민하였다. 만약 죽음욕동이 보다 근원적인 것이라면 그전에 궁극적으로 주장했던 성적욕동을 포함한 에로스로서의 모든 삶의 욕동 이론은 단순히 수정하는 차원을 넘어 완전히 폐기할 수밖에 없게 된다. 그래서 프로이트는 죽음욕동을 근본적인 것으로 독립시켜 분류하기 보다는 에로스와 밀접하게 연결된 것으로 확장해서 성적욕동을 그대로 일차적인 것으로 유지시키려고 하였다. 단지 그 이론에 죽음욕동이 새롭게 첨가시켰을 뿐이다. 이를테면 성적 쾌락은 고도의 흥분 상태가 제거되어 방출되는 바로 그 순간 나타나므로 그 상태는 쾌락원리가 최고로 작동하는 긴장이 가장 적은 무기물의 순간 상태인 죽음욕동의 유출로 생각해 볼 수 있다는 것이다(Sigmund Freud, 1955b, 62).

그러나 프로이트는 성적욕동의 확장에 대한 이해에서도 만족하지 못했다. 만약 그렇게 이해할 경우 죽음욕동은 성적 쾌락에 봉사한다는 점에서 의미를 찾을 수 있고 개인이나 집단을 공격하거나 파괴하지 않는다는 점에서 반드시 부정적인 본능으로 판단할 필요가 없게 되어 기존 이론과 충돌되지 않게 해석할 수 있다. 그러나 그렇게 되면 우울증이나 전쟁 신경증에서 반복강박의 출현이 증언하고 있듯이 죽음욕동이 삶을 다시 회복해가는 데 파괴적으로도 작동한다는 점에 대한 논의는 토대를 잃어버리게 된다. 그래서 프로이트의 죽음욕동

이론에는 언제나 딜레마로 인해 이전 이론과 달리 명쾌하게 기술되어 있지 않다. 이러한 상황에서 프로이트가 유일한 대안으로 생각해 볼 수 있었던 것은 그의 사상의 전체적인 이원론적 구조를 유지하면서 문제를 해결하는 것이었다. 그래서 성적욕동과 죽음욕동 중 하나의 욕동만을 다른 욕동보다 우위에 두어 이해하는 것보다는 두 욕동에 동등한 가치를 부여해서 각각 독자적인 것으로 인정하는 이원론적 메타심리학적 해석으로의 귀결이었다. 직접 프로이트의 주장을 인용해 보기로 한다.

> 우리는 반대로 삶의 본체가 아니라 그 안에 작동하고 있는 힘들을 다룰 때 두 가지 종류의 욕동들을 구별하도록 인도되었다. 즉 그것들은 살아 있는 것에서 죽음으로 인도하려는 욕동과 삶의 갱신을 영원히 시도해서 성취하려는 다른 욕동인 성적욕동이다(Sigmund Freud, 1955b, 46).

죽음욕동과 관련해서 프로이트가 갖고 있는 또 다른 고민은 리비도 이론의 문제이다. 프로이트의 논의에 의하면 성적욕동을 포함하여 인간 삶의 모든 에너지는 인간 자신을 보존시켜 나가기 위한 자기보존의 리비도이다. 그런데 문제는 그런 방식으로만 이해하게 되면 자기보존의 리비도는 성적 에너지를 비롯한 모든 에너지는 동일한 리비도로 해석될 수 있어 죽음욕동도 자기 보존 리비도의 다른 변환이라는 점을 인정할 수밖에 없게 된다. 그렇게 되면 죽음욕동에 대한 논의뿐만 아니라 전체 사상이 뿌리를 두고 있는 이원론적 토대는 결국 자기보존 욕동으로 수렴될 수밖에 없는 일원론적 리비도 이론을 주장하게 되어 붕괴된다. 프로이트는 이 점을 무엇보다 많이 고민하였다. 이러한 논의는 프로이트가 그토록 완강하게 반대했던 융의 일반 심리

에너지로서의 일원론적 리비도 이론을 동의하게 되는 결과를 불러낼 수 있었기 때문이다. 프로이트가 그러한 부분을 강하게 의식하면서 직접 지적하는 부분을 인용하기로 한다.

> 만약 자기보존 욕동도 역시 리비도적 특성을 지닌 것이라면, 리비도적인 것 이외에 다른 욕동들은 무엇이 되었던지 존재하지 않는가? 어찌되었든 보이는 다른 것들은 존재하지 않는다. 그러나 그렇게 될 경우에 우리는 처음부터 정신분석은 성으로 모든 것을 설명한다고 의심한 비판가들이나 성급한 판단으로 '리비도'라는 말을 일반적인 욕동적 힘으로 사용한 융과 같은 혁신자들과 동의하는 방향으로 갈 수밖에 없게 될 것이다(Sigmund Freud, 1955b, 52).

프로이트는 이러한 문제 때문에 죽음욕동에 대한 논의를 전개할 때부터 자신의 이론이 일원론적으로 흐르지 않도록 성적욕동을 포함해서 에로스로서의 삶의 욕동과 그 반대인 죽음욕동을 이원론적으로 구조화시키려고 하였다. 그는 자신의 논의를 좀 더 발전시키기 위해서 그의 주된 이원론인 성적욕동과 자아욕동의 대립적 관계를 죽음욕동의 논의에도 그대로 확장하였다. 그는 성적욕동이나 에로스인 삶의 욕동이 자아욕동과 대립적으로 연결될 수 있듯이 바로 죽음욕동과도 연결될 수 있으므로 죽음욕동과 자아욕동은 동등하게 독립 가치를 지닌 것으로 인식하였다(Sigmund Freud, 1955b, 53). 그러므로 그의 죽음욕동은 최종적으로 자아욕동과 이원론적으로 구조화되어 있다. 프로이트는 이 논의를 『쾌락원리를 넘어서』의 끝 부분과 그 이후의 저술인 『자아와 이드』의 두 가지 욕동이론에서 집중적으로 기술하였다. 그러면 다음에는 자아욕동과 죽음욕동과의 이원론적 관계를 검토해 보기로 한다.

3) 자아욕동과 죽음욕동

프로이트에게 자아는 몸의 다양한 경험의 표출이므로 근본적으로 몸의 자아(bodily ego)이다(Sigmund Freud, 1961a, 26). 자아는 근본적으로 몸의 표층부터 나오는 감각, 즉 외부적인 접촉으로 나오는 감각이든 그렇지 않으면 내부적 인상과의 접촉으로 나오는 감각이든 감각의 정신적 투사이다. 그러므로 인간의 자아는 이 세상의 어떤 대상에 대한 경험과 마찬가지로 몸의 접촉을 통해 드러난다. 몸의 경험이 없다면 자아는 형성되지 않는다. 다시 말해 위에서 얘기한 두 가지 차원의 자아욕동도 결국 자아가 몸을 통한 외부 세계의 경험이든 내면 세계의 경험이든 그러한 경험의 표출이라는 점에서 몸과 분리된 순전한 정신적 실체나 그렇지 않으면 유물론적 실체가 아니라 구체적인 몸의 자아이다. 아마도 몸의 자아가 가장 깊게 경험하는 것은 다른 경험 못지않게 몸의 죽어감에 대한 경험일 것이다. 그러나 이상하게도 프로이트는 이러한 경험에 대한 논의는 죽음욕동에서 거의 제시하지 않고 있다.

대신 프로이트는 자아가 리비도를 집중시켰던 대상과의 분리 과정에서 드러나는 자아의 나르시시즘 경험을 죽음욕동과 치밀하게 연결시키고 있다(Sigmund Freud, 1955b, 54). 그는 자아가 집중하였던 대상 리비도를 철수해서 자신 안으로 회귀하는 나르시시즘의 자아로 변화해 나갈 때 그 과정을 단순히 삶의 욕동 내지 자기 보존 욕동으로만 이해하지 않고 죽음욕동으로 이해하였다. 특히 그는 어린 유아가 자신의 리비도 집중을 부모 대상으로부터 철수하는 과정을 통해서 죽음욕동의 이론적 논의를 전개하였다. 그는 그 과정을 두 가지로 분리하였다. 하나는 어린 유아는 바로 대상 리비도 집중을 철수해서 자신에게로 가지고 와서 바로 자신이 대상이 되는 방식, 즉 나르시시즘의 자아가 되는 과정이다. 다른 하나는 그 반대의 방식으로 나타나는 과정이다. 어린 유아가 자기 자신을 대상으로 리비도 집중을 강화하면 할수록 처음 집중했던 대상 리비도를 파괴하는 리비도를 표출한다. 나르시시즘의 자아는 대상 리비도를 파괴하는 리비도이기 때문에 엄밀한 의미에서 전자의 차원이 진행되려면 반드시 후자의 차원이 선행되어야 한다. 그러므로 자아욕동은 대상과의 연합 욕동인 삶의 욕동이기보다는 궁극적으로 나르시시즘의 자아가 되는 과정이므로 대상 리비도를 철수하면서 파괴적으로 표출되는 죽음욕동이라는 것이다 (Sigmund Freud, 1955b, 54-5).

프로이트는 자아 욕동의 죽음욕동에 대한 논의를 그의 정신분석 이론의 최종 연구라고 할 수 있는 『자아와 이드』에서 사디즘과 연결하여 세밀하게 다루고 있다(Sigmund Freud, 1961a, 40-1). 일반적으로 사디즘은 인간 주체가 대상을 공격하거나 파괴하는 방식이라면 반대로 마조히즘은 인간 주체가 대상으로부터의 공격이나 파괴를 당하는 방식이다. 처음에 프로이트는 인간 주체는 그의 원초적 대상인 오이디푸스 시기의 부모와의 관계에서 근본적으로 마조히즘적이고 사디즘적인 차원은 이차적인 것으로 이해하였지만 죽음욕동의 논의로 수정하였다. 그는 인간의 모든 관계는 근본적으로 나르시시즘이므로 어떤 관계도 일차적으로 사디즘이라고 규정하였다. 인간은 언제나 대상을 파괴하면서 자아에 리비도 집중시키고 있으므로 근본적으로 사디즘의 존재라는 것이다. 그러므로 프로이트는 인간 주체가 공격을 당하는 차원을 마조히즘으로 이해하기보다는 인간 주체가 대상으로부터 분리시킨 리비도 집중을 자신 안으로 철수시켜 리비도 대상뿐만 아니라 집중하였던 자신의 자아를 공격한다는 점에서 또 다른 형식의 사디즘이라고 이해하였다.

따라서 프로이트가 죽음욕동의 논의에서 드러내려는 의미는 두 가지 측면에서 주의하여 이해할 필요가 있다. 첫째, 죽음욕동은 유기체가 이전의 원래의 상태인 긴장이 없는 무기물 상태로의 회귀의 과정에서 나타나는 '죽이는 욕동'이라는 점이다(Sigmund Freud, 1961a, 40). 앞에서도 지적했듯이 죽음욕동이 일어나는 주된 원인은 유기체가 이전의 상태인 무기체의 상태로 돌아가는 데 최종적으로 놓여 있다. 그러므로 인간의 삶에서 개인적, 집단적으로 반복해서 출현하고 있는 죽음욕동은 인간 주체의 몸의 죽어가는 과정을 의미하지 않고 긴장의 주된 원인인 원초적 대상과 대상에 집중했던 자아를 끊임없이 파괴해서 갈등과 긴장이 없는 무기체로의 회귀 열망이므로 '죽이는 욕동'이다. 또한 그러한 과정은 인간 주체가 리비도 집중을 하였던 원초적 대상과 관계 흔적을 가진 자아를 파괴하고 해체하는 '죽이는 욕동'이기 때문에 죄책감과 공포감을 불러내기도 한다(Sigmund Freud, 1961a, 58).

둘째, 죽음욕동이 보여주고 있는 또 다른 의미는 성적욕동의 원초적 목적을 포기하는 탈성화(desexualization)이다. 죽음욕동은 사랑의 대상에 집중했던 리비도를 철수해서 에로스의 원초적 목표와는 반대로 작동하고 있다는 점이다. 죽음욕동은 성적 리비도가 추구하는 방향과는 다른 차원으로 보여주고 있기 때문에 단순히 성적욕동의 승화만을 나타내주는 것으로 해석하기에는 무리가 있다. 물론 앞에서도 지적하였듯이 궁극적으로 죽음욕동은 죽이는 욕동으로 무기체로의 회귀라고 규정할 수 있지만 그 과정이 반드시 파괴적이고 해체적인 것만은 아니다. 오히려 죽음욕동은 파괴적인 죽이는 욕동이지만 파괴된 세계를 다시 새롭게 건축하고 질서를 세우는 데 역설적으로 작동시키고 있다는 점에서 단순히 성적욕동이나 에로스의 승화라는 의미와는 다른 차원을 강조하였다. 역사의 수많은 전쟁과 폭력을 통해서 나타나 있는 죽음욕동도 단순히 희망을 찾을 수 없는 파괴적인 상태에 주저 앉기 보다는 그 과정을 보면 여전히 그러한 상태를 다시 새롭게 복원시켜 나가는 과정이라는 것이다. 프로이트가 죽음욕동을 인정하고 있다는 점이나 그 욕동을 성적 차원의 승화 과정과는 질적으로 다른 차원으로 해석하려고 한 것은 자신의 기존 이론과 도그마를 대폭 수정한다는 혁명적 선언이다.

그러나 프로이트가 죽음욕동을 논의하면서 언제나 자신의 기존 이론이 수정되어야 한다는 점 때문에 심적 고민을 깊게 하기도 하였다. 그가 그럴 때마다 보이는 모습은 그동안 유지하였던 기존 이론에 대한 강조를 동시에 보여주고 있다. 그는 죽음욕동을 근본적인 것으로 인정해야만 하면서도 그 부분으로 인해 기존 정신분석 이론의 강조점이었던 에로스에 대한 논의가 약화될 수 없다는 점을 반복해서 강조하고 있다. 그러므로 프로이트의 죽음욕동에 대한 결론도 다른 논의와 마찬가지로 여전히 기존의 이론으로부터 완전한 분리를 통해서 죽음욕동이 에로스보다 더 근본적이라는 논의로 나가지 못하고 죽음욕동과 에로스를 분리하는 이원론적 틀 안에서 죽음욕동에 대한 모든 논의를 매듭짓고 있다. 먼저 프로이트가 죽음욕동을 인정한 부분과 동시에 삶의 욕동의 중요성을 또한 상기시키고 있는 부분을 통해서 그러한 구조적 이원론적 결론을 확인해 보기로 한다.

> 그러나 우리는 그러한 견해를 피할 수 없기 때문에 우리는 죽음욕동은 본성상 소리 없이 존재하고 그리고 삶의 소리는 대부분 에로스로부터 나온 것이라고 결론을 내릴 수밖에 없다(Sigmund Freud, 1961a, 46).

우리가 마지막으로 돌아온 이드는 자아에 사랑이나 증오 어느 쪽을 보여주지 못한다. 그것은 그것이 무엇을 원하는지를 말할 수 없다. 그것은 통일된 의지를 성취하지 못한다. 에로스와 죽음욕동은 그 안에서 투쟁한다. 우리는 무슨 무기로 한 욕동의 그룹이 다른 욕동에 대항해서 방어하고 있는지를 보았다. 이드를 소리 없지만 강력한 죽음욕동 하에 있는 것으로 기술해본다는 것은 가능할 것이다. 죽음욕동은 평화를 갈망하고 그리고 (쾌락원리에 의해서 고무되어)에로스 즉 이간질하는 존재를 쉬게 하려고 갈망하는 존재이다. 그러나 아마도 그것은 에로스의 역할을 과소평가하는 것일지도 모른다(Sigmund Freud, 1961a, 59).

6. 죽음욕동과 종교

죽음욕동은 바로 인간 주체가 속해 있는 집단의 안녕을 위협하는 타자를 끊임없이 죽이는 욕동으로 개인적으로든 집단적으로든 역사 안에서 다양하게 일어났다. 개인에게는 가족 관계를 통해 원초적으로 드러나기도 하고 이후 보다 확장된 가족인 집단, 공동체, 사회, 그리고 국가에서도 거의 동일한 모습을 보이면서 드러난다. 죽음욕동은 에로스적인 유대감으로 자신의 집단을 더욱더 결속시켜 동일한 방해물로서의 타자 인식을 강화시켜 끊임없이 타자를 파괴 대상으로 집중시킨다. 역설적으로 인간의 그러한 연대감은 피상적으로 보면 동일한 집단의 동질 의식을 표출하는 것으로 이해할 수 있지만 그 이면에는 인간 원초적 죄책감을 심층적으로 더욱 강화시키는 과정이다(Sigmund Freud, 1961b, 33).

프로이트는 개인 분석 경험에서 발견한 새로운 임상 자료들인 타자를 끊임없이 파괴하려고 하면서도 동시에 파괴로 인한 죄책감을 깊이 보여주는 죽음욕동의 존재를 제1차 세계대전의 집단 폭력 현상을 목도하면서 확신하였다. 현대에서도 예전과 거의 다른 변화 없이 인간 사회는 특정 집단을 적군으로 분류해서 교묘하게 이면의 집단적·원초적 죄책감의 과정을 끊임없이 폭력적으로 드러내고 있다는 것은 제1차 세계대전을 통해서 생생하게 증명되었다. 집단적 타자를 악마화해서 적군으로 분류하고 자신의 집단을 결속시키는 이중적 모습은 특정 사회나 국가에서만 존재하는 것만이 아니다. 그러한 모습은 인간이 존재하는 모든 사회에서 모두 발견된다. 그러므로 사회나 국가는 세상의 현실을 언제나 아군과 적군으로 분류하여 끊임없이 자신의 집단을 강화시키고 특정 집단을 파괴 대상으로 만들어 나가면서 이상적인 정체성을 만들어 나간다.

아무리 인간의 삶은 개인이나 집단적으로 현실을 극복하기 위해서 최고의 문화와 문명의 혜택을 받으면서 살고 있다고 하더라도 한시도 편한 날이 없고 언제나 불편함 속에서 불행과 고통을 갖고 살아간다는 사실을 계속해서 증언하고 있다. 인간의 삶은 과학이 많이 발전되어 있다고 하더라도 여전히 몸의 질병으로 고통 받고 있고 인연을 맺었던 사람과의 갈등, 헤어짐, 사별, 그리고 냉혹한 삶의 환경에서 구출 받지 못해서 생활고로 시달리면서 정도의 차이를 보이고 있을 뿐 실존적으로 깊은 수렁에 빠져 있다. 인간의 삶이 아무리 최면을 걸면서 사실을 부정한다고 하더라도 이러한 모습은 거부할 수 없는 현실이다. 그러므로 불교나 기독교에서 주장하고 있듯이 인간의 삶은 행복이라고 말하는 것보다는 오히려 고통과 죄의 압박 상태인 불안과 불행이라고 말하는 것이 훨씬 정직하다.

프로이트는 인간 삶의 이러한 모습은 집단과 개인의 삶에서 쉽게 떼어낼 수 없는 심층적 현실이므로 "우주의 규칙(the regulations of the universe)"(Sigmund Freud, 1961b, 77)이라고까지 주장하였다. 바로 이런 측면 때문에 프로이트의 죽음욕동에 대한 논의는 인간의 삶을 개인이나 집단에서 최종적이거나 낙관적으로 바라보기보다는 매우 비관적으로 바라볼 수밖에 없는 토대를 보여주고 있다. 그러므로 프로이트의 죽음욕동에 대한 인간이해는 종교심리학 운동의 주창자인 윌리엄 제임스가 다루었던 고뇌하는 영혼이 보여주는 비관주의와 매우 닮아 있다. 그러나 프로이트는 그러한 모습으로부터 벗어나려는 해결 인식에 있어서는 제임스와 많은 차이를 보인다. 프로이트는 제임스가 고뇌하는 영혼이 인간 삶의 가장 큰 방해물인 세상에 만연한 죄와 악 그리고 죽음 문제를 해결하기 위해 다시 태어나야 하는 거듭남의 경험인 종교적 회심을 갖고 있다는 점을 잘 인식하고 있었던 것과 차이점을 보이고 있다. 그럼에도 불구하고 프로이트는 죽음인식 문제를 종교와 연결시키고 있다는 삶의 모습을 정신분석 연구에 끝까지 유지하고 있었다. 이 부분은 프로이트의 이론 전체에서 종교심리학적 논의가 주변이 아닌 바로 핵심에 놓여 있다는 학문적 토대를 마련해 주었다.

프로이트는 종교 문제를 그 기원과 관련해서는 『토템과 타부(1923)』, 교리 문제와 관련해서는 많은 논쟁과 비판을 불러일으키기도 했던 『환상의 미래(1927)』, 교리적 차원을 넘어서 종교의 원천으로서의 감정적 차원에 대한 논의는 『문명과 그것의 불편함』, 그리고 사후에 출간된 유대인들의 유일신론의 기원과 관련해서 논의한 『모세와 유일신교』에서 핵심적으로 다루었다. 프로이트가 종교와 관련해서 발표한 모든 저술들 중 죽음욕동과 관련해서 개념적으로나 교리적으로 종교에 대한 논의와 그를 토대로 인간을 이해하는 것은 한계가 있음을 노골적으로 지적하는 저술은 『문명과 그것의 불편함』이다(Sigmund Freud, 1961b, 74).

프로이트는 그 책을 시작하면서 분명히 하는 부분은 종교를 무조건적으로 비판하는 것이 아니라는 점이다. 그는 인간이 경험하고 있는 고통과 불만 그리고 전쟁을 통해서 생생하게 보여주는 파괴적인 죽이는 욕동 문제를 해결하는 데 나름대로 역할을 할 수 있는 것을 종교라고 생각하였다. 그는 삶은 정말 지독하게 가혹하고 고통스럽기 때문에 삶을 살아가기 위해서는 의존해야 하는 예방장치가 필요한 것으로 이해하였다. 그는 일반 사람들이 어려운 삶을 지탱하게 해주는 기제를 창조하거나 그것과 연결해서 살아간다는 것은 지극히 자연스러운 일이므로 문제가 될 수 없다는 점을 지적하였다. 일반적으로 알려졌듯이 프로이트는 종교를 거칠고 부정적으로만 평가하고 있는 것이 아니라 예방장치로 종교는 인간의 삶에서 필요하다는 점을 아울러 평가하고 있다.

단지 프로이트가 이 부분과 관련해서 지적하는 것은 삶에 어려움을 벗어나기 위한 예방책은 종교만이 아니라 삶의 다른 체계에서도 가능하다는 점이다. 그는 역사적으로 종교와 많은 갈등관계를 보이기도 하였던 과학이나 예술도 종교와 마찬가지로 그러한 기능을 할 수 있다는 점을 지적하였다. 인간은 역사적으로 종교 못지않게 과학이나 예술을 통해서 그러한 어려움을 극복하여 왔다는 것이다. 지금도 삶 주위에는 어려운 상황에서 인간의 한계를 벗어날 수 있게 해주는 과학과 기술 그리고 예술에 희망을 버리지 않는 것도 이러한 측면을 보여준다. 오히려 종교보다 과학과 기술 그리고 예술이 더욱 구체적으로 인간의 삶에 영향을 더 많이 미칠 수도 있고 희망을 적극적으로 제시해 줄 수 있다. 프로이트가 지적하고 있는 부분을 인용하기로 한다.

이렇게 말하는 것은 한편으로 종교와 인간의 다른 두 가지 업적들간의 정반대를 보여주고 다른 한편으로 삶의 가치와 관련해서 그 두 가지 업적들과 종교는 상호 대체하거나 서로를 나타내 줄 수 있다. 만약 우리가 일반 사람들(과학이나 예술을 갖고 있지 않는 사람들)에게 그의 종교를 박탈하려고 한다면 우리는 분명히 우리 쪽에 그 시인의 권위를 갖지 못하게 될 것이다. 우리는 그의 말을 더욱더 가깝게 느끼도록 해주는 특별한 길을 선택할 것이다. 우리가 발견하였듯이 삶은 우리에게 너무 힘들다. 그것은 우리를 너무나 많은 고통, 실망 그리고 불가능한 일들로 이끌고 간다. 그것을 참아내기 위해서 우리는 완화수단(palliative measures)이 불필요한 것일 수 없다(Sigmund Freud, 1961b, 75).

하지만 프로이트는 과학과 예술이 삶의 어려움을 미리 막게 해주는 예방책과 그것을 극복하게 해주는 완화수단의 역할을 한다고 하더라도 극단적 삶의 한계상황을 받아들이고 충분한 위로와 희망의 의미를 부여하는 데는 종교를 따라갈 수 없다는 점을 강조하였다. 그는 인간이 몸의 질병으로 인해 더 이상 의료적인 치료를 할 수 없는 한계상황에서는 과학과 예술보다 종교가 훨씬 더 강렬한 의미를 주는 것으로 이해하였다(Sigmund Freud, 1961b, 80). 더 나아가 프로이트는 한계상황과 관련해서 단지 인간의 삶에만 국한시키지 않고 이 세상의 모든 존재의 죽음과 고통에 대답할 수 있는 우주적인 의미 체계로까지 종교에 대한 이해를 확장시키기도 하였다(Sigmund Freud, 1961b, 76).

프로이트는 죽음욕동과 관련해서 종교를 긍정적으로 해석할 수 있는 가능성을 구체적으로 세 가지 차원에서 제시하였다. 첫째, 프로이트는 에로스, 나르시시즘, 그리고 외부 세계에 대한 리비도를 적절히 분배하고 조절할 수 있는 능력 안에서 그러한 가능성의 실마리를 찾고 있다(Sigmund Freud, 1961b, 83). 인간은 리비도의 세 가지 특성을 갖고 있으므로 언제나 그 요소가 경제적으로 잘 분배되어 분출되어야 한다는 것이다. 한 쪽 부분이 강조되면 될수록 간과된 부분들은 다른 방식으로 분출되기 때문이다. 프로이트는 리비도의 경제적 분배를 종교와도 연결시키고 있다. 종교에서 강조하고 있는 친교와 돌봄 관계는 에로틱한 요소로, 내적 확신은 나르시시즘의 요소로, 그리고 생활적 차원은 행동의 유형과 연결할 수 있다. 종교에 있어 이러한 요소는 어느 쪽도 무시할 수 없다. 종교가 건강해지려면 세 가지 요소가 상호 결합되어서 조화를 이룰 때 건강하게 성장할 수 있다는 것이다.

둘째, 종교가 가장 강조하는 것은 자기 비판적 성찰의 차원이다. 프로이트가 종교를 비판적으로 인식한 것 중 가장 큰 요소는 종교가 사람들의 지성적 판단 기능을 멈추게 한다는 점이다. 다른 말로 표현하면 종교가 자기 비판적 성찰을 더욱 활성화한다면 얼마든지 종교는 죽음욕동을 막을 수 있는 기제로 작동할 수 있다는 것이다. 종교만큼 인간으로 하여금 자신의 내면을 정직하게 들여다보게 하는 것도 없기 때문이다. 상상할 수 없을 정도의 자기 비판적 성찰과 동시에 원수까지도 공동체 안으로 받아들여서 따뜻한 우주적 공동체를 지향하는 것이 규모에 있어서 종교만큼 깊고 넓은 것은 없을 것이다. 이런 차원에서 종교의 지성적 몽매함에 대한 비판을 가한 무신론주의나 과학주의나 그 밖의 종교 비판을 가하고 있는 어떤 제도도 종교를 따라 갈 수 없다는 점에서 더욱 그렇다.

셋째, 인간에게는 에로스 욕동 못지않게 죽음욕동으로서 공격성의 존재에 대한 교육적 기억이 있다. 이 부분에 있어서도 인간의 불완전한 측면에 대한 본성적 차원을 강조하는 종교와 거의 비슷한 주장이다. 동양 종교에서 무명이나 아브라함 종교에서 죄와 악에 대한 이해는 프로이트의 죽음욕동과 연결할 수 있는 측면을 많이 보여준다. 모든 종교는 단순히 그러한 차원으로부터의 구원이나 해방 못지않게 인간의 원초적 모습의 기억을 끊임없이 상기시키는 것 또한 교육적 기억과 그렇게 멀리 떨어져 있지 않다.

프로이트는 교육적 차원에서 인간 안에 도사리고 있는 죽음욕동을 기억하는 것이 필요함을 강조하였다. 프로이트의 논의는 종교심리학의 또 다른 주창자인 그렌빌 스탠리 홀의 주장과도 비슷하다. 홀이 처음으로 청소년에게 성교육이 필요한 것만큼 중요한 것은 죽음교육이라고 최초로 주장하였듯이 프로이트도 청소년에게 교육적으로 두 가지 교육을 균형 있게 시킬 필요가 있음을 『문명과 그것의 불편함』에서 지적하였다. 그런데 흥미로운 것은 그는 그러한 지적을 본문 안에 기술하지 않고 그 책 끝부분의 각주에 죄책감이 문화나 문명이 더욱 발전하게 하는 데 걸림돌이 된다는 측면을 강조하면서 공격성으로 죽음욕동을 교육적으로 기억하는 것이 중요함을 기술하였다는 점이다. 다시 말해 문화와 문명이 있는 자리에 소리 없이 공격성의 죽음욕동이 다시 분출해서 문화와 문명을 발전시키지 못하고 또다시 제자리로 돌아가게 하는 악순환을 계속 만들어낸다는 것이다. 그래서 악순환을 끊는 것은 교육적으로 다시 돌아오는 죽음욕동의 출현 가능성을 기억하는 것이 가장 좋은 교육이라는 점이다. 아마도 이러한 부분은 청소년에게만 해당하는 것이 아니라 인간 모두에게 해당한다. 이 부분은 프로이트의 죽음인식의 논의에 있어서 중요한 기여라고 할 수 있다. 직접 그의 교육적 주장을 들어보기로 한다.

> 요즈음 젊은 사람들의 교육에 섹슈얼리티가 그들의 삶에서 작용하고 있는 부분을 숨기고 있는 것은 우리가 그 점에 대해서 반대하여 수행해야할 유일한 질책은 아니다. 그것의 또 다른 죄는 젊은 사람들이 대

> 상이 될 운명에 처해진 공격성을 준비할 것을 교육시키고 있지 않다는 것이다. 젊은 사람들을 그러한 거짓된 심리학적 정향으로 삶의 현장에 내보내는 교육은 북극탐험을 시작하는 사람들에게 여름옷과 이탈리아 호수의 지도로 그 탐험을 준비하게 하는 것과 마찬가지이다(Sigmund Freud, 1961b, 134).

그러나 잊지 말아야 할 것은 프로이트가 죽음과 관련해서 완화수단으로서의 종교를 긍정적으로 이해하였다고 해서 종교의 부정적 차원을 간과하고 있지 않다는 점이다. 프로이트는 누구보다도 냉철하게 인간의 역사에서 종교가 반대의 부정적인 역할도 많이 전개해왔음을 잘 알고 있었다. 종교로 인해 개인이 더욱 성숙하고 성장해야 하는 것과 달리 더욱 편협해지고 완고해져서 극단주의로 흐르는 경향도 보여주고 있다는 것이다. 그는 어릴 때부터 유대인이라는 이유로 가톨릭 사회 환경에서 받은 소외와 배척 경험 그리고 제1차 세계대전과 홀로코스트의 비극적 사건을 지독하게 경험하면서 종교의 부정적 차원을 심층적으로 알게 되었다. 사실 프로이트의 논의는 단순히 유대교, 기독교, 그리고 이슬람 간의 갈등이나 폭력 정도로만 끝나는 것이 아니다. 이는 동양 역사에서도 예외가 아니다. 최근 스리랑카나 미얀마에서 벌어지고 있는 불교의 폭력 사태나 인도 힌두교의 폭력 사태는 서구사회를 넘어서 인간의 모든 종교가 예외 없이 부정적 차원을 보편적으로 보여주는 대표적인 예들이다. 프로이트가 긍정적인 완화수단으로만 종교를 해석하는 데 의문을 갖기 시작하면서 인류의 행복과 평화를 가져다 줄 수 있을지에 대해서도 의심을 갖는 것은 당연한 결과였다. 그러므로 리쾨르가 잘 지적하고 있듯이 프로이트의 종교 논의는 구성적 해석이라기보다는 이면의 부정적 차원을 비판적으로 드러내려고 했다는 점에서 의심의 해석학이다. 직접 프로이트가 웅변적으로 주장하고 있는 이야기를 들어보기로 한다.

> 종교는 이러한 선택과 적응의 놀이에 제한을 가한다. 왜냐하면 종교는 동일하게 고통으로부터 보호를 받고 행복을 얻기 위해서 그것 자체의 길을 모든 사람에게 강요하기 때문이다. 그것의 기법은 삶의 가치를 약화시키고 지성의 위협을 전제한 망상적인 방식으로 실재 세계의 그림을 왜곡시킨다. 이러한 대가로 강제적으로 심리적 유치증의 상태에서 많은 사람들을 고정시키고 그들을 대량—망상 안으로 몰고 가면서 종교는 개인적 신경증을 불러내는 데 성공한다. 그러나 어떤 것도 그 이상을 성공할 수 없다. 우리가 말했듯이 인간들이 도달할 수 있는 그러한 행복으로 이끌 수 있는 많은 길들이 존재한다. 하지만 확실히 그렇게 할 수 있는 길은 없다. 종교조차도 그 약속을 지킬 수 없다. 만약에 신자가 마지막으로 신의 '불가사의한 명령들(inscrutable decrees)'을 말할 수 있는 의무에 처해진 자신을 본다면, 그의 고통 속에서 최후의 가능한 위로와 쾌락의 원천으로 그에게 남겨진 모든 것은 절대적인 복종임을 인정하고 있는 것이다. 그리고 만약 그가 그것을 위해서 준비해야 한다면, 그는 아마도 그가 만든 우회의 길을 걷는 수고를 할 수 있을지 모른다(Sigmund Freud, 1961b, 84-5).

더 나아가 프로이트는 종교가 폭력적으로 드러날 경우 종교전통에 참여하는 사람들과 자신이 살고 있는 세계의 실제적인 모습을 정직하게 바라보지 못하도록 방해하고 있다는 점도 간과하지 않고 직시하였다. 종교는 사람들이 현실에 대한 올바른 지성적 판단을 내리는 데 기여하기보다는 오히려 지성적 판단을 정지시켜 집단 신경증을 불러내는 일종의 환상이나 망상으로까지 작용할 수도 있다는 것이다. 프로이트의 논의는 『환상의 미래』에서 구체적으로 발표되어서 엄청난 비판도 제기되었지만 종교의 폭력과 갈등이 끊임없이 제기되고 있는 상황에서 보면 반드시 종교에 대한 심리환원주의의 왜곡된 이해라고만 쉽게 판단할 수 없다. 프로이트의 인간에 대한 최종적 이해를 살펴보면 종교 이해를 터무니없는 것으로만 규정할 수 없다. 사실 프로이트의 인간이해는 운명이라는 염세적 인간관으로 끝을 맺고 있어서 더욱더 그러한 판단에 힘을 실어주고 있다. 특히 최종적으로 판단을 해석할 수 있는 근거는 프로이트가 『문명과 그것의 불편함』의 제일 끝 문장에서도 인간은 에로스와 죽음욕동의 두 가지 욕동의 갈등으로 인해 종교라는 완화 체계로도 운명을 벗어나게 해줄 수 없다는 비관주의적 인간관을 최종적으로 주장하고 있기 때문이다. 그의 주장을 들어보면서 해석의 가능성을 확인해보기로 한다.

> 인간이라는 종의 운명적인 질문은 그의 문명적 발전이 인간의 공격성과 자기파괴성의 욕동으로 인해 인간의 공동체적 삶을 방해하는 것을 막아내는 데 어느 정도 성공할 것인지 그렇지 않는지에 대한 것인 것처럼 보인다. 이 점에 있어서 정확하게 현재는 특별한 관심을 기울일 필요가 있을지 모른다. 인간들은 본성적인 자연의 힘으로 마지막 사람까지 서로를 제거하는 데 어려움을 보이지 않는 만큼 그 힘을 조정하였다. 그들은 이 점을 알고 있어서 많은 부분의 현재의 불편함, 그들의 불행, 그리고 그들의 불안감이 닥쳐온다. 그리고 지금 두 개의 '하늘의 힘들(Heavenly Powers)' 중의 다른 쪽인 영원한 에로스가 그와 동등하게 불멸의 적대자와 투쟁을 벌이는 데 노력을 기울일 것이라는 것이 기대되어진다. 그러나 어떤 성공과 어떤 결과를 갖고 올지 누가 예견할 수 있을까(Sigmund Freud, 1961b, 145)?

7. 맺음말

지금까지 1909년 미국 뉴잉글랜드 종교심리학 운동의 주창자 중 한 사람인 그렌 빌 스탠리 홀의 클라크대학교 20주년 기념행사의 강연자로 프로이트가 참석한 기점을 중심으로 그의 죽음연구가 이루어졌음을 살펴보았다.

특히 프로이트의 연구는 정신분석 초기 멤버들이었던 융과 랑크와의 결별 이후 개인 분석 경험과 1914년 제1차 세계대전이 보여준 문명의 도덕적 위선과 폭력성의 경험을 토대로 죽음의 감정, 태도, 그리고 욕동 차원으로까지 확장하였다는 점에서 이전에서는 볼 수 없었던 혁명적인 연구를 진행하였다. 무엇보다도 남겨진 자들이 떠난 자와의 관계에서 밀려오는 슬픔의 감정을 극복하기 위한 애도 작업의 적극적 제시나 온전한 삶을 이루기 위해서는 한계적 삶의 상황을 기억하게 하는 죽음의 태도에 대한 연구는 지금까지도 반드시 언급할 정도로 많은 기여를 하였다. 그러나 프로이트는 죽음인식에 있어서 죽음과 관련한 감정이나 태도에 초점을 둔 연구를 더욱 발전시키지 않고 남겨진 자가 떠난 자와의 관계에서 보이는 우울증의 문제와 죽음욕동에만 귀착하고 있다는 점에서 한계를 보이고 있다. 그는 죽음욕동과 관련해서 인간은 인정하든 그렇지 않든 죽어가는 존재라는 당연한 사실을 놀라울 정도로 간과하고 있다.

프로이트의 논의는 인간은 죽어가는 존재라는 사실에 대한 이해를 어떻게 간과하고 있는지 네 가지 차원에서 비판적으로 지적할 수 있다. 첫 번째로 지적할 수 있는 것은 죽음과 관련해서 일반적인 인간 주체의 몸의 고통과 죽음연구가 거의 제시되지 않고 있다는 점이다. 물론 그의 논의는 자아를 논의하면서 근본적으로 자아는 몸의 경험과 분리된 것이 아니라 바로 몸이라는 점을 강조하면서 몸 자아라는 말까지도 사용하였지만 이상할 정도로 몸의 고통 경험과 몸의 죽어감에 대한 이해를 거의 하고 있지 않다. 그의 논의는 인간은 죽음의 도상 안에서 삶을 지탱하면서 피할 수 없이 죽어가는 존재 또는 죽음을 맞이하는 존재와 같은 논의가 거의 생략되어 있다.

두 번째로 지적할 수 있는 문제는 죽음욕동에 대한 이해이다. 그는 죽음욕동을 제시하고 있지만 인간 주체의 죽음을 드러내고 있는 것이 아니라 오히려 그 반대로 죽이는 존재임을 강조하고 있다. 그러므로 죽음욕동은 인간의 의지와는 상관없이 태어나면 반드시 운명적으로 죽음을 향해가는 존재라는 인식을 보여주는 것이 아니다. 그 반대로 원초적 죄책감의 표출로서의 원초적 대상, 대상의 대체물로서의 이차적 대상, 그리고 궁극적으로 대상과 흔적을 갖고 있는 주체의 자아를 공격하고 파괴하는 죽이는 욕동이다. 바로 죽이는 욕동은 인간의 삶에 반복적으로 드러나고 있으므로 인간의 삶을 발전시키는 데 결정적 방해물이다. 프로이트는 후기 정신분석 연구에서 죽음욕동의 파괴적이고 공격적 차원을 중심 논의로 파헤치려고 하였다. 그렇다 보니 프로이트의 죽음욕동의 연구에서 인간의 몸의 죽어감에 대한 연구가 거의 간과될 수밖에 없었다.

세 번째로 지적할 수 있는 것은 프로이트의 전체 사상체계가 뿌리내리고 있는 기본적 틀인 이원론의 문제이다. 프로이트는 모든 이론적 논의를 대부분 이원론의 관점에서 구성하였다. 이를테면 초기의 의식과 무의식, 쾌락원리과 현실원리, 그리고 후기에 자아와 이드 등과 같이 두 개의 대립적 차원을 배치시키면서 자신의 논의를 이원론으로 전개하였다. 그의 논의는 죽음과 관련해서도 예외가 아니었다. 그는 성적욕동과 죽음욕동, 에로스와 죽음욕동, 삶의 욕동과 죽음욕동, 성적욕동과 자아욕동 등과 같이 대립적 차원으로 분류해서 죽음욕동에 대한 이해를 전개하였다.

그러므로 프로이트는 이원론적 이해로 인해 죽음욕동은 그것과 대립된 욕동과의 대립적 차원만을 보여주고 있지 궁극적으로 삶의 욕동, 성적욕동, 또는 에로스도 죽음욕동으로 결말을 맺고 있다는 일원론적 인식에 대한 이해는 찾을 수 없다. 프로이트가 죽음욕동의 존재를 메타심리학 차원에서 인정하고 있다고 하더라도 결국 자신의 기존 이론과의 연결 속에서 주장할 수밖에 없다는 점을 그대로 드러내고 있다. 그러므로 프로이트의 죽음욕동 논의에 있어서 인간은 태어나면 운명적으로 받아들일 수밖에 없는 죽어가는 존재라는 인식 논의는 근본적으로 제기될 수 없었다.

마지막으로 제기할 수 있는 문제는 프로이트의 논의에는 죽음이후의 삶 혹은 불멸에 대한 논의가 거의 전개되어 있지 않다는 점이다. 프로이트는 삶의 고통과 죽음의 문제를 벗어나게 해주는 차원에서 종교가 과학이나 예술보다도 훨씬 더 강력한 완화수단이라는 점을 인정하면서도 동시에 종교가 부정적으로 작동할 경우 죽임의 욕동을 부추겨서 폭력과 파괴를 더욱더 조장할 수 있는 집단적인 부정적 기능을 할 수 있음을 경고하였다. 그는 바로 그러한 모습을 제1차 세계대전과 홀로코스트를 통해서 생생하게 목격하였다. 이런 측면 때문에 그는 종교의 환상적이고 망상적인 차원을 냉철하게 지적하였다. 바로 그러한 차원에서 인간은 삶의 현실을 냉철하게 보고 폭력과 파괴성은 다시 반복적으로 되돌아 올 수 있음을 종교라는 완화수단을 통해서도 간과하지 말고 언제나 기억해야 한다는 것이다.

프로이트의 종교의 이중적 측면에 대한 이해는 부정할 수 없이 지금도 세계 곳곳에서 비슷한 모습으로 작동하고 있으므로 더 이상 중

명할 필요가 없다. 그러나 죽음의 현장에서 삶의 마지막을 지나가고 있는 사람들에게 삶 이후의 삶인 불멸의 문제가 모든 사람들에게 단순히 환상이나 망상으로만 작동하고 있는 것이 아니라 아주 구체적인 희망으로 드러나서 어느 곳에서도 받을 수 없는 위로를 받는다는 '심리적' 사실도 많은 현실에서 존재하고 있음을 간과하지 말아야 할 것이다.

제 4 장

카를 구스타프 융의 죽음인식

제4장 카를 구스타프 융의 죽음인식

1. 서론

프로이트의 사상에 충실했던 초기 정신분석 멤버들 중 성 이론뿐만 아니라 그의 죽음인식과 관련해서도 차이점을 극명하게 보이는 가장 대표적 멤버는 카를 구스타프 융(Carl Gustav Jung, 1875-1961)이다. 융은 다른 주요 멤버들과 달리 인종적으로 유대인이 아니고 게르만 민족 혈통이어서 프로이트로부터 전략적으로 총애를 받았다. 융은 프로이트의 보호 하에 처음부터 정신분석 운동에서 굵직한 활동을 할 수 있었다. 또한 어느 누구보다도 프로이트와 정신분석 운동이 앞으로 전개해 나갈 방향에 대해 솔직한 얘기를 많이 나눌 수 있었다. 당시 정신분석이 시작되기 시작한 시점은 히틀러의 나치주의와 유대인 박해가 일어나는 시점과 맞물려 있었기 때문에 프로이트는 그의 제자 대부분이 유대인인 상황에서 정신분석 운동이 유대인 운동이라는 인식을 희석시키기 위해서라도 유일한 게르만 민족 혈통인 융의 존재를 전략적 이유에서도 더욱 필요로 하였다. 사실 프로이트는 융이 정신분석 운동을 끝까지 함께 전개할 것이라고 기대하고 있어서 거의 많은 얘기를 숨기지 않고 있는 그대로 솔직하게 드러내는 데 주춤하지 않았다.

하지만 프로이트의 기대와 달리 융은 프로이트와 관계가 깊어지기 시작하면서 프로이트의 정신분석에 인간에 대한 보다 깊은 차원의 논의가 충분히 포함될 수 없음을 점점 확인하기 시작하였다. 그는 프로이트의 정신분석이 개인적 경험의 차원에 강조점을 절대적으로 두다 보니 그 이상의 차원을 포함할 수 없다는 점을 알게 되었다. 그러므로 융이 프로이트와 결별하게 된 계기는 단순히 프로이트의 성 이론에 대한 반대로 인해 생겨난 문제라기보다는 인간의 심층을 이해하고 들어갈 수 없는 한계 때문이라고 보아야 할 것이다. 앞 장에서 보았듯이 프로이트는 융과 헤어진 이후 그러한 문제를 적극적으로 성찰하기 시작하였고 삶의 후반기에는 죽음욕동이라는 말을 쓰기 시작하면서까지 문제를 탐구하려고 하였다. 그로 인해 그의 죽음욕동에 대한 논의는 결국 성 이론의 포기가 아니냐는 의문과 비판을 받기 시작하면서 남아있던 제자들에게도 충격을 주기도 하였다.

프로이트는 앞장에서 기술했듯이 인간은 근본적으로 죽어가는 존재라는 인식을 죽음욕동으로 이해하기보다는 죽이는 욕동으로만 해석하였다. 그가 죽음욕동을 인간의 파괴성인 죽이는 욕동과 연결한 것은 인류의 문화나 문명의 위선과 그로 인한 역동을 정직하게 보여주고 있다는 점에서 죽음인식 연구의 새로운 통찰을 어떤 논의보다 혁명적으로 보여주었다. 하지만 그는 죽음 문제를 죽이는 욕동의 차원을 넘어서 인간의 역사에서 어느 장치보다도 많은 기여했던 인간의 근원적 종교성이나 죽음이후의 또 다른 삶인 불멸의 차원에 대한 이해로까지 확장시키는 데 놀라울 정도로 치명적 한계를 드러냈다. 사실 프로이트의 죽음욕동에 대한 이해는 융과 달리 끝까지 떠나지 않고 남아 있던 멤버들에게 많은 충격을 주었음에도 불구하고 결과적으로 그의 정신분석의 근본 논의를 대부분 그대로 유지하고 있어서 남아있는 멤버들에게 안도감을 주는 부분이기도 하였다.

그러나 이미 프로이트의 정신분석을 떠난 초기 멤버들에게 그러한 문제는 기존의 정신분석을 다른 방향으로 새롭게 진전시킬 수 있는 가능성을 증명해주는 시작점이었다. 특히 융은 프로이트의 죽음욕동 논의가 간과하였던 부분을 집중적으로 탐구해 들어갔다. 그는 프로이트의 인간이해가 간과하였던 몸이 죽어가는 과정의 이해와 더불어 그것을 넘어서려는 불멸인식을 토대로 죽음인식에 대한 논의를 종교심리학의 관점에서 구체적으로 전개하였다. 이번 장에서는 죽음과 관련된 융의 연구 중 죽음인식의 계기, 죽음과 영, 죽음과 나이, 죽음과 불멸, 죽음과 종교를 중심으로 집중적으로 검토해보려고 한다. 먼저 융이 죽음을 인식하게 된 계기를 그의 자서전에 기술된 논의들을 중심으로 살펴보기로 한다.

2. 죽음인식의 계기

융은 프로이트와 결별한 이후 기존의 정신분석적 인간이해를 넘어 새로운 인간이해인 심층심리학(depth psychology)을 주장하였다. 그의 심층심리학이 핵심적으로 강조하고 있는 것은 의식은 늘 새롭게 변형되어 나가야 한다는 점이다. 기존 의식(consciousness)이 새롭게 되기 위해서는 이면의 역동적 심층과 연결이 이루어져야 하므로 그 의식은 언제나 개방적이어야 한다. 의식이 개방적이라는 것은 기존의 익숙한 의식을 고집하여 정체되는 것이 아니라 의식이 언제나 새롭게 탄생할 수 있도록 의식 이면의 심층적 에너지와의 교류이다. 융의 심층심리학은 이러한 의식의 탄생, 성장, 그리고 또 다른 탄생의 끊임없는 역동적 심층 과정에 많은 관심을 기울이고 있다.

융의 사상의 발전과정을 검토해보면 융이 의식 이면의 역동적 심층에 대한 이해를 갖기 시작한 기점은 어린 시절 갖게 되었던 죽음인식과 밀접히 연관되어 있다. 그러므로 융의 죽음인식은 처음부터 그의 심층심리학에 있어서 중심적 위치를 점하고 있어서 그의 모든 논의에는 죽음인식에 대한 논의가 나오지 않는 부분이 없을 정도로 다양하게 언급되어 있다. 특히 융의 방대한 저술 중 그의 비서였던 아니엘라 야페(Aniela Jaffé, 1903-1991)와의 인터뷰로 구성된 자서전인 『기억 꿈 사상』에서 죽음인식을 구체적으로 보여주는 네 가지 사례는 어떤 얘기보다도 그의 죽음인식과 심층심리학의 상호 연관성을 깊이 드러내고 있다. 그 사례를 유형별로 분류하면 시체, 죽어감, 죽음이후의 삶, 그리고 죽음준비와 관련되어 있다. 하나씩 검토하기로 한다.

첫째, 융이 처음으로 갖게 된 죽음인식은 아주 어린 나이인 네 살 때 시체를 대면하고 싶은 열망에서 비롯되었다(카를 융, 2008, 25). 일반적으로 시체와의 대면은 많은 경우 공포를 불러낸다. 그러나 융의 시체와의 관련 논의에서는 그러한 공포에 대한 기술은 거의 찾아 볼 수 없다. 종교심리학의 죽음연구 주창자인 홀을 비롯해서 대부분의 연구자는 죽음의 공포에 대한 기술을 연구자의 가족에게 일어난 경험을 근거로 제시하였지만 융의 연구에서는 시체의 공포와 관련해서는 거의 언급되어 있지 않다. 융이 처음으로 시체와 직접 대면하고 싶은 열망은 그의 가족이나 친척 혹은 지인의 죽음이 아닌 낯선 사람의 죽음으로 이루어졌다. 융은 라인 폭포에서 어부들이 끌어낸 시체 한 구를 목사관 뒤뜰 세탁장에 보관한 것을 알고 있어서 그곳에 가서 직접 대면하고 싶었지만 세탁장이 잠겨 있어서 직접 대면할 수는 없었다. 융의 부모는 어린 융이 그 안에 안치된 시체를 대면하는 것을 허락하지 않았다. 융은 부모의 반대에도 불구하고 시체를 보고 싶어서 세탁장 주위를 서성거리기도 하였지만 볼 수 없었다. 대신 융은 세탁장 주위 배수구에서 시체의 피와 물이 섞여 흘러내리는 것을 관찰할 수밖에 없었다.

둘째, 융은 일반 청년들의 경험과 마찬가지로 20세가 될 때까지 가족이 되었든 그렇지 않든 사람이 죽어 가는 모습을 직접 경험한 적이 없었다(카를 융, 2008, 185-86). 그는 20세가 되어서야 정신적으로 많은 갈등을 겪었던 아버지의 죽어 가는 과정을 처음으로 생생하게 목격하게 된다. 아버지가 고통 가운데 목에 그르렁거리는 소리를 내며 죽어 가는 모습을 목격하고 옆방에서 뜨개질하는 어머니에게 알려준다. 융은 아버지의 죽음 뒤, 괴로운 날들을 보냈고 그 이면의 슬픔에 대한 해석을 어머니가 알려주기도 하였다. 어머니는 융에게 아버지가 죽음을 맞이한 것은 바로 융을 위해 죽었다는 점을 강조해서 말하였다. 융은 아버지의 죽음에 대한 어머니의 해석을 자서전에서 자신의 또 다른 인격인 제2의 인격으로 해석하기도 하였다.

융은 아버지가 생존해 있을 때 종교 교리 문제로 많은 토론을 하였지만 아버지의 얘기는 별로 설득력이 부족해서 심리적 갈등을 깊이 갖고 있었다. 그는 아들이기 때문에 자신의 생각을 더 논쟁적으로 표출하지 않았다. 그는 아버지와의 논쟁으로 아버지의 종교가 생명력을 잃고 죽어가고 있다는 점을 확신하게 되었고 후에 종교에 대한 논의를 확장해 가는 데 결정적 계기를 만들기도 하였다. 아버지의 죽음은 눌려있던 융이 아버지의 방을 차지하면서 다시 자신의 내적 삶을 만들어가기도 하였지만 경제적으로 어머니를 돌보아야 하는 걱정과 어려움을 갖게 되기도 하였다. 융은 아버지의 죽음으로 인해 빨리 돈을 벌어야 한다는 생각으로 대학을 그만두어야 하는지를 고민하고 있었다. 그러므로 융에게 아버지의 죽음은 경제적인 문제에도 불구하고 아들로서의 제1인격과 그 이면의 심층 인격인 제2인격을 처음 대면하게 된 경험이었다.

셋째, 융은 죽음인식을 죽음이후의 삶에 대한 논의와 연결하였다(카를 융, 2008, 186). 융은 아버지의 죽음으로 인해 겉에 드러난 자신의 인격과 그 이면의 인격을 경험하였지만 그 계기로 처음 죽음이후의 삶을 심각하게 생각하였다. 사실 아버지의 죽음에 대한 인식을 통해 죽음이후의 삶에 대한 글들을 다양하게 발표하였다. 당시 지식인들이 죽음이후의 삶에 대해 논의하는 것은 유치하게 보이기도 하고 오히려 과학적이지 못하다는 인식이 팽배하였던 분위기에서 죽음이후의 삶을 논의하는 것은 매우 파격적이었다.

융이 죽음이후의 삶에 대한 논의를 하게 된 계기는 생생했던 아버지의 꿈과 관련되어 있다. 융은 아버지가 죽은 이후 6주가량 지나서 꿈을 꾸었다. 꿈에 나타난 아버지는 융에게 휴양을 잘하고 돌아왔다는 얘기를 하였다. 그 말을 들은 융은 아버지가 죽었다는 생각을 부끄럽게 생각하였고 또한 아버지의 방을 차지하였다는 자책감을 갖기도 하였다. 첫 번째 꿈을 꾸고 난 뒤 며칠이 지난 후 융은 또 꿈을 꾸었다. 융은 꿈에서 다시 아버지가 몸이 회복되어서 돌아왔다는 얘기를 들었다. 꿈을 꾸고 나서도 융은 처음 꾸었던 꿈처럼 아버지가 죽었다는 생각 때문에 자책하였다. 융에게 두 가지 꿈은 실재처럼 너무 생생해서 처음으로 죽음이후의 삶에 대해 생각하는 계기가 되었다(카를 융, 2008, 186).

사실 융은 아버지의 죽음으로 자신의 이면과 죽음이후의 삶을 생각하는 계기가 되어서 오히려 그의 심층심리학이 더욱 발전될 수 있었다는 점을 인식하였다. 그는 아버지의 죽음이후 인간의 심층과 죽음이후 삶의 이해를 위해 기독교의 성령에 대한 신학적 논의, 영국에서 일어나고 있었던 심령연구(psychical research), 그리고 스웨덴보리(Swedenborg)의 저술을 깊게 연구하였다[1](카를 융, 2008, 192-95). 그는 합리성이나 인과관계 논리로는 죽음이후의 삶을 이해하는 데 한계를 보여 인과관계의 관점과는 구별되는 동시성 원리(theory of synchronicity)를 대안으로 제시하였다. 그는 그러한 관점을 대안으로 발전시키기 위해 앞으로 일어날 일을 동시적으로 예견했던 동물들의 몸짓, 죽음을 예시하는 꿈, 그리고 멈춰버린 시계 등과 같은 현상들을 연구하였다.

더 나아가 융은 아버지의 죽음을 계기로 죽음이후의 삶에 대한 연구를 사촌 동생의 영매 현상과 연결하여 박사학위 논문을 쓰기도 하였고(카를 융, 2008, 206-7) 1916년에는 『죽은 자를 향한 일곱 가지 설법』을 발표하기도 하였다(카를 융, 2008, 344-362). 그 이후에도 그는 죽은 자에 대한 환상을 『블랙 북(black book)』과 『레드 북(red book)』에 다양하게 기록하였다. 각각의 책에는 죽음과 관련한 환상의 내용들이 풍부하게 기록되어 있다. 그리고 그는 자서전 끝 부분인 '사후의 삶에 관하여'라는 장에서 죽음이후의 삶에 대한 얘기를 생생하고 구체적으로 기술하였다(카를 융, 2008, 531-74). 그러므로 융에게 있어서 아버지의 죽음은 그의 심층심리학을 전개해 나가는 데 중요한 계기가 되었다.

넷째, 융의 죽음인식은 죽음준비와 관련되어 있다. 융은 현대인 대부분이 죽음에 대한 준비과정 없이 갑작스럽게 맞이한다는 점을 인식하고 있었다. 그는 죽음준비는 인간 주체가 자신의 내면과 소통할 수 있는 과정이라고 생각해서 죽음준비교육에 대한 논의를 적극적으로

---

1) 이 부분은 융이 프로이트와 헤어진 후 영향을 많이 받은 윌리엄 제임스의 관심과도 거의 일치하고 있다.

전개하였다. 그가 죽음준비교육의 필요성을 깨닫기 시작한 것은 두 가지 계기 때문이었다. 하나는 융이 그의 어머니의 9살 아래 누이동생의 죽음을 목격하면서 부터이다. 그는 그의 이모가 신변 정리를 깨끗이 하면서 죽음준비를 하는 것을 보고 죽음준비교육의 필요성을 깨닫게 되었다(카를 융, 2008, 215). 다른 하나는 융이 심리분석을 계기로 만나게 된 어느 부인의 고백을 통해서였다(카를 융, 2008, 233-35). 부인은 젊은 시절에 자기 친구를 독살시키면서까지 그의 남편을 빼앗았지만 남편은 얼마 후에 죽고 말았다. 그녀는 남편과의 사이에 딸 하나를 얻었다. 그녀는 평생 동안 친구를 죽였다는 생각으로 인해 죄책감으로 시달렸다. 그녀는 딸이 성장해서 그녀를 떠난 이후 고독을 견디지 못하고 결국 자살로 생을 마감하였다. 융은 부인의 자살을 통해서 죽음준비와 영혼이 밀접한 관계가 있다는 점을 파악하고 그 관계를 심층심리학 관점에서 이해하려는 데 적극적인 관심을 갖게 된다.

한 마디로 융이 위의 네 가지 유형의 죽음인식에 대한 연구를 통해 드러내려고 했던 것은 무의식이 역동적으로 끊임없이 의식화를 이루어가는 과정이다. 그러므로 융의 심층심리학은 처음부터 죽음인식 논의가 그 토대를 구축하고 있다는 점에서 죽음인식에 대한 연구이다. 다음에는 좀 더 구체적으로 융이 이러한 네 가지 죽음인식 논의를 토대로 더욱 발전시켜 나간 내용을 비판적으로 정리해 보기로 한다. 우선 융이 제기하는 죽음인식과 관련해서 죽음과 영에 대한 논의를 검토해보기로 한다.

3. 죽음과 영

융은 죽음을 단순히 몸의 작동이 끝나는 현상으로만 이해하지 않았다. 그는 의사이지만 생물학적 차원에서 죽음을 몸의 정지로만 파악하지 않고 삶의 다른 현상에 대한 이해와 마찬가지로 죽음도 개별적이든 집단적이든 인간 주체의 몸과 정신이 결합되어 최종적으로 드러난 총체적 현상으로 이해하였다. 그러므로 그는 죽음을 이해하는 데 있어서 몸의 기능 정지에 대한 이해보다도 더욱 깊게 고려해보야 할 문제는 이면에 놓여있는 삶의 정신적 스케치를 깊게 이해하는 데 있다. 그는 단순히 생물학적 몸에 국한해서 죽음인식의 논의를 전개한다면 그 이상의 정신적 논의를 한다는 것은 처음부터 거부될 수밖에 없다는 점을 비판적으로 지적하였다.

융의 죽음인식 논의와 대조적으로 현대사회에서 막강하게 영향을 미치고 있는 과학주의는 죽음인식을 유물론적 관점으로만 이해하려는 경향을 만들었다. 현대사회는 인간의 정신세계보다는 인간의 몸과 그 밖인 외부 세계를 정복해가는 데 모두 투자를 하였다. 융이 잘 지적하고 있는 대로 현대의 과학적 연구 경향에서 정신세계에 대한 논의는 무가치하거나 오히려 경멸의 대상으로 인식되었다(Carl Jung, 1977, 263). 그는 비유적으로 파스칼이 보여주었던 것처럼 인간의 지식은 이성적 관점에서 진행하는 경우도 있지만 또한 그것과는 근본적으로 다른 차원인 가슴으로 생겨난 지식도 있다는 점을 강조하면서 현대의 연구 경향을 비판적으로 지적하였다(Carl Jung, 2009, 133). 물론 현재의 상황이 융이 생존할 당시 환경이 많이 변하였다고 할지라도 여전히 연구의 전체적 맥락은 생물학적 차원이 더욱 강력하게 영향력을 행사하고 있다는 점을 부정할 수 없다. 단지 과거와 달리 정신세계를 거칠게 부정하거나 무의미한 것으로 인식하지 않는다고 하더라도 이면을 보면 정신을 하나의 물질로 이해한다는 점에서 그리 나아진 것이 없다.

최근 인간의 정신세계에 대한 이해가 모두 뇌과학으로 환원해가는 것도 바로 이러한 측면을 그대로 증명하고 있는 부분이다. 융은 이러한 불균형의 이해와 관련해서 죽음인식에 대한 연구 안에 정신적 차원의 이야기들이 반드시 첨가되어야 한다고 강조한다. 특히 그는 1926년 10월 29일 아우스버그(Augsburg) 문학 연구회의 연속 강연회의 글에서 현대 인간이해의 불균형을 명쾌하게 기술하고 있다. 그 연구회의 연속강연회 주제는 "자연과 영"이었는데 융은 "영과 삶"이라는 제목으로 강연을 하였다.

융은 정신은 본질적으로 우연적 · 연속적인 이미지들의 결합물이 아니라 의미와 목적을 담고 있는 "역동적 활동영상(a picturing of vital activities)"으로 이해하였다(Carl Jung, 1960, 326). 몸이 살아 있다는 것은 몸의 구성 요소가 살아 있는 것과 동시에 구성요소가 결합되어서 하나의 삶이 역동적으로 일어나기 위해서는 정신을 필요로 한다. 그러므로 융의 논의에서 정신과 몸은 상호 분리되어 있지 않고 서로 밀접히 연결되어 있다. 몸의 구성 요소가 하나의 삶으로 나가기 위해서는 정신을 필요로 하는 것처럼 또한 정신의 다양한 활동이 전개되기 위해서는 그러한 활동이 전개될 수 있는 살아 있는 몸이 존재해야 한다는 것이다. 그러므로 인간을 이해한다는 것은 단순이 생물학적 몸을 이해하거나 이원론의 전제하에 생물학적 몸을 무시하고 정신의 독립적 차원의 이해에만 연구의 끝을 두는 것이 아니다. 융이 강조하고 있는 인간이해는 몸과 정신의 상호 밀접히 연결된 관계성 안에 드러난 역동적 이미지의 활동에 집중되어 있다.

사실 융의 논의는 현대 논의에서 흔히 접할 수 있는 것처럼 몸과 정신의 관계성보다는 오히려 이전 논의에서 많이 발견할 수 있는 몸과 영혼(soul)의 관계성 논의에 더 가깝다. 전자의 논의는 주로 인간의 이성, 즉 의식적 분별의 차원이 두드러지게 드러난 정신을 보여주고 있다면 후자의 논의는 그 차원을 넘어서 마음의 심층을 보여주고 있기 때문이다. 융의 무의식에 대한 논의는 이러한 차원과 밀접히 연결되어 있으므로 심리(psyche)라는 말도 후자의 논의에 가깝다. 그는 몸과 영혼의 결합된 상태를 두 가지로 분류해서 이해하였다. 하나는 몸 안에서 작동하고 있는 영혼의 살아 있는 활동과 반대로 영혼의 활동을 통한 몸의 활동이다. 몸과 영혼은 활동을 위해 서로를 필요로 하는 존재이다. 그는 몸과 영혼은 제3의 존재의 개입을 통해서 결합되고 있다는 점을 강조하였다. 그 존재를 "영(spirit)"으로 규정하였다(Carl Jung, 1960, 327).

물론 융의 논의에 의하면 영의 존재는 외부적으로 증명해보이거나 합리적으로 파악할 수 있는 대상이 아니다. 하지만 파악할 수 없는 미지의 대상이라고 해서 결코 존재하지 않는 것은 아니다. 그것은 의식적 자아의 현상으로 인식하는 것보다는 차원을 훨씬 넘어선 무의식적·초월적 차원을 지향하고 있다는 점에서(Carl Jung, 1960, 335) 역동적으로 작동하고 있는 신비적 존재이다(Carl Jung, 1960, 329). 그것은 인간의 삶에 의미와 목적을 부여해주기도 하고 삶의 가능성을 확대해나갈 수 있는 용기를 제공하기도 한다. 단지 인간 주체가 해야 하는 것은 살아 있는 영의 존재에 관심을 기울이는 삶이다. 융은 그러한 삶을 "영적인 삶으로 규정하였다(Carl Jung, 1960, 322).

인간이 영에 귀를 기울이는 계기는 다양하게 지적할 수 있지만 아마도 이성적 지식이나 과학적 지식으로 더 이상 극복할 수 없는 인간의 유한한 조건인 죽음인식을 갖기 시작할 때일 것이다. 죽음인식은 때로는 삶의 모든 관계를 차갑게 마비시키기도 하지만(Carl Jung, 2009, 433), 또한 두려움, 공포, 그리고 쉼 없는 삶에 비판적 성찰을 갖게 하여 보잘것없는 작은 존재에 대해서도 가치와 기쁨을 발견할 수 있도록 이끌기도 한다(Carl Jung, 2009, 267). 인간의 죽음인식에 대한 이해도 만약 영에 귀 기울였던 측면을 간과한다면 삶의 의미나 목적을 제대로 읽어낼 수 없다. 이를테면 순교와 같이 종교적인 죽음, 삶의 의미와 목적을 생생하게 보여주는 영의 차원에서 읽어내지 못한다면 단순히 하나의 의미 없는 죽음으로 밖에 이해할 수 없다. 삶의 과정에서 경험하는 수많은 죽음의 경우도 사연이 매우 다르다고 하더라도 마찬가지이다. 그러므로 융에게 있어 죽음을 이해하는 것도 바로 죽음의 현상을 둘러싼 다양한 주체의 삶의 사연 속에 깊게 내장된 영의 활동에 이해를 궁극적으로 파악해 들어가야 하는 것이다.

4. 죽음과 나이

프로이트는 사상의 전체 체계 안에서 강조되는 오이디푸스 시기와 죽음인식을 연결하고 있다는 점에서 여전히 어린 시절의 경험을 우선적으로 강조하였다. 오이디푸스 시기 이후 나타나는 죽음인식은 결국 오이디푸스 시기의 죽음인식에 대한 반복에 불과하다는 것이다.

프로이트와 융의 논의는 바로 이 부분에서 큰 차이점을 보여주고 있다. 융은 생애 주기에 있어 유아기, 아동기, 청년기, 장년기, 노년기와 같이 생애 각 시기는 오이디푸스 시기의 반복이 아니라 모두 나름대로 독특한 의미와 가치를 지니고 있는 독립된 시기로 파악하고 있다. 그는 프로이트의 논의가 보여주듯이 어린 시기와 관련해서만 죽음인식에 대한 강조점을 두고 있지 않다. 오히려 융의 논의는 그렌빌 스탠리 홀의 죽음인식 연구와 비슷한 측면을 보이고 있다. 물론 홀의 논의는 죽음인식과 관련하여 생애 주기 전체와 죽음인식에 대한 심리학을 비롯해서 죽음교육을 주창하였다는 점에서 융의 논의보다 그 폭이 훨씬 광범위하다. 그러나 홀의 논의에서 중년기 이후 죽음인식 논의를 더욱 확장하고 있다는 점은 융의 논의에서도 비슷하게 발견할 수 있다. 융은 홀이 노년기의 경우와 마찬가지로 강조하였던 어린 시절과 청소년기의 죽음인식에 대한 논의를 전개하지 않았던 점에서 큰 차이를 보이고 있다.

융은 거의 대부분의 저술에서 죽음인식을 언급하지 않은 부분이 없을 정도로 광범위하게 전개되지만 그 맥락에 있어서는 대부분 중년기 이후 문제와 연결해서 공통적으로 기술하고 있다. 대표 저술을 지적하면 자서전 후반기에 나와 있는 자신의 경험을 비롯한 임상경험을 토대로 그 문제를 강조하였을 뿐만 아니라 프로이트와 공식적으로 헤어진 이후 환상과 꿈의 경험을 토대로 그의 전체 사상의 방향성을 미리 예견해 볼 수 있는 저술인 『레드 북』에서 죽음인식과 관련한 핵심적 논의를 주장하고 있다. 이 책은 잘 알려져 있듯이 1913년부터 1916년까지 융이 자신의 상상적 경험을 기록한 것을 토대로 1914-1915년 그리고 1917년에 걸쳐서 주석과 내용을 기술한 원고이다. 융은 1915년에 그 책의 일부를 완성하였지만 그 이후 15년이 지난 1930년도에 이르러서 그 책을 완성할 수 있었다(Lance S. Owens and Stephan A. Hoeller, 2014, 1).

융의 원고는 그가 죽은 이후 오랫동안 출판되지 않고 있다가 2009년에야 비로소 융의 삶과 사상에 대한 임상가나 분석가의 손이 아닌 역사학적 관점에서 연구한 한 인문학자의 노력으로 책이 출판될 수 있었다. 앞으로 융의 논의는 이 책의 출판으로 새로운 계기를 맞이할 수 있을 것이라고 전망한다. 융은 책에서 죽음인식의 문제에 대한 정직한 대면이 비로소 삶의 안정성을 제공하고 동시에 개인적이든 집단적이든 죽은 자들이 남겨놓은 질문에 대답하는 삶이 개인적으로 엮인 사회적 차원의 삶을 넘어 인간 본연의 가장 창조적인 모습을 드러낼 수 있다는 점을 강조하고 있다. 그는 죽음 인식이 삶의 어떤 계기보다도 개인의 의식적 차원을 넘어 집단 무의식적 차원의 원형적 삶을 살게 할 수 있다는 점을 심층심리학의 관점에서 확고하게 주장하고 있다. 그러면 먼저 융이 자신의 죽음연구의 전체 맥락을 가장 잘 드러내고 있는 다소 환상적이고 신비적인 내용을 인용해보기로 한다.

> 나는 뱀의 요구를 받아들이고 있을지라도 죽은 자들의 요구를 받아들였기 때문에 더 이상 그들로부터 위협을 받지 않는다. 그러나 나는 이것을 통해서 또한 죽은 자들의 어떤 것을 나의 날에 가지고 왔다. 하지만 죽음은 모든 것들 중에서 가장 영구적인 것이기 때문에, 그것은 취소되어질 수 없다는 점을 필요로 하였다. 죽음은 나에게 영구성과 연대성을 준다. 내가 나 자신의 요구들을 만족시키기를 원하고 있는 한, 나는 개인적이어서 세상적인 차원의 삶을 살았다. 그러나 내가 내 안에 죽은 자들의 요구들을 인정하고 그들을 만족시켰을 때, 나는 나의 이전의 개인 적 삶의 분투를 포기했기 때문에 세상은 나를 죽은 자라고 간주하였다. 개인적 과도한 분투 속에서 죽은 자들의 요구를 인정하고 그들을 만족시키기를 추구하는 사람 누구에게나 엄청난 추위가 덮을 것이기 때문이다.
>
> 그가 신비스러운 독약이 자신의 개인적 관계들의 삶의 질을 마비시켰다는 것을 느끼는 동안, 죽은 자들의 목소리는 저 너머에서 침묵으로 남는다. 위협, 두려움, 그리고 쉼 없음은 멈춘다. 이전에 게걸스럽게 그 안에 숨겨있던 모든 것은 더이상 그와 함께 그의 날에 살지 않기 때문이다 그는 그 자신이기 때문에 그의 삶은 아름답고 풍부하다(Carl Jung, 2009, 433-34).

융의 저술 중에서 죽음인식과 나이를 연결해서 두드러지게 강조점을 드러내고 있는 글은 1930년에 발표한 “삶의 단계들”과 1934년의 “영혼과 죽음”이다. 두 편의 글은 1933년 융의 현대 문명 비판, 특히 인간의 심층에 대한 이해를 외면한 현대 문명의 문제점을 적나라하게 숨기지 않고 지적한 글을 모아서 편집한 『영혼 탐구의 현대인』에 실리기도 하였다. 후자의 글은 융의 죽음인식 연구와 관련해서 언제나 대표적으로 인용되거나 참고 되는 글이기도 하다. 현대 죽음학 연구에 있어서 융의 연구라고 하면 거의 대부분 이 글부터 시작하고 있다. 글을 정리하기 전 전자의 글부터 간단히 정리해보기로 한다.

융은 인간의 내적 삶을 기술하기 위해서 밭, 산, 골짜기, 또는 바다와 같은 비유를 흔하게 들고 있지만 죽음과 나이의 상관관계와 관련해서 대표적으로 비유를 들고 있는 것은 태양이었다. 그는 태양의 뜨고 지는 과정으로 인간의 생애 주기를 비유적으로 기술하고 있다(Carl Jung, 1960, 397). 그는 태양이 뜨면서 찬란하게 세상을 모두 비추는 정점의 시기를 오전인생으로 대비하였고 그 이후 강렬하게 비추던 태양의 햇살을 거두면서 저물어가는 과정을 오후인생으로 대비하였다. 그는 오전인생은 내면을 성찰하기 위해 에너지를 쏟는 시기보다는 밖으로 에너지를 쏟아 밖의 세계를 더 많이 이해해서 돈을 축적하고 사회적 성공을 이루고 가족과 자녀를 잘 양육해야 하는 성취감을 향해 계속 더욱 앞으로 나아가는 쟁취의 시기이다. 그러므로 오전인생 시기는 밖에서의 성취가 가장 중요하므로 점점 더 내적인 삶과 멀리 떨어지는 경향을 일반적으로 보여주기도 한다.

현대 문명이 보여주는 삶의 모습은 개인뿐만 아니라 집단으로도 전자의 시기가 모든 생애 주기에 강조되어 있어서 외부적인 세계를 정복하여 달나라도 갈 수 있도록 과학과 기술을 발전시키기도 하여 인류 발전에 많은 기여를 하였다. 그러나 현대 문명이 보여주는 모습은 각 시기가 전체적으로 균형을 이루지 못해 너무 많은 에너지가 여전히 전자의 시기에 일방적으로 쏟아 부어지고 있다. 현대인들은 오전인생을 지나 오후인생으로 나아가는 시기임에도 불구하고 오전인생만을 강조하는 사회문화적 풍토로 인해 오후인생의 가치와 의미를 퇴색시키고 있다. 오후인생의 시기는 태양이 햇살을 거두고 저물 수 있는 떠날 준비를 하는 내적 성찰에 더 많은 에너지를 쏟아야 하는 기간이다. 융은 전자의 시기에서 보여주는 밖을 향한 삶의 모습이 나름대로 인생 과정에서 자연적 삶인 것처럼 후자의 시기도 그와 못지않게 지극히 자연스러운 과정으로 인식할 필요가 있고 나름대로 가치와 의미가 존재한다는 점을 강조하였다.

대부분 현대 문명에 있어서 전자의 경우 자연적 과정으로 이해하고 있지만 후자의 경우 자연적으로 이해하지 않고 마치 인생의 패배자로 이해하거나 활력을 상실한 것으로 평가해서 어떤 가치나 의미를 찾지 못하는 것으로 현대 문명을 이끌어 가고 있다. 모든 프로그램은 성찰적 차원을 강조하기 보다는 외면적 삶의 확장에 더욱더 에너지를 쏟도록 이끌어가고 있다. 중년기나 노년기의 아름다움을 인정하는 데 인색하여 여전히 가장 찬란했던 시기인 젊음의 아름다움과 아름다움을 인위적으로 조작하려는 모든 행태에 목숨을 걸 정도로 취해 있다. 남은 인생을 즐기는 것에 모든 가치와 의미가 경도되어 있다. 융은 미국의 부모가 자녀들에게 하는 모습을 통해 서구 문명의 문제점을 비판적으로 지적하고 있다. 그는 미국의 삶에서 흔하게 발견할 수 있는 오후인생의 모습은 부모는 부모가 되기보다는 자녀에게 따뜻한 남자 친구나 여자 친구가 되는 것이 가장 이상적인 부모의 모습으로 인식하여 젊은이의 삶의 모습을 흉내 내는 데 에너지를 모두 쏟아내고 있다고 혹평을 가하였다(Carl Jung, 1960, 400).

융은 이런 점에 있어서 서구의 현대 문명보다도 외부적으로 많은 발전을 이룩하지 못한 곳에서 더 많이 서구 세계가 오후인생의 삶을 깊이 배워야 한다는 점을 지적하고 있다. 그의 지적은 단순히 서구 문명이 다른 지역의 삶을 따라가는 점을 강조하고 있는 것이 아니다. 그것은 너무 많이 서구의 삶이 후반기 인생을 준비하는 것을 간과하였다는 점에 경종을 울린다. 물론 그러한 지적은 현대 글로벌화의 물결이 휩쓸고 있는 서구 밖의 지역에서도 예외가 아닐 것이다. 그럼에도 불구하고 전체적으로 여전히 인간의 내적 삶의 모습을 잘 보여주는 과정인 꿈이나 그렇지 않으면 과학과 이성의 이름하에 그토록 강렬하게 살아있던 신화와 상징이 죽어있는 것과 달리 외부의 삶에 뒤떨어져 있다고 하더라도 여전히 강력하게 신화와 상징을 살고 있는 비서구권의 원초적 삶의 모습에 귀 기울여야 한다는 것이다.

융은 오전인생 못지않게 오후인생도 적극적으로 준비되고 교육되어야 한다는 점을 강조하였다. 마치 어린 시절의 가정, 학교, 그리고 사회에서 다양한 교육으로 오전인생의 설계를 끊임없이 전개해나가는 것처럼 오후인생도 그러한 과정이 필요하다는 것이다. 그러한 과정에 대한 준비는 오후인생이 감당해야 할 책무이다(Carl Jung, 1960, 399). 그는 그러한 준비를 위해서 오후인생에서 가장 중요하게 내적으로 교육받아야 할 과목은 바로 죽음에 대한 준비교육임을 강조하였다. 죽음은 바로 모든 삶의 마지막 결실이므로 오후인생 학교의 가장 중요한 교과목이다. 그는 오후인생에 접어들면 죽음을 아무리 의식적으로 부정한다고 하더라도 그 이면의 영혼은 언제나 준비를 하길 원하고 죽음이 다가온다는 것을 가장 민감하게 이성의 언어가 아닌 가슴의 언어로 깊이 전달하고 있는 것으로 이해하였다(Carl Jung, 1960,

411). 영혼의 전달은 오후인생의 특정한 사람에게만 일어나는 것이 아니라 누구에게나 자연스럽게 일어난다. 소리에 귀를 기울이지 않는 것은 바로 자연적 뿌리로부터 쇄신할 수 있는 영양분을 공급받지 못하고 결국 신경증을 불러내는 원인이 된다(Carl Jung, 1960, 410). 그러므로 융의 논의에 있어 오후인생은 의식적 차원 이면의 영혼의 소리인 죽음인식을 통해서 끊임없이 의식이 그 뿌리와 연결되어 새로워지는 개성화를 이루어 가는 과정으로 이해하였다. 바로 이런 측면에서 오후인생인 중년기 이후 노년기의 삶에 죽음인식은 선택과목이 아니다. 그것은 온전히 또 다른 삶으로 나가기 위해 반드시 수강해야 할 인생전공 필수과목이다.

5. 죽음과 불멸

융의 사상을 이해할 때 늘 오해를 일으키게 되는 주된 원인은 철학적이거나 교리적 차원에서 그의 논의를 이해하려는 데서 비롯한다. 융이 철학이나 신학 또는 종교와 관련된 자료를 심층심리학의 관점으로 이해하고 있었기 때문에 그러한 오해가 나타나는 것은 당연하다. 오해로 인해 오랜 기간 융의 사상을 추종하였던 도미니코 수도회의 신부였던 빅터 화이트(Victor White, 1902-1960)까지도 융이 『욥에 대한 대답』을 발표한 이후 많은 오해 때문에 공식적으로 절교를 선언하는 일도 있었다. 이 사건이 있은 이후 융의 논의는 특히 신학적 차원에서 그의 무의식적 "자기(self)"는 신 혹은 영지주의 사상의 이해라는 혹독한 비판을 받았다. 물론 비판과 대조적으로 다른 의견도 못지않게 제기되기도 하였다. 최근 융과 화이트 간에 편지를 교환한 내용을 보면 그렇게 오해를 일으킬 본질적 내용은 찾아볼 수 없고 오히려 화이트가 소속된 종교 공동체인 수도회로부터 받을 어려움으로 인해 어쩔 수 없이 융의 논의를 비판할 수밖에 없었다는 글도 발표되었다. 그럼에도 불구하고 융의 종교 연구에 대한 심층심리학적 논의는 여전히 지속적으로 신학적 혹은 종교적 논의와 변증적 긴장을 일으키고 있다는 점은 부정할 수 없다.

특히 융의 죽음인식과 관련해서 가장 많은 비판을 받고 있는 것은 불멸의 논의이다. 융의 불멸에 대한 논의를 이해하기 위해서는 그의 기본적 입장을 이해해야 어느 정도 공감할 수 있다고 판단한다. 융은 이런 비판을 의식하고 있어서 언제나 불멸에 관한 글을 쓸 때 강조하는 것은 전문 철학자나 전문 신학자나 종교 사상가의 자리에 있지 않고 아픔을 절박하게 호소하고 있는 '환자'들의 절규에 귀를 기울이는 심리치료자라는 인식이다(카를 융, 2009, 271-72). 물론 융의 심리치료의 입장은 자신의 치료적 관점을 일방적으로 환자들에게 꾸겨 넣는 독백의 방식보다는 '환자'들의 관점을 균형적으로 깊게 인정하는 방식이다. 그러므로 그의 심리치료는 '환자'들의 관점과 치료적 관점이 상호 결합되어 있는 대화적 의미를 지니고 있다. 먼저 융이 심리치료자의 입장을 감동적으로 보여주는 예를 통해서 죽음과 불멸에 대한 논의를 검토해보기로 한다.

일반적으로 죽음인식은 생물학적으로 개인의 존재의 끝이나 종말을 의미하거나 그렇지 않으면 기억을 통해서 남겨진 자들에게 영향을 미치는 것으로 인식된다. 이런 식의 죽음인식의 논의는 현대 죽음연구에 상당한 영향력을 행사하고 있다. 그런데 문제는 이런 식의 이해가 갖는 한계는 남겨진 자에게 여전히 기억을 통해서 영향을 지속적으로 미치고 있다는 점에서 새로운 차원의 불멸에 대한 논의를 전할 수 있지만 죽음을 맞이했던 당사자의 경험에 대한 이해를 해석해 볼 수 있는 계기를 찾아낼 수 없다. 융의 논의는 기존의 논의가 보여주고 있는 한계를 교정해서 죽음과 불멸에 대한 상관관계에 대한 다른 해석을 전개하고 있다. 그는 죽음의 현장에서 남겨진 자가 경험한 내용들을 상기시키면서 그가 생각하고 있는 불멸에 대한 견해를 강조하고 있다(Carl Jung, 1960, 404).

죽음을 맞이하는 과정은 마치 끊임없이 흘러온 인생과정이 정지되어가는 상태이다. 아마도 이러한 상태를 가장 현실적으로 보여주는 경우는 임종 시에 죽음을 맞이하는 당사자의 마지막 삶의 순간을 바라보면 그 상태를 가장 잘 이해할 수 있다. 그러한 상태는 마치 한참 질주하였던 자동차 엔진이 힘이 약해지면서 점점 꺼져가는 경우와 비슷하다. 어떤 경우보다도 삶의 의미와 가치에 대한 질문은 임종 시 그동안 입었던 옷인 몸을 떠나는 자의 마지막의 숨결을 지켜볼 때 강렬하게 일어난다. 아무리 삶에 대한 질문 없이 산 사람이라고 하더라도 정상적인 삶을 살고 있는 사람이라면 임종 시간에 모두 나름대로 죽음의 의미와 가치에 대한 질문으로부터 회피할 수 없다. 임종 시 죽음의 의미와 가치를 발견하지 못한다면 죽음은 삶의 결실보다는 의미 없고 무가치한 허무주의의 해석밖에 할 수 없을 것이다. 물론 이 부분에 있어서 어느 누구도 살아 있는 사람이 죽음을 직접 경험해보지 못했기 때문에 타자의 임종 과정과 종결을 지켜보는 과정에 근거해서 제한된 경험적 해석을 할 수밖에 없다.

융은 그러한 제한된 경험적 관점에 근거해서 죽음을 쉼(rest)으로 해석하였다(Carl Jung, 1960, 405). 모든 삶은 궁극적으로 태어나는 순간부터 쉼을 향해 가고 있는 과정이다. 물론 그것은 종결을 이룬 것은 아니지만 삶의 완전한 종결인 쉼을 향해 죽어가는 과정이다. 모든 삶은 목적론적 관점에서 쉼을 향해 나가는 과정이라고 규정해도 무리가 아니다. 어떤 삶도 마지막은 죽음으로 그 과정에서 축적해 놓은 결실을 드러내 놓게 된다. 사실 거시적 관점에서 보면 모든 삶은 영원한 쉼을 누리려는 원래의 목표를 달성하는 데 작동한 방해물이다 (Carl Jung, 1960, 406). 삶이 원래의 목표를 다시 회복해서 완성할 수 있는 곳은 어디에서도 찾을 수 없고 단지 죽음에서만 가능하다. 이런 측면에서 보면 살아 있는 유기체들은 모두 완성을 이루기 위해 필사적인 노력을 하고 있는 존재들이다.

물론 죽음이나 삶의 종결이라는 말은 단순히 더 이상 삶의 목표가 존재하지 않는다는 의미가 아니다. 융의 주장은 이곳의 삶이 종결되었다고 하는 말이지 그 이후의 삶을 향해 나아가기 위한 것에 대한 부정이나 거부를 말하고 있는 것이 아니다. 이곳의 삶은 정지되어서 쉼의 상태로 들어가지만 또 다른 상태로 나가기 위한 과정이라는 것이다. 죽음은 이곳의 삶의 모든 결산이면서 동시에 삶과는 차원이 다른 곳으로 이동하기 위한 삶이후의 과정으로 해석할 수 있다. 융은 이 문제를 주장하는 데 있어서도 사변적으로 교리적 주장을 전개하는 것이 아니라 심리치료의 관점을 강조하고 있다. 죽음이 아무리 이곳의 삶의 완성이라고 한다고 하더라도 그 이상의 삶에 대한 희망이 없다면 여전히 심리적 문제를 드러낸다는 것이다. 융은 이 부분에 있어서 정신건강의 차원에서 죽음을 삶 이후의 또 다른 삶으로 나가기 위한 이행 기간으로 받아들이는 것이 더 이상의 삶이 존재하지 않는다는 논의보다 훨씬 정신적으로 더 건강하다는 점을 강조하였다(Carl Jung, 1960, 402).

융은 이러한 주장을 바로 자신의 심층심리학의 관점에서 정신 건강과 연결해서 상세하게 주장하였다. 삶 이후 삶의 이미지를 가장 잘 보여주는 경험적 자료는 그가 분석한 다양한 꿈에서 발견한 "무의식의 원초적 상들(primordial images of the unconscious)"이다(Carl Jung, 1960, 403). 그는 그 상들에 대한 경험적 분석으로 죽음이후 삶의 의미를 복합적으로 분석하였다. 그는 죽음은 몸과 의식의 정지라고 규정할 수 있지만 이 세상을 넘어선 또 다른 세계인 초월 즉 무의식의 세계로 이행하고 있다는 점을 강조하였다.

사실 융의 심층심리학이 지향하고 있는 최종 목표는 바로 무의식의 세계를 밝혀내는 것이었다. 그는 누구보다도 이 세계를 얘기하려면 기존의 철학적이고 교리적 언어로는 드러낼 수 없어서 상징과 신화를 사용해서 여러 수단으로 이해하려고 하였다. 불멸과 관련해서 그가 가장 잘 사용하고 있었던 것은 그림이었다. 그래서 그는 의미를 보여주고 있는 다양한 상들을 환자의 경우뿐만 아니라 자신의 경우도 경험적으로 발견하여 직접 그려내기도 하였다. 불멸과 관련해서 잘 보여주는 것은 앞에서도 인용한 『레드 북』에 많이 수록되어 있다. 그 책에서 주장하는 불멸은 무의식 안에서 들려오는 이 세상의 관점에서 보면 의식과 몸의 정지이므로 존재하지 않지만 저 세상의 관점에서 보면 오히려 지금도 인간의 심층의 세계 안에서 생생하게 살아 있는 영원한 세계이다. 그 책은 거의 대부분 그러한 상과 그 상에 대한 주석을 달고 있다. 그러므로 무의식의 세계인 영혼의 삶을 사는 것은 몸과 의식은 끊임없이 변하기 때문에 죽어가는 것과 반대로 영원한 불멸의 세계를 이곳에서 살아가는 과정이다(Carl Jung, 2009, 23).

그러므로 지금 이곳에서 불멸을 사는 것은 이곳 너머의 보이지 않는 세계를 갈망해서 죽음이후나 경험할 수 있는 추상적 세계이기 보다는 이곳에서도 얼마든지 경험할 수 있는 구체적인 삶이다. 다시 말해 불멸의 삶은 몸과 기존 의식이 변하지 않고 영원히 존재하는 세계가 아니라 의식이 무의식의 에너지를 받아 육체적으로는 쇠약해져 가지만 정신 건강을 회복해가는 자연스러운 과정이다. 이런 측면에서 융에게 중년기와 노년기의 불멸의 삶을 위한 죽음준비교육은 정신 건강의 가장 중요한 요소라는 점을 다시 확인할 수 있다. 마치 이곳에서 불멸의 삶은 몸과 의식의 한계로 제한되어 있지만 몸의 죽음이후에는 삶은 영원히 지속된다는 것이다.

그러므로 삶에서 죽음은 몸과 의식은 정지되어가지만 또 다른 삶인 불멸의 세계로 진입해 들어가는 과정이므로 무가치하거나 무의미한 것이 아니다. 그것은 인간에게 근본적으로 자신의 존재이유를 알게 해주어서 개인이든 집단이든 기존의 삶을 더욱 성장시켜 나가는데 가장 필요한 교과목이다. 물론 모든 죽음은 고통스럽고 슬픔을 동반한다는 점을 부정할 수 없지만 이곳에서의 존재이유를 마지막으로 완성시키기 위해 감당해야 할 교육과정이다. 중년기 이후 노년기에 "아 옛날이여" 하면서 가장 찬란했던 오전인생만을 회상하면서 오후 인생을 무가치하거나 무의미하게 만드는 것은 인간의 자연적 삶에 대한 거부여서 정신적으로 여러 가지 어려움을 만들 수 있다는 것이다. 그래서 융은 죽음을 받아들이는 삶이 성장하여 불멸로 나갈 수 있는 가장 중요한 첫걸음이라는 부분을 누누이 강조한다. 직접 그가 강조하는 부분을 인용하기로 한다.

> 신이 죽음을 받아들인다면 가장 적은 것들에서도 기쁨이 온다. 그러나 당신이 여전히 살기 위해서 욕심으로 모든 것을 찾아나간다면, 그러면 어떤 것도 당신의 쾌락을 충분히 채워주지 못해서 당신 주위를 계속 둘러싸고 있는 가장 적은 것들은 더 이상 기쁨으로 다가 오지 못한다. 그러므로 죽음은 나에게 어떻게 살아가야 하는지를 가르쳐주기 때문에 나는 죽음을 바라본다.

만약 당신이 죽음을 받아들인다면, 그것은 모두 혹독한 밤과 불안한 걱정과 같을 것이지만 그 혹독한 밤에 달콤한 포도들이 가득 달린 포도나무가 존재한다. 당신은 당신의 재물에서 곧 쾌락을 얻을 것이다. 죽음은 익어간다. 사람들은 열매를 수확할 수 있도록 죽음을 필요로 한다. 죽음 없는 삶은 무의미하다. 왜냐하면 장기간에 걸친 삶은 다시 일어나서 그것 자체의 의미를 부정해버린다. 존재하고 그리고 당신의 존재를 즐기기 위해서 당신은 죽음을 필요로한다. 그리고 유한한 한계는 당신에게 당신의 존재 이유를 완성할 수 있도록 한다(Carl Jung, 2009, 267).

6. 죽음과 종교

융은 죽음에 대한 교과목을 역사적으로 가장 잘 이론적으로 기술하고 있고 실천적으로도 그러한 이론을 구체적으로 축적한 체계는 종교라고 이해하였다(C. G. Jung, 1960, 399). 죽음의 교과목을 다양하게 접근하기 위해서 종교에 대한 이해를 갖는 것이 무엇보다도 중요하다는 것이다. 과거에는 죽음의 교과목이 종교와 연결해서 태어나면서 자연스럽게 전개되어 하나의 죽음을 배울 수 있는 죽음학교가 성립되었던 반면 현대에 들어서면서 학교는 붕괴되어 오히려 학교는 삶의 중심부에서 주변부로 점점 밀려나게 되었다.

이러한 상황은 서구의 계몽주의 운동이 하나의 확고한 문화운동으로 자리매김하면서 합리적이고 이성적 차원을 넘어선 종교 세계는 비판의 대상이라는 인식을 탄생시켰다. 그 이후 과학과 기술이 현대인의 삶을 더욱 조정하면서 종교보다는 과학과 세속주의의 세계관이 삶을 지배하기 시작하였다. 융은 현대 정신의학자 중 어느 누구보다 종교에 대한 논의가 심층적으로 이루어져야 한다고 강조하였다. 과학적이고 합리적인 의학적 관점에서 보면 융의 주장은 분명 전문 의사의 논의지만 동료의사에게는 기존의 정신의학과는 배치되는 얘기를 조장하는 신비주의자 같은 논의로 인식되기도 하였다. 그렇기 때문에 그의 논의는 당시뿐만 아니라 지금도 과학적이고 계몽주의적 관점의 논리에만 길들여진 연구자에게는 여전히 과학적 학문과는 거리가 있는 것으로 오해를 받기도 한다.

융의 논의는 특정 심층심리학 그룹이나 융 연구자의 경우를 제외하고는 다른 어떤 학문분야보다도 종교심리학, 종교현상학, 종교인류학, 신비주의, 신종교연구를 비롯한 종교학의 맥락과 밀접히 연결할 수 있는 학문적 친밀성을 찾을 수 있다. 그러므로 잘 알려져 있듯이 미르체아 엘리아데가 융의 논의에 귀를 기울이고 그가 주관하는 학술회의에도 참여한 것은 우연이 아니다(김재영, 1999, 27-32). 더 나아가 융이 인간의 전인적 이해를 위해서 종교적 차원의 인식 회복이 핵심적이라고 주장한 것처럼, 엘리아데도 현대의 단절된 인간이해가 보다 온전히 회복되기 위해서는 종교적 차원을 경시한 기존의 휴머니즘을 창조적 해석학의 관점에서 교정하여 신 휴머니즘(new humanism) 운동으로 발전시켜야 한다는 점을 비판적으로 주장하고 있다. 사실 놀라울 정도로 엘리아데의 죽음인식도 그의 신 휴머니즘 운동에 있어서 핵심을 이룬다는 점에서 융의 죽음인식에 대한 주장과도 그렇게 멀리 있지 않다. 앞으로 죽음인식과 관련해서 그의 연구와 융의 연구를 비교해보면 더 많은 접점을 확인할 수 있을 것이다.

융은 근본적으로 종교의 주변화로 인해 결국 죽음의 교과목이 붕괴되고 죽음교육이 전개할 수 있는 교육적 토대가 무너졌다고 주장하였다. 그는 다시 죽음의 교과목이 활성화될 수 있는 태도와 인식이 바뀌지 않는 한 죽음의 교과목은 회복되지 못하고 여전히 삶에서 금기시해야 할 주제가 되거나 아니면 생물학적이나 의료적 관점에서만

교육이 이루어지는 한계를 지닐 수밖에 없는 것으로 이해하였다. 특히 죽음인식은 현대인의 삶에서는 삶의 자연적 본능으로 인식되기보다 많은 경우 비정상적이고 자연적이지 못한 것으로 인식되었다.[2] 융은 이러한 인식은 중년기 이후에 살아가야 할 자연적인 삶의 과정을 거부하는 것이어서 오히려 마치 중년기 이전의 삶이 죽음보다는 주로 살아가야 할 문제로 인해 여러 가지 어려움을 겪어 공포를 갖게 되는 것으로 이해하였다(Carl Jung, 1960, 406). 그는 중년기 이전에는 오전 인생이므로 주로 앎의 대상이 세상에 집중되어 있어서 가정교육으로부터 시작해서 고등교육에 이르기까지 주로 밖의 세계를 알아나감으로써 많은 어려움을 극복하게 되고 막연하게 세상을 두려워했던 공포를 극복해 나가는 과정으로 이해하였다. 그러므로 그러한 과정에서 받게 되는 세상을 알아나가기 위한 교육과정은 일종의 준비교육이다.

융은 죽음준비교육에 핵심 내용으로 종교가 포함되어야 하는 이유를 삶의 어떤 체계보다도 죽음의 현실에 대답할 수 있는 위로 체계를 호소력 있게 보유하고 있는 데서 찾고 있다(Carl Jung, 1960, 408). 인간은 태어나는 순간부터 이미 죽을 수밖에 없는 운명을 지니고 있다. 참으로 어처구니없게 힘들게 이 세상에 오기 위해서 온갖 어려움을 겪었고, 그 이후에는 잘 살아보겠다고 많은 고통을 겪고 어느 정도 세상에서 안정을 누리는 삶으로 들어가려고 하는데 죽음을 맞이해야 하는 것은 가장 이해할 수 없는 역설이다. 마치 인간이 태어나는 것은 결국 죽음을 맞이하기 위해 나가는 과정이라는 일차적 의미 이외

2) 일반적으로 근대 이전에는 자연스러운 본능으로 성을 인식하기보다는 주로 제어해야 할 대상으로 인식하였다. 그러나 근대가 태동하고 특히 프로이트의 정신분석적 인간이해가 강력하게 대두되면서 그 상황은 많은 경우 역전을 이루어서 성과 관련한 다양한 담론이 생성되기도 하였다.

에는 어떤 대답도 설득력을 보여주지 못하는 듯하다. 인간의 역사에서는 바로 인간의 운명에 의미를 찾기 위해서 수많은 철학적 사유들이 제기되기도 하였다. 또한 근대 이후 과학과 기술이 더욱 발전하면서 죽음에 대한 운명적 의미를 넘어서 그 자체를 폐기처분하려는 노력도 제시되기도 하였다. 특히 최근 생물학과 생명공학의 발전은 당당하게 약속을 이루기 위해 더욱더 맹렬히 도전하고 있다.

융은 아무리 과학이 절대적으로 인간의 운명을 변화시킬 수 있는 약속을 뻔뻔스럽게 한다고 하더라도 그것은 결코 인간의 운명인 죽음을 변화시키는 데 실패할 수밖에 없다는 점을 강조하였다(Carl Jung, 2009, 281). 그는 의사였기 때문에 과학과 기술의 가치에 대해서 누구보다도 중요하다는 것을 인정하였지만 결코 과학만으로는 충분치 않다는 점을 여러 곳에서 지적하였다. 그는 과학은 인간의 심층을 헤아리기에는 너무 멀리 떨어진 "단지 피상적인 언어 내지 연장(Carl Jung, 2009, 473)"일 뿐이라는 점을 지적하였다. 또한 그는 철학도 인간의 심층과 떨어진 이성적인 사변적 철학 체계(Carl Jung, 1960, 408-9)로 전락하면 결코 죽음의 의미나 가치를 죽음준비교육에 제시할 수 없다고 지적하였다. 죽음 문제가 단지 인간 정신의 의식적 차원을 넘어선 마음의 심층인 영혼 세계와 연결되지 못한다면 죽음은 궁극적으로 몸의 죽음으로만 끝나게 되어 삶의 역설로만 남게 된다는 것이다. 그래서 융은 현대 학자들의 모습을 비유로 들면서 지속적으로 머리가 아닌 가슴으로 영혼의 소리에 귀 기울일 것을 주장하고 있다(Carl Jung, 2009, 230).

죽음을 맞이하는 당사자나 남겨진 사람 모두 나름대로 죽음에 대한 의미를 찾고 가치를 공유하면서 위로를 받을 수 있는 것은 어느 곳에서도 종교의 대답만큼 그 설득력을 보여주지 못한다. 바로 그러한 힘 때문에 종교는 인간의 죽음이 존재하는 곳에서는 여전히 기능을 하고 있고 아무리 종교를 떠나 있다고 하더라도 마지막 삶을 마무리 할 때도 여전히 많은 사람들의 경우 종교로 매듭을 마무리하고 있다는 점을 부정할 수 없다. 더 나아가 모든 종교는 죽음은 끝이 아니라 또 다른 삶인 불멸로 나가기 위한 이행 과정이라는 점을 증언하고 있다. 떠나는 자나 남겨진 자에게 모두 다시 만날 수 있는 희망을 갖게 해주고 그 희망을 토대로 지금의 고통을 감내하며 마지막 "작별인사"를 할 수 있는 힘을 갖도록 이끌어준다.

융이 예일대학교 테리 강연(Terry Lectures)에서 잘 지적하고 있듯이 "종교는 긍정적이든 부정적이든 가장 고차원적이거나 강력한 가치체계와의 관계이다."(Carl Jung, 1969, 81) 그것은 인간 의식적 주체를 완전히 사로잡히게 할 수 있는 힘으로 그 역할을 하고 있다. 융은 그러한 힘은 무엇이 되었든지 간에 신적인 것으로 명명하였다. 인간은 누구나 제도적인 종교전통에 참여하든 그렇지 않든 모두 나름대로 궁극적 가치인 신성한 힘(numinosum)과의 연결을 통해서 삶을 살아간다(Carl Jung, 1969, 7). 신적 존재는 단지 하늘을 관찰하여도 물리적으로 발견할 수 없어서 존재하지 않는 것으로 기술하는 유물론적 이해나 그렇지 않으면 그러한 신적 존재는 단지 인간의 심리적 환상의 투사라는 심리주의 논의와는 거리가 멀다. 그 존재는 아주 강력하게 죽음의 현실에서도 인간에게 어디에서도 찾을 수 없는 위로와 희망을 약속하면서 삶에 역동적으로 영향을 미친다.

그러므로 융의 죽음준비교육에 있어서 종교적 삶은 비켜갈 수 있는 것이 아니라 반드시 받아들여야 하는 것이다. 물론 융은 사변적 철학처럼 교리적 차원의 도그마나 신학적 내용들이 더 이상 영혼의 세계로 인도하기보다 머리에 머물러 있는 교리 내지 신학을 주장하는 것이 아니다. 그는 처절할 정도로 아버지의 모습을 통해서 이러한 물음을 물었고 또한 그것을 토대로 종교교리에 대한 이해를 영혼의 언어로 다시 기술하였기 때문에 기존 종교적 논의가 새롭게 발전시킬 수 있는 계기를 만들어주기도 하였다. 그러나 동시에 그의 논의는 기존의 종교적 논의와 많은 충돌을 불러내어서 비판을 받기도 하였다. 아마도 융의 논의만큼 현대에 종교와 관련해서 다양한 의견을 드러내며 긍정적이든 부정적이든 영향을 미친 것도 없을 것이다. 그러나 융의 종교적 차원에 대한 다양한 의견이 나타나기는 하였지만 공통적으로 인정할 수 있는 것은 종교 세계는 결코 철학이나 과학으로 대체할 수 있는 것이 아니라는 점이다(Carl Jung, 2009, 330). 그것은 다시 새롭게 혁신되거나 그렇지 않으면 다른 체계를 보여주는 신종교로 태어나는 것 이외에는 다른 대안이 없다는 점이다.

7. 맺음말

지금까지 융의 죽음에 대한 논의를 인식을 갖게 된 계기를 비롯해서 죽음과 영, 죽음과 나이, 죽음과 불멸, 그리고 죽음과 종교로 나누어서 정리하였다. 그 과정에서 알 수 있었던 것은 융에게 있어서 죽음인식은 그의 심층심리학 전 체계 안에서 지엽적인 문제가 아니라 그 체계의 중심 역할을 하고 있다는 점이다. 특히 1909년 미국 클라크대학교 20주년 기념행사로 프로이트와 참석한 이후 프로이트와 결별하고 1913년부터 1916년에 걸쳐서 자신의 내적 경험을 기록한 기록물을 시작으로 보다 심층적 차원의 인간이해를 전개해 나가는 데 있어서 결정적 연구가 바로 죽음인식이었다는 점을 여러 가지로 확인할 수 있었다.

융의 죽음인식은 제임스와 홀이 종교심리학의 관점에서 죽음연구를 시작한 이래 죽음 문제를 인간의 나이와 연결한 부분이나 '심리적' 차원을 넘어선 영이나 불멸과 종교에 대한 논의와 밀접히 연결을 이루고 있다는 점에서 비슷한 맥락을 보여주고 있다. 물론 프로이트도 그의 삶의 후반기에서 죽음인식을 갖고 있었지만 그 논의는 주로 '죽임'의 문제로 축소되어 있어서 몸의 죽음이후 삶에 대한 종교적 해석을 적극적으로 고려하지 않았다. 바로 이 부분에 있어서도 융의 죽음연구는 기존에 간과한 종교적 차원에 대한 논의를 다시 회복시키는데 중요한 역할을 하였다. 더욱 적극적으로 말하면 융에게 있어서 죽음인식 연구는 거의 대부분 그 중심에 종교적 차원이 핵심적 논의를 구성하고 있다는 점에서 종교심리학이라고 규정할 수 있다.

하지만 융의 죽음연구는 발달 관점에서 인생 주기를 전반과 후반으로 나누어서 죽음준비교육을 주로 후반기에 이루어져야 하는 것으로 분류하고 있어서 이전 연구자들과 차이점을 보이기도 한다. 앞에서 다루었던 제임스, 홀, 그리고 프로이트의 논의는 모든 연령대에 해당되는 것으로 다루고 있지만 융의 경우는 중년기 이후 노년기에 주로 초점을 두고 연구를 진행하였다. 홀의 경우에도 융과 같이 발달 관점에서 죽음 문제를 다루고 있지만 융과 달리 죽음인식을 중년기 이후 문제로만 인식하지 않고 전 생애에 걸쳐서 다루어야 할 문제로 인식하였다. 또한 프로이트의 경우도 중년기나 노년기에 중점을 두기보다는 오히려 어린 시기의 경험에 초점을 두고 다루고 있다는 점에서 차이를 보이고 있다. 성인기에 드러난 죽음 문제도 결국 어린 시절의 경험과 무관치 않다는 것이다.

융에게 삶의 준비교육은 오전인생에 있어서 지극히 당연한 자연스러운 교과과정이다. 그러한 교육은 어떤 증거도 필요 없이 자연스럽게 받아들이고 있다. 마찬가지로 오후인생에 있어서 죽음준비교육도 매우 자연스러운 교육과정이다. 오후인생에 교육은 밖으로 에너지를 소모하였던 세상에 대한 앎의 교육으로부터 인간의 내면적 삶을 더욱 성찰하기 위해 안으로 에너지를 다시 모아들이는 죽음준비교육으로 조정되어야 한다. 오후인생이 이전과 달리 죽음 문제를 더욱 강하게 느끼는 계기는 인위적으로 생겨난 것이 아니라 함께 고락을 같이 했던 주위 사람들과의 사별의 경험으로 이전에는 멀리 느껴졌던 죽음이 가깝게 다가온다는 인식 때문에 생겨난다. 그러므로 오후인생 학교에서 수업을 받아야 하는 중요한 교과목은 밖에 대한 앎에서부터 안의 세계를 정직하게 들여다 볼 수 있는 죽음인식이다.

융은 유년기나 청소년기의 죽음인식 논의는 거의 제기하고 있지 않는 것과 달리 중년기 이후 노년기의 죽음인식에 적극적으로 주장하였다. 마치 오전인생에 있어서 정부가 무료로 제공해주는 교과교육이 대학교 이전까지 이루어져야 하는 것처럼, 오후인생에 있어서 특히 노년기에 접어들게 되면 죽음준비교육은 세속적 교육에서 습관적으로 제거해버렸던 종교적 차원까지도 적극적으로 받아들여 무료교육으로 이루어질 필요가 있다. 최근에는 형편이 나아졌다고 하지만 삶의 중심에 있어서 될 수 있으면 죽음인식 담론은 외면해야 할 주제로 전락되어 있다. 극단적인 경우 죽음 문제는 어떤 이윤도 창출할 수 없어서 어떤 경제적 효과도 기대할 수 없는 것으로 인식되어 노년기의 삶을 준비하기 위한 죽음교육에 대한 관심은 다른 교육의 지원과 비교가 될 수 없을 정도로 거의 빈사 상태에 있다.

앞으로 죽음준비교육이 해결해야 할 과제는 융의 관점에서 보면 종교적 차원을 어떻게 내용적으로 보강할 것이냐는 문제와 더불어 죽음준비교육이 개인적 차원뿐만 아니라 집단적 차원에서도 사회문화적이고 경제적 가치까지도 건강하게 창출할 수 있는 근본 교육이라는 인식을 확산시키는 데 놓여 있다. 융이 생존할 당시와 비교해 볼 때 종교적 차원의 논의가 필요하다는 인식은 과거처럼 알레르기 반응을 드러내고 있지 않지만 여전히 공공의 삶이나 교육기관에서 종교적 차원보다는 지극히 세속적 차원이 지배하고 있는 현대 문화에서 융의 죽음인식의 핵심 주장인 종교적 차원이 어떻게 발전적으로 고려되어야 하는지에 대한 문제가 결정적 관건이 될 것이다.

제 5 장

오토 랑크의 죽음인식과 그 이후의 논의들

제5장 오토 랑크의 죽음인식과 그 이후의 논의들

1. 서론

제임스와 홀의 죽음인식에 대한 종교심리학적 논의는 북미를 시작으로 유럽과 다른 지역에서 영향력을 발휘하였지만 이후 정신분석 운동, 행동주의 심리학, 그리고 종교적으로 신정통주의 신학(neo-orthodox theology)운동으로 얼마동안 영향력은 적극적으로 펴져나가지 못하였다. 그들의 논의는 심리학적 차원에서는 실험 심리학적이고 실증주의적 관점이 거세게 제기되다 보니 그다지 흥미로운 연구주제로 인식되지 못하고 주변적인 주제로 밀쳐졌고, 종교적이고 신학적 차원에서는 종교적 경험에 대한 논의는 모두 믿음과 고백 문제로 제기되어야지 학문의 연구 대상으로 접근된다는 것은 문제가 있다는 인식이 유럽에서 비판적으로 일어나기 시작한 신정통주의 신학 운동과 맞물리며 강하게 제기되었다.

그러한 상황은 오토 랑크(Otto Rank, 1884-1939)가 프로이트의 정신분석과 결별한 이후 유럽을 거쳐 미국에 정착하기 시작하면서 역전되었다. 랑크는 기존 정신분석과 실험심리학이 갖고 있는 한계를 정확히 알고 있었고 또한 결정적으로 빠트리고 있는 종교적이고 영성적 차원에 대한 회복이 심리학적 논의에 반드시 포함되어야 한다는 점을 잘 알고 있었다. 그는 북미의 종교심리학 운동에서 종교와 심리학 사이를 상호 연결하려는 학문적 논의와 비슷하게 자신의 연구를 통합적으로 발전시키려고 하였다. 그의 논의는 북미 연구자에 상당한 영향을 미치게 되었고 또한 종교심리학 운동의 창안자인 제임스의 저술을 면밀히 읽도록 이끌어가는 데 결정적 역할을 하였다. 그의 논의로 초기 종교심리학 운동의 통찰과 제임스 사상의 중요성이 알려져 종교심리학적 죽음인식에 대한 논의가 학문의 장 안에서 새롭게 제기될 수 있었다.

랑크는 프로이트를 중심으로 일어난 초기 정신분석 운동에서 핵심적 역할을 하였음에도 불구하고 그의 논의는 일반적으로 많이 알려져 있지 않다. 그는 처음 프로이트의 정신분석적 논의를 따랐지만 나중에 헤어졌다는 정도로만 알려져 있다. 외국의 연구경향을 민첩하게 소개하는 한국 학계에서도 이런 상황은 예외가 아니다. 그의 논의는 이상할 정도로 정신분석적 논의를 비롯해서 심리학 일반에서도 거의 알려져 있지 않다. 프로이트, 아들러, 융 그리고 최근에 집중 소개되기 시작한 쟈크 라깡(Jacques Lacan, 1901-1981)을 비롯한 심층심리학이나 정신분석 연구와 비교해 볼 때 그의 저술은 거의 번역되어 있지 않을 뿐만 아니라 사상에 대한 기초 논문조차도 찾아볼 수 없는 상태여서 랑크의 사상에 대한 이해는 전무하다고 해도 과언이 아니다.

랑크의 죽음인식 연구는 연구사 차원만이 아니라 죽음인식에 대한 이론적 연구에서도 다른 연구와 달리 간단히 비켜나가거나 생략할 수 있는 문제가 아니다. 사실 초기 종교심리학적 죽음인식 연구가 있은 후 프로이트와 융의 논의를 거쳐 이루어진 죽음인식 연구는 상당 부분 랑크로부터 영향을 받고 있기 때문에 그의 논의는 반드시 소개할 필요가 있다. 그래서 이번 장에서는 우선 랑크의 죽음인식에 대한 종교심리학적 논의를 정리한 다음, 그의 영향을 절대적으로 받은 연구자들 중 다음 장에서 검토할 노먼 브라운(Norman Oliver Brown, 1913-2002)과 어니스트 베커(Ernest Becker, 1924-1974)의 연구를 제외하고 북미 실존주의 심리학(existential psychology)의 창시자인 롤로 메이(Rollo May, 1909-1994)와 죽음인식 연구를 사회문화적 차원으로까지 확장시킨 로버트 리프튼(Robert J. Lifton, 1926-)의 사회심리학적 연구를 중심으로 검토하려고 한다. 우선 랑크의 죽음인식 논의가 그의 전반적 사상에 중심 위치를 담당하게 된 배경을 프로이트와의 만남과 그 이후 헤어지게 된 계기를 검토해보기로 하겠다.

2. 랑크와 프로이트의 관계

랑크는 정신분석 운동에 있어서 핵심 인물이었다. 그는 초기 정신분석 운동에 참여한 연구자들과 달리 고등교육을 공식적으로 받은 적은 없지만 정신분석적 인간이해를 할 수 있는 탁월한 인문학적 능력을 지니고 있었다. 프로이트는 랑크를 만나자 마자 그의 비범한 천재성을 알아보고 비엔나대학교에서 공부를 할 것을 권유하였다. 프로이트의 권유를 받고 랑크는 비엔나대학교 인문학부에서 철학과 고전학 전공으로 1911년 비엔나대학교의 한스 무크(Hans Much) 교수의 지도하에 중세 독일 신화에 대한 정신분석적 논의로 박사학위를 받았다(Otto Rank, 1981, 8-9). 그의 논문은 정신분석 관점에서 영웅 신화인 로엔그린(Lohengrin)의 심리적 갈등에 대한 신화 분석이었다.[1] 랑크의

1) 바그너는 로엔그린 신화와 관련해서 전체 3막으로 된 오페라를 작곡하였다. 이 오페라는 리스트의 지휘로 1850년에 바이마르에서 초연되었다. 내용은 독일 중세시

신화 분석은 박사학위 논문을 시작으로 민속 문학 자료에 함축적으로 드러난 죽음과 삶의 갈등 관계를 정신분석적 관점으로 분석하는 데 초점이 모아져 있었다. 이상할 정도로 그의 박사학위 논문과 초기 논문들은 비엔나 정신분석 학회의 공식 학술지 어떤 글에서도 언급되어 있지 않다. 사실 이 점은 그의 논의가 처음부터 정신분석학회에서 거의 받아들여지지 않았다는 점을 짐작하게 하는 부분이기도 하다.

랑크의 논의가 초기 정신분석 운동에서 배척을 받았던 이유는 정신분석 운동 중심 참여자들과 연구 배경 자체가 달랐기 때문이었다. 그는 초기 정신분석 운동에서 의학도가 아닌 인문학 훈련을 받은 사람으로 프로이트의 핵심 그룹에 유일하게 참여하였다. 그의 논의는 공식적으로 입문시켜 준 프로이트를 제외하고는 의학 훈련을 받은 연구자들로부터 정신의학적 차원에 대한 이해가 부족하다는 이유로 노골적으로 배척을 받기도 하였다. 그러나 랑크는 배타적인 비판에 개의치 않고 프로이트가 강조하였듯이 정신분석 운동은 정신의학적 차원에 국한되지 않고 인간의 모든 영역까지 두루 퍼져나가야 한다는 점을 강조하면서 정신분석 논의를 인간의 모든 영역에 적극적으로 확장하려고 하였다(E. James Lieberaman, 1985, 119).

랑크는 정신분석 운동과 관련한 여러 모임에서 실무를 담당하였기 때문에 운동 초기에 일어났던 일들을 누구보다도 상세하게 잘 알고 있었다. 그는 정신분석 운동의 배경이 되어 온 "수요일 정신분석 모

기인 10세기에 브라반트의 왕녀 엘자, 그녀가 남동생을 죽였다고 고소한 텔라문트 백작, 그리고 성배의 기사인 로엔그린 사이에 벌어진 엘자의 비극적 죽음에 대한 얘기이다. 로엔그린은 엘자를 고통에 빠트린 텔라문트 백작을 무찌르고 엘자와 결혼을 하려고 하였지만 결혼식 날 그녀는 로엔그린과 약속한 신원에 관한 질문을 하지 말라는 조건을 어겼기 때문에 로엔그린은 더 이상 엘자와 함께 있을 수 없었고 백조를 타고 성배가 있는 나라로 다시 돌아가야만 했고 그러한 일에 너무 실망한 엘자는 죽음을 맞이했다는 내용이다.

임(Wednesday Psychological Society)"에 프로이트의 추천으로 공식적으로 참여할 수 있었고 1906년에는 정회원이 되어 비로소 자신의 연구 사례를 발표하기 시작하였다. 그는 두 가지 정신분석 관련 모임에서 공식적으로 기록을 담당하는 서기 역할을 하였다. 하나는 1906년부터 1915년까지 "수요일 정신분석 모임"이고(E. James Lieberaman, 1985, 69) 다른 하나는 많은 기간이 겹치는 1906년부터 1924년에 이르는 "비엔나 정신분석 협회"이다. 더 나아가 그는 국제 정신분석 학회(the International Psychoanalytic Association)가 태동한 이후 정기 학술모임에 아홉 번이나 연속으로 참석하였고 학회지 발간에 두 번이나 공동 편집자로 역할을 담당하였다(E. James Lieberaman, 1985, xxv-xxvi).

랑크는 이처럼 정신분석 관련 모임에서 서기와 편집자로 핵심 역할을 담당하였지만 모임이 지향하는 인간이해와 관련해서 동의할 수 없는 부분으로 인해 어려움을 갖고 있었다. 이미 그의 박사학위 논문이 암시하고 있듯이 그는 죽음인식 문제가 인간이해의 핵심 문제가 되어야 한다고 확신하고 있어서 성을 핵심 도그마로 받아들이고 있었던 정통 정신분석의 인간이해와 충돌하지 않을 수 없었다. 그는 상당 기간 동안 그러한 경험으로 어려움을 겪었지만 그래도 어느 정도 시간이 지나면 프로이트의 정신분석 모임에서 자신의 논의가 받아들여지리라는 희망을 갖고 있었다. 그러나 기대와 달리 그의 논의는 프로이트와 정신분석 모임에서 받아들여지지 않았다. 마침내 그는 1905년 프로이트를 만난 이후 거의 21년 동안 정신분석 운동 발전에 헌신하였지만 1926년 4월 26일 월요일 프로이트의 논의를 더 이상 따라갈 수 없음을 선언하면서 프로이트의 정신분석 모임과 결별하였다(E. James Lieberaman, 1985, 259). 당시 프로이트의 나이는 거의 70세였고 그의 나이는 42세였다.

랑크가 프로이트와 헤어진 맥락은 그보다 먼저 정신분석 모임에서 탈퇴한 아들러와 융의 결별 과정과 비슷하다. 아들러와 융도 초기에 프로이트의 사상을 충실하게 따랐지만 프로이트의 성에 대한 교조적 논의에 동의할 수 없어서 결별하였다. 물론 랑크, 아들러, 그리고 융은 프로이트의 성에 대한 절대적 논의를 반대한다는 점에서 공통적이라고 할 수 있지만 대신 각각 다른 차원을 핵심적으로 주장하고 있다는 점에서 차이점을 보이는 것도 사실이다. 아들러는 프로이트와 달리 성으로 규정하지 않고 그보다 더 근원적인 권력이나 힘을 이해하여 인간을 권력지향적인 존재로 규정하였다. 융은 성이나 권력보다 더 근원적인 것으로 종교성으로 이해하여 종교학의 주장처럼 인간을 종교적 존재로 규정하였다. 반면 랑크는 성, 권력, 종교성보다는 이면 깊이 뿌리내린 죽음인식에 관심을 갖고 그것을 대면하고 극복하려는 인간의 의지(will)를 본질적 모습으로 규정하려고 하였다. 그래서 그들은 프로이트의 정신분석학과 차별하기 위해 정신분석학이라는 말 대신에 새로운 학명을 창안하기도 하였다. 아들러는 개인심리학(individual psychology), 융은 분석심리학(analytical psychology), 그리고 랑크는 의지의 심리학(psychology of will)으로 명명하였다.

랑크가 프로이트의 정신분석과 동의할 수 없었던 내용을 구체적으로 지적해보면 대체적으로 세 가지 문제이다. 첫 번째로 지적할 수 있는 문제는 오이디푸스 신화의 해석이다. 프로이트는 오이디푸스 신화를 엄마에 대한 아들의 무의식적 성적 욕망과 좌절을 담고 있는 이야기로 해석하였다. 반면 랑크는 아들의 엄마에 대한 성적 무의식적 욕망의 모습으로 해석하지 않고 아들을 통해서 영속화(eternalization)를 이룩하려는 아버지와 아버지의 요구를 받아들이기를 주저하는 아들 사이의 심리적 갈등을 드러내는 신화로 해석하였다(Otto Rank, 1941, 123).

그는 프로이트처럼 엄마와 아들 사이의 관계로 신화를 해석하기보다는 아버지의 불멸을 이룩하기 위해 아들이 스스로 희생해야 하지만 근본적으로 그것을 거절하고 자신의 불멸을 이룩하려는 아들의 영속화 과정으로 해석하였다(Otto Rank, 1941, 125).

두 번째로 지적할 수 있는 문제는 나이이다. 랑크는 프로이트처럼 어린 아이가 부모와의 관계에서 갖게 되는 불안 역동의 기원을 생후 4살에서 5살 사이인 오이디푸스 기간에 두지 않았다. 그는 그 시기보다도 더 이른 생후 6개월인 시기가 결정적으로 영향을 미치고 있음을 주장하였다. 그는 그의 핵심 저서 중 하나인 『탄생의 트라우마』에서 강조하였듯이 어린 아이의 경험 중 가장 공포스러운 것은 실질적으로 그동안 하나의 몸이었던 엄마의 태반으로부터 분리되는 죽음과 같은 불안 경험이므로 아버지와의 관계에서 형성된 불안보다는 탄생으로 겪게 되는 불안이 훨씬 더 근원적이라고 주장하였다(E. James Lieberaman, 1985, 201-21). 더 나아가서 그는 프로이트의 논의처럼 근친상간의 의미도 엄마를 향한 단순한 아들의 무의식적 성적 욕망의 표현에서 찾지 않고 분리되기 바로 이전 상태인 엄마의 태반 속에 영원히 태어나려는 불멸의 과정으로 이해하였다(Otto Rank, 1941, 224).

세 번째로 지적할 수 있는 문제는 인간관이다. 프로이트의 정신분석은 불안은 운명적으로 결정되어 있어 주체적으로 극복하기에는 한계가 있다는 비관론에 많이 기울어져 있다. 랑크는 프로이트의 비관론과 대조적으로 긍정적이고 창조적인 존재로 인간을 이해하였다(Otto Rank, 1941, 278). 물론 인간은 불안을 갖고 있는 존재이지만 단순히 그것에 매몰된 존재가 아니라 극복하려는 의지적 존재로 파악하였다. 그는 어린 시절에 운명적으로 결정된 무의식적 존재로 인간을 단순하게 파악하지 않고 과거에 결정되었다고 하더라도 지금 이곳에서 적극적으로 대면하여 새로운 인격(personality)을 창조해가는 존재로 이해하려고 하였다(E. James Lieberaman, 1985, xxxix). 그러므로 그의 인간이해는 어린 시절의 경험에 절대적 가치 해석을 중심에 둔 과거지향적인 정신분석보다는 과거의 그러한 경험을 현재 극복하려는 몸짓에 초점을 두면서 해석을 전개해가는 미래지향적인 "정신시학"이다(E. James Lieberaman, 1985, xxxvii).

물론 랑크도 프로이트의 정신분석적 인간이해는 인간의 실패와 좌절을 적나라하게 잘 보여주는 데 어떠한 해석보다도 월등하지만 그것을 넘어서려는 인간의 또 다른 모습을 있는 그대로 해석하지 못하는 한계를 지니고 있다는 점을 날카롭게 직시하고 있었다. 그는 프로이트와 헤어진 이후 유럽보다는 북미의 삶에서 그러한 모습의 이해를 구체적으로 구현할 수 있는 사상적 뿌리를 찾게 되었다. 사실 그는 오랜 기간 북미의 삶을 동경하였을 뿐만 아니라 비엔나 대학교에서 공부하는 동안 그의 스승에게 미국 사상의 뿌리를 차지하고 있는 윌리엄 제임스의 심리학을 감동적으로 배우기도 하였고, 미국 정신을 실제적으로 잘 보여주고 있는 마크 트웨인(Mark Twain, 1835-1910)과 랠프 월도 에머슨(Ralph Waldo Emerson, 1803-1882) 사상에 심취하기도 하였다. 마침내 그는 프로이트와 헤어진 이후 유럽을 거쳐 미국에 정착하여 미국 사상과 문학을 더 깊이 연구해 나갈 수 있었다. 그는 미국 정신의 모델로 마크 트웨인의 허클베리 핀(Huckleberry Finn)을 자신의 연구가 지향하려고 했던 대표적인 인물로 평가하기까지 하였다(E. James Lieberaman, 1985, xxxviii). 더 나아가 그의 미국 정신에 대한 이러한 긍정적 평가는 종교심리학 운동의 창안자들인 제임스와 홀의 연구를 미국적 토양 위에서 더욱 발전시킬 수 있는 계기를 만들어 주었다.

3. 랑크의 죽음인식

1) 인간의지와 죽음공포

랑크의 전체 사상은 한마디로 '의지의 심리학(psychology of will)'이라고 얘기하는 것처럼 의지 문제는 그의 사상에 핵심을 이루고 있다. 그의 논의가 정신분석적 논의와 차별을 보일 수 있었던 것은 바로 인간의 심층적 이해에 있어서 의지의 역할을 무의식적 욕동의 변형보다도 더 근본적인 것으로 주장하고 있었기 때문이다(E. James Lieberaman, 1985, 355). 사실 제임스와 프리드리히 니체가 심층심리의 관점에서 인간의지를 강조한 이후 정신분석이나 심층심리학의 인간이해에 있어서는 의지의 역할 논의는 강조되어 있지 않았다. 랑크의 논의가 발표되기 시작하면서 기존의 정신분석이나 심층심리학의 논의는 인간의지에 대한 이해를 적극적으로 갖기 시작하였다.

프로이트의 논의도 예외가 아니다. 그는 랑크의 주장에도 불구하고 정신분석 초기에는 인간의지와 죽음인식 연구에 관심을 기울이지 않았다. 그는 랑크와 헤어진 이후 비로소 정신분석의 도그마로 굳건히 지켜온 성의 논의 못지않게 죽음인식 논의에 적극적으로 관심을 갖고 연구를 발표하기 시작하였다. 제3장에서 언급하였듯이 프로이트는 생애 후반기에 죽음인식 논의를 전개하였기 때문에 제자들로부터 그의 정신분석이 근본적으로 수정되었다는 의심과 근본적으로 랑크의 견해를 따르는 것이 아니냐는 오해를 받기까지 하였다. 그러나 제자들이 보인 반응과 달리 랑크는 아무리 프로이트가 죽음인식 논의를 이전의 경향과 달리 새롭게 전개하였다고 하더라도 의식적 의지보다는 무의식적 욕동에 초점을 둔 것으로 판단하여 그의 의견에 동의할 수 없었다(E. James Lieberaman, 1985, 411).

랑크는 이런 문제 때문에 무의식에 초점을 둔 정신분석적 인간이해를 전체적으로 비판하였다(Otto Rank, 1989, 422). 그는 프로이트와 달리 무의식적 욕동에 초점을 두고 연구하기보다는 의식 안에서 형성되는 인간의지의 역할에 집중해서 인간의 죽음인식을 심층적으로 밝혀내려고 하였다. 인간은 죽음이라고 하는 운명적으로 결정된 생물학적 사실에도 불구하고 단순히 수동적이고 어쩔 수 없는 자기포기 상태로 안주하거나 현실 자체를 피해가는 것이 아니라 적극적으로 현실을 있는 그대로 삶에 통합해서 극복해 나가려는 의지의 존재라는 것이다(E. James Lieberaman, 1985, 29). 그가 이해하고 있는 의지는 프로이트가 주장하듯 단순히 생물학적 충동이나 소원을 의미하는 것도 아니고 그렇다고 해서 사회적 욕동을 드러내주는 니체나 아들러의 권력에의 의지를 의미하는 것으로도 규정할 수 없다. 오히려 그가 주장하는 의지는 생물학적 본능에 제한을 가할 수 있는 사회적이고 문화적인 규범을 넘어서 있는 인간의 심층으로부터 솟아나는 창조적 의지능력이다. 그가 영어로 쓴 최초 저술이지만 전체 사상을 잘 집약해주고 있는 『심리학을 넘어서』에서 명쾌하게 언급하고 있는 의지에 대한 정의를 직접 들어보기로 한다.

> 나는 의지를 오히려 특별한 생물학적 충동이나 사회적 욕동을 나타내주는 것이 아니라 전체적(total) 인격을 창조적으로 표출하고 사람 개개인을 구별해주는 인간 속에 부여된 조직하는 힘(organizing force)으로 이해한다. 충동과 제제 사이의 통합적이고 균형적 힘으로서의 이러한 개인의 의지는 인간행동에 있어서 결정적 심리학적 요소이다. 충동적이고 제제적인 힘으로서 의지의 이러한 이중적 기능은 인간 개인이

> 자신과 일반적 삶에 대한 태도에 따라서 의지 자체를 창조적으로 드러내기도 하고 그렇지 않으면 파괴적으로 드러낼 수 있는 역설을 설명해 주고 있다(Otto Rank, 1941, 50).

랑크가 죽음인식과 의지의 상관관계에 대한 논의를 적극적으로 전개하는 데는 그의 개인적 경험과도 밀접하게 연결되어 있다. 그는 제임스의 경우처럼 죽음인식으로 인해 불안에 지독하게 시달린 경험이 있어 낙관주의적 성품보다도 고뇌하는 영혼의 성품이 인간을 심층적으로 이해해 나가는 데 중심 문제라는 점을 알게 되었다. 그는 어린 시절부터 죽음인식과 벗어날 수 없는 공포 때문에 여러 날 동안 잠을 이룰 수 없을 정도로 정신적 어려움을 심각하게 겪기도 하였다(E. James Lieberaman, 1985, 5). 그는 청소년기에 죽음인식으로 인해 거의 생활할 수 없을 정도로 정신적으로 피폐해진 삶을 이어가기도 하였다. 그는 청소년기의 경험을 기술한 글들을 여러 곳에서 메모 형식으로 기록하고 있는데 그중에서 일기 형식으로 쓴 기록들이 많이 남아 있다. 그러한 기록 중에서 1903년 1월 1일에 "삶과 죽음"이라는 제목으로 남긴 신년 첫날 일기가 대표적이다(E. James Lieberaman, 1985, 8). 그러므로 랑크에게 죽음인식 문제는 어린 시절부터 청년기에 이르기까지 주변적이거나 단순히 사변적인 문제라기보다는 치열한 고통으로 경험한 실존적 화두였다(E. James Lieberaman, 1985, 316).

그는 청년기가 지나면서 죽음인식 공포로부터 어느 정도 벗어날 수 있었다. 자신의 사상이 싹트기 시작하면서 어린 시절부터 청년기에 이르기까지 지독한 고통으로 남겨진 죽음인식 문제를 통해 그의 심리학이 기존의 정신분석 논의와 차별성을 보여줄 수 있는 심층적 경험의 토대가 될 수 있다는 점을 깊이 간파할 수 있었다. 그는 그러한 경험은 단순히 고착화되어 있지 않고 역동적으로 변환되어가는 경험이므로 모든 것을 정지된 사진처럼 완벽히 포착해낼 수 없지만 심리학적으로 어느 정도 스케치할 수 있다고 판단하였다. 무엇보다도 그는 제임스가 『종교적 경험의 다양성: 인간 본성의 연구』에서 강조하는 것처럼 죽음인식과 그로 인한 공포와의 철저한 대면은 인간이 다시 정신적으로 새롭게 태어날 수 있는 계기가 될 수 있는 것으로 이해하였다. 그는 이러한 특성 때문에 인간의 죽음인식을 종교적으로 새롭게 태어나는 재생이나 회심과 같은 경험의 시작 지점으로 분류하기도 하였다.

더 나아가 그는 죽음인식은 새로운 인간으로 탄생할 수 있는 결정적 요소이므로 심리치료에서도 반드시 고려할 것을 주장하였다. 그러한 측면을 고려하여 기존의 프로이트의 정신분석 치료와 구별되게 자신의 치료를 의지의 치료 요법으로 명명해서 정착시키려고 하였다(Otto Rank, 1941, 53). 물론 그의 의지의 치료 요법은 일반 심리치료 요법과 달리 개인의 의지 차원만을 치료하는 것에 끝을 두지 않았다. 그는 개인이 관계를 맺고 있는 공동체나 문명이나 문화와의 관계 분석을 통해서 이면에 심층적으로 내장되어 있는 죽음인식을 치료 관점에서 파헤치려고 하였다. 죽음인식은 단순히 특정 개인의 문제가 아니라 공동체나 사회가 태동되고 유지될 수 있는 원천이라는 점에서 훨씬 사회문화적인 차원을 내포하고 있다는 것이다. 그는 개인 상담 치료실에서 이루어지는 환자와 치료자의 관계에서 밝혀지는 경험의 세계보다도 삶의 구체적인 현장에서 발현되는 실제적 경험을 우선적으로 강조하였다. 바로 이 점이 다음 장에서 다룰 어니스트 베커가 랑크의 죽음인식 논의를 핵심적으로 받아들여 자신의 죽음인식 연구를 개인적 차원을 넘어서 사회문화적 논의로까지 확장할 수 있었던 부분이다.

그는 개인의 사회문화적 맥락에 대한 이해를 경시하지 않았기 때문에 사회사업학 학부에서 의지의 치료 요법을 어떠한 제약도 없이 가르칠 수 있었다. 물론 그가 사회사업학 학부에서 가르칠 수밖에 없던 보다 근본적인 이유는 대부분의 미국 정신분석학의 연구 기관이 프로이트의 정신 분석을 따르고 있어 그의 치료 요법을 거부한 데 놓여 있다. 사실 당시 상황에서 프로이트의 정신분석과 다른 심리학적 치료 요법을 기존의 정신의학이나 심리학 분야에서 받아들인다는 것은 거의 불가능하였다. 랑크는 거의 자리를 찾을 수 없었다. 그는 어려운 상황에서 1927년 가을에 필라델피아 펜실배니아 대학교 사회사업학부(Pennsylvania School of Social Work)의 제시 타프트 교수의 주선으로 정식 교수로 초빙되어 개인과 환경의 상호관계에 대한 의지의 치료 요법을 프로이트와 구별되게 발전시켜 나갈 수 있었다(E. James Lieberaman, 1985, 273). 그러므로 아나이스 닌(Anaïs Nin, 1903-1977)이 랑크의 『예술과 예술가』의 '서문'에서 밝히고 있듯이(Anaïs Nin, 1985, vii). 그의 논의가 북미에 영향을 미치게 된 계기는 역설적으로 전혀 예상하지 못했던 사회사업학 학부 교수로 임명된 시점과 무관하지 않다.

2) 영혼과 불멸

랑크는 죽음인식의 공포로부터 벗어나려는 인간의 고투 과정의 이해가 인간을 전인적으로 파악해 나가는 데 핵심으로 파악해서 기존 논의와 차별되게 차원에 대한 이해를 심리학적으로 보강하려고 하였다(Otto Rank, 1989, xiii). 그는 현대 과학적 심리학은 실증적 차원을 일방적으로 강조하고 있으므로 개개인의 다양한 차이점을 고려하지 못하고 일반화 내지 규격화시키고 있다는 점을 간파하였다.[2] 그는 그 원인을 여러 가지로 제시할 수 있었지만 기본적으로 인간의 심층적 차원인 영혼에 대한 이해를 고려하지 않는 채 이해를 추구하는 데 근본 원인이 뿌리 내려져 있는 것으로 진단하였다(Otto Rank, 1941, 61). 대부분의 현대 과학적 심리학은 계량화될 수 있는 심리적 차원 연구로 나가게 되었고 그로 인해 인간의 심층적 영혼의 고통이나 종교적이고 영성적 욕구를 이해하는 데 매우 인색하게 되었다는 것이다(Otto Rank, 1941, 74).

랑크는 심리학 안에서 사용하고 있는 "심리(psyche)"라는 용어의 본 의미를 추적하면서 현대 과학적 심리학이 내포하고 있는 문제점을 비판적으로 제기하였다. 그는 심리라는 말에는 합리적 차원과 비합리적(irrational) 차원의 의미도 함께 내포되어 있었지만 과학적 이해라는 미명하에 합리적 차원의 의미만 두드러지게 드러난 것으로 이해하였다. 그는 현대 과학적 심리학이 합리적 차원과 더불어 비합리적 차원을 다시 회복할 때 비로소 인간이 죽음인식과 공포를 벗어나려는 영혼의 생명력을 정확하게 포착해서 심층적 차원의 전체적 스케치를 할 수 있다는 점을 강조하였다. 그는 합리적 차원을 넘어서 사회적 질서에 종속되지 않고 인간 자신의 본질적 모습을 드러내려는 비합리적인 차

2) 현대 심리학적 인간이해가 지니고 있는 가장 큰 문제는 과학적 이해라는 전제 위해서 인간 개개인의 다양한 독특성을 무시하거나 아니면 심층적 차원을 무시하여 표피적인 규격화에 있다. 그러한 규격화가 절대화되어서 궁극적으로 질적인 심층적 연구는 주변부로 밀려나고 거의 대부분 양적 통계자료 분석을 통해서 실증적 인간이해가 절대적인 방법으로 고착되게 되었다. 인간의 심층적 차원에 대한 얘기를 하게 되면 과학적이지 못하다는 비판을 받기에 이르렀다. 이런 측면 때문에 인간의 심층적 차원을 연구하는 정신분석이나 심층심리학은 기존의 심리학적 전통에서 중심부로 자리를 차지하지 못하고 오히려 상아탑 밖에서 독립적으로 존재하게 되었다. 그렇지 않고 기존의 학문 전통 안에서 생존하려면 기존의 정신분석이나 심층심리학은 끊임없이 실증적 연구방법을 적극적으로 도입해야 한다.

원이 훨씬 더 인간의 원래적 모습이라는 점을 강조하였다. 그는 『심리학을 넘어서』의 서문에서도 밝히고 있듯이(Otto Rank, 1941, 12) 현대 심리학은 합리적 차원에서만 인간이해를 추구하는 방향을 수정하여 이면의 자연적이고 창조적으로 솟아오르는 영혼의 비합리적 추동(urge)의 이해에 초점을 모을 것을 주장하였다. 직접 그가 생각하고 있는 영혼의 비합리적 추동이 무엇인지를 인용해보기로 한다.

> "비합리적" 힘은 분석심리학에서 합리적으로 설명되어진 맹목적 생물학적 충동을 의미하고 있지 않음을 이해하기로 하자. 오히려 우리는 받아들여지고 해석되어진 강력한 이데올로기는 실제 감정적일 때 순전히 합리적인 반면에 인간 존재 안에서 작동되고 있는 자연적 힘은 조정할 수 없는 것으로 보이기 때문에 비합리적인 것으로 낙인찍힌다. 그러므로 우리는 실제로 두 가지 종류의 심리학을 고려해야 한다. 하나는 개인이나 사람들이 실제로 살고 있는 심리학이다. 즉 그것은 두 가지 반대 원리들의 동시적 표출로 구성되어 있어서 "비합리적" 심리학이다. 반면에 다른 하나는 설명적인 과학으로써 교육적이고 치료적인 목적을 위해서 과학적 방법들을 제공해주는 "합리적" 심리학이다. 자동적으로 비합리적 심리학은 행동을 통해서 표출할 수 있는 삶에 대한 태도를 창조하는 반면에 합리적 심리학은 삶 그 자체의 표출이 아니라 어떤 사회적 질서의 관점에서 삶을 변화시키기 위해서 수단으로서 사용되어진 이데올로기로 쉽게 발전할 수 있다(Otto Rank, 1941, 24).

랑크가 비합리적 창조적 추동으로서의 영혼에 대한 이해를 토대로 죽음인식의 공포와 그로부터 벗어나려는 인간의 심층 의식인 불멸을 집중적으로 연구하기 시작한 것은 1930년에 출간한 『영혼의 믿음과 심리학』에서였다. 그는 책을 출간한 이후 그의 최고 저술이라고 할 수 있는 『예술과 예술가: 창조적 추동과 인격의 발달』에서 창조적 추동의 원천으로서 영혼의 불멸의식은 인간의 보편적 영성으로까지 규정하였다(Otto Rank, 1989, xxvi-xxvii). 그는 책을 출간한 시점을 중심으로 기존 심리학에서 과학적 연구라는 미명하에 의도적으로 회피하였던 영혼에 대한 이해를 다시 회복하여 심리학이 그 토대를 새롭게 구축할 것을 강력하게 주장하였다. 랑크의 주장은 거의 80년 이전에 제기되었지만 아직도 유효성이 있다고 판단한다. 영성적 차원에 대한 이해가 이전과는 달리 제기되고 있다고 하더라도 여전히 주류 심리학 흐름에서는 거리를 두거나 아예 생략해버리는 경향이 지배적이라는 점에서 여전히 유효하다.

그는 현대 실증 과학적 심리학이 간과하였던 문제점을 고발하기 위해 구체적으로 그의 『예술과 예술가: 창조적 추동과 인격의 발달』 저술에서 인간이해를 새롭게 전개하였다. 그는 이 책에서 인간의 영적 차원인 불멸 의식으로서의 영혼을 인격과 연결해서 두 가지 유형으로 분류하였다. 마치 니체가 『비극의 탄생』에서 아폴론적인 합리적 유형과 디오니소스적인 비합리적 유형으로 분류한 것이나 제임스가 『종교적 경험의 다양성』에서 낙관주의적 성품과 고뇌하는 영혼으로 인간의 성품유형을 분류한 것과 비슷하게 그는 영혼을 두 가지 유형으로 분류하였다. 하나는 예술적인 유형(the artistic type)이고 다른 하나는 신경증적 유형(the neurotic type)이다. 니체나 제임스에게 있어서 엄청난 공포로서의 죽음인식은 아폴론적 유형이나 낙관주의적 성품에서는 거의 찾아볼 수 없고 디오니소스적 유형과 고뇌하는 영혼의 성품에서 집중적으로 나타나는 것처럼 랑크의 경우에도 죽음인식은 신경증적 유형보다는 예술적 또는 생산적인 유형에서 강렬하게 나타나고 있다(Otto Rank, 1989, 47-8).

랑크의 신경증적 유형은 낙관주의적 성품이나 아폴론적 유형에서처럼 죽음인식을 의미나 가치로 받아들이지 않고 있다는 점에서 죽음인식의 대면보다는 실패를 보여주고 있다. 랑크는 『탄생의 트라우마』에서 지적하였듯이 태어날 때 처음으로 분리인 죽음의 고통을 경험하고 그러한 경험은 하나의 트라우마로 삶의 과정에서 계속해서 영향을 미치게 된다. 인간은 누구든 트라우마의 경험으로부터 벗어날 수 없고 동시에 트라우마의 경험 이후에도 계속해서 죽음의 공포를 지니게 된다. 단지 차이점은 어떤 사람은 그러한 고통스러운 죽음의 공포를 의지적으로 극복하려고 하는 반면에 어떤 사람은 의도적으로 도망가거나 기존의 삶의 자리로부터 조금도 벗어나지 않고 공포를 은폐시키는 고착화에 지속적으로 머물러 있다는 데 있다(Otto Rank, 1989, 64). 전자의 경우 죽음의 공포에도 불구하고 인격을 계속 발전시켜 나가는 창조적 유형으로 볼 수 있다면 후자의 경우 공포로부터 벗어나지 못해서 기존의 인격을 더 이상 새롭게 발전적으로 변화시키지 못하고 고착되어 버린 신경증적 유형이라는 것이다.

랑크는 예술은 역사적으로 창조적 유형을 통해 끊임없이 드러난 것으로 규정하였지만 신경증적 유형은 예술의 발전에 있어서 실패한 유형으로 이해하였다. 그는 창조적 예술가는 우선적으로 인격의 변환을 통해서 자신의 예술의 맥락인 학파, 스승, 또는 시대적인 조건으로부터 벗어나려는 충동(impulse)과 벗어날 때 따라오게 되는 기존 공동체로부터 버림받을 것이라는 공포를 경험하기도 하지만 자신의 영혼인 예술성을 죽이지 않고 불멸로서 이어지게 하려는 의지를 실현시킨 창조적 인격으로 이해하였다(Otto Rank, 1989, 40). 궁극적으로 창조적인 예술가는 자신이 속한 공동체의 소리와 자신의 소리인 영혼과의 갈등 속에서 궁극적으로 후자의 소리를 불멸로서 영속화시키려고 한다는 것이다. 반면 신경증적 유형의 경우 이러한 갈등으로부터 자신의 영혼의 소리를 의지적으로 표출시켜내지 못하고 언제나 공동체에게 버림받을 두려움에 굴복당하는 경우여서 의지의 연약성을 그대로 드러낸 경우이다. 그러므로 창조적 예술가의 유형은 영혼의 소리를 단순히 주관적 차원에 머물게 하는 것이 아니라 객관적으로 예술을 통해서 당당하게 표현하는 반면 신경증적 유형은 개인적 차원에만 머물러 있어서 예술을 통해서 객관적으로 표현하는 데 실패한 경우이다.

> 그러므로 예술가가 예술에 대한 갈등은 실제적으로 집단적인 것에 대한 이데올로기화 된 개인적 갈등의 연속일 뿐이다. 그러나 생산적인 유형들과 비생산적인 유형들 즉 예술적 유형과 신경증적 유형 사이의 차이점을 보여주는 것은 순전히 심리적 갈등이 사실적으로 드러난 이데올로기이다. 왜냐하면 가장 원시적 예술가의 경우처럼 신경증적 유형의 창조적 힘은 언제나 그 자신의 자아에 묶여 있고 자아 안에서 그 힘을 고갈시키고 있는 반면에 생산적 유형은 순전히 주관적인 창조적 과정을 객관적 과정으로 변환시키는 데 성공한다. 이것은 생산적 유형은 주관적인 창조적 과정을 이데올로기화함으로써 자기 자신의 자아를 자신의 작품으로 변환시킨다는 것을 의미한다. 더 나아가 예술가는 가치 있는 이데올로기를 구성할 수 있을 뿐만 아니라 실질적인 예술적 성취로써 변환시킬 수 있는 또 다른 역동적 차이점에 의해서 도움을 받는다(Otto Rank, 1989, 372).

랑크는 창조적인 예술적 유형은 기존의 예술을 답습하기보다는 예술가의 영혼이 사라지지 않고 불멸의 모습으로 자신의 인격과 그의 예술 속에 드러난 것으로 이해하였다. 물론 이러한 유형은 창조적 예술가의 인격과 그의 예술작품에서만 발견되는 것이 아니다. 그것은 그러한 예술가의 인격과 예술기법을 따르는 이차적 예술가의 인격과 작품 속에서도 지속적으로 이어진다. 그러므로 모든 예술가들은 기존의 예술 공동체의 영혼인 예술정신을 버리지 않고 계속해서 유지되도록 하고 있지만 동시에 공동체의 영혼을 넘어서 자신의 영혼을 예술 속에 불멸하도록 새롭게 끊임없이 표현하려고 하기 때문에 언제나 갈등과 긴장의 상황에 있다. 역사적으로 이러한 갈등과 긴장은 때로는 집단적 차원의 영혼 불멸에 대한 믿음이 강조되어 나타나기도 하고, 때로는 개인적 차원의 믿음이 예술작품 속에 강조되어 나타나기도 한다.

랑크는 강조점의 차이점을 원시 예술과 현대 예술의 일반적 경향 분석으로 드러내려고 하였다. 그의 논의에 의하면 일반적으로 원시 예술의 경우 예술가 자신의 개인적 불멸에 대한 믿음보다는 씨족이나 부족 또는 특정 집단의 불멸에 대한 믿음이 예술가와 그의 작품 속에 강조되어 나타나므로(Otto Rank, 1989, 76-7) 추상적인 특성을 많이 보여준다. 반면에 현대 예술가는 자신이 속한 공동체의 영혼 불멸의 강조보다는 자신의 개인적 차원의 불멸을 예술작품 속에서 창조적으로 드러내고 있다. 다시 말해서 자신의 불멸에 대한 특성이 그가 속한 집단이나 전통에 매몰되지 않고 자신의 특성을 독립적으로 표출한다는 것이다. 원시 예술과 현대 예술 사이에 강조점의 차이를 보인다고 하더라도 부정할 수 없는 사실은 모든 예술은 궁극적으로 없어지지 않고 영원히 존재하려는 불멸의 대상(object)이 무엇이든 그런 대상을 표출하려는 예술가의 불멸의 믿음을 표출하고 있다는 점이다. 때로는 그러한 대상이 예술가가 속한 공동체의 믿음이나 의례가 될 수 있다. 또는 예술가 자신이 속한 예술 전통의 기법이나 학파의 창조적 정신이 불멸의 대상으로 남겨질 수도 있다.

물론 불멸의 모습은 비단 예술가에게서만 발견되는 것이 아니다.

모든 인간의 삶에서도 본질적으로 동일하게 발견된다. 아마도 모든 인간의 삶은 죽음의 한계와 그것을 넘어서려는 불멸의 믿음이 구체적으로 드러난 양태라고 할 수 있다. 세상에 흔히 존재하는 이데올로기나 정치와 문화 현상들은 어떤 경우에도 지금까지 보호해왔던 생명, 이념, 가치 체계와 같은 궁극적인 것이 모두 사라질지도 모른다는 두려움을 벗어나게 해주는 불멸의 믿음을 제공하기 위해 축적된 장치들이다. 종교 세계도 예외가 될 수 없다. 아마도 역사적으로 삶의 장치 중 종교만큼 강력하게 죽음의 공포에 대한 해답을 제공해 주면서 불멸에 대한 믿음을 제시해준 삶의 양식도 없다. 종교사를 살펴보면 어떤 종교도 인간의 한계상황인 죽음 문제와 해결방안인 구체적인 대답을 불멸과 연결시키지 않는 종교는 없다. 나름대로 모든 종교는 불멸에 대한 믿음을 다양하게 제시하고 있다. 어떻게 보면 각 종교전통이 새롭게 나타난 것은 기존 불멸의 방식에 대한 의문을 통해서 불멸에 대한 새로운 대답이라고 할 수 있다.

예술의 경우와 마찬가지로 종교전통도 스스로 확립된 것이라기보다는 종교전통을 탄생하도록 매개한 핵심 인물과 그러한 인물을 따르는 다양한 사람을 통해서 종교는 역사적으로 역동성을 지니면서 발전되어 왔다. 어떤 경우에는 각 종교전통의 핵심인물이 그동안 불멸의 대상으로 여겨졌던 인물, 제사, 교리, 믿음 체계들이 더 이상 불멸의 대상으로 여기지 않고 새롭게 수정하거나 아예 창조적으로 새로운 대상을 탄생시키기도 한다. 더 나아가 창조적 능력을 통해서 새로운 인격을 만들어가는 데 있어서는 종교전통의 핵심인물들과 많은 차이점을 보인다고 하더라도 일반 종교인들의 경우도 죽음의 한계와 그것을 벗어나기 위한 방편으로 불멸의 믿음으로 자신의 인격을 끊임없이 발전시켜 나가고 있음을 부정할 수 없다. 그러므로 인간은 죽음이나 삶의 공포를 벗어나기 위해서는 스스로 공포를 극복할 수 있는 개체적 존재가 아니라 근본적으로 자신을 넘어서 타자와 긍정적이든 비판적이든 관계를 맺으면서 끊임없이 불멸을 이루려는 관계적 존재이다. 랑크가 『심리학을 넘어서』의 마지막 결론 부분에서 타자와 연결해서 웅변적으로 얘기하고 있는 소리를 들어보기로 하자.

> 인간관계의 개인적 차원이든, 외국적인 집단 이데올로기의 사회적 차원에서든 아니면 어떤 문명의 발전과 유지를 위해서 또 다른 문명을 필요로 하는 어떤 문명의 가장 광대한 차원에서든지 간에 자아(ego)는 근원적 자기(Self)가 되기 위해서 타자를 필요로 한다. 이러한 과정에서 비극적 요소는 자아는 타자와 함께 또는 타자를 비판하면서도 독단적 자기(the assertive Self)를 구축하기 위해서 하나의 타자를 필요로 한다는 것이다(Otto Rank, 1941, 290).

4. 랑크 이후의 죽음인식과 불멸

랑크의 죽음인식과 불멸에 대한 연구는 일반적으로 세 가지 분야에서 지속적인 영향을 미치고 있다. 첫 번째 분야는 앞에서도 언급했듯이 단순히 개인의 심리적 역동에 초점을 두고 인간의 마음을 연구하려고 했던 심리학을 넘어서 개인이 속한 사회와의 관계성에서 일어나고 있는 경험에 초점을 두고 심리적 차원을 이해하려는 사회심리학 또는 사회정신의학이다(Esther Menaker, 1982 그리고 E. James Lieberman, 1985, 406). 아마도 인간과 사회와의 관계에서 심리적 문제를 탐구한 대표적 사회심리학 혹은 사회정신의학 연구자들은 대부분 여기에 포함시킬 수 있다. 많은 연구자 중 대표적인 몇몇을 언급해보면 우리에게도 잘 알려진 사회정신의학자 로버트 제이 리프튼(Robert J. Lifton), 집단 심리학자 어빈 얄롬(Irvin Yalom), 가족치료 학자 칼 휘태커(Carl Whitaker), 게슈탈트 심리학자 폴 굿맨(Pail Goodman)과 프리츠 펄스(Fritz Pears), 아동 정신의학자 프레드릭 알렌(Frederick Allen)과 폴 아담스(Paul Adams), 인본주의 심리학자인 칼 로저스(Carl Rosers), 실존주의 심리학자들인 롤로 메이(Rollo May), 헨리 머레이(Henry Murray)와 쟈크 코론(Jacques Choron), 그리고 랑크의 환자였지만 나중에 랑크를 미국으로 정착하게 하고 필라델피아 사회사업학부의 동료 교수였던 제시 태프트(Jessie Taft, 1882-1960)를 비롯해서 사회사업학에서 사회심리학적 논의를 연구하였던 대부분의 연구자들이다.

두 번째로 랑크의 심리학에서 영향을 받은 분야는 예술과 문학이었다. 이를테면 안톤 에렌쯔바이그(Anton Ehrenzweig)와 윌리엄 존스톤이 대표적이다. 에렌쯔바이그는 1967년 『예술의 숨겨진 질서』를 출판하였고 윌리엄은 1972년 『오스트리아의 정신(The Austrian Mind)』를 출판하였다. 랑크는 예술사나 예술비평을 전공한 연구자뿐만 아니라 다양한 시인과 작가에게도 영향을 미쳤다. 랑크와 연인 관계였던 아나이스 닌(Anaïs Nin)을 비롯해서 제임스 에이지(James Agee), 폴 굿맨(Paul Goodman), 콜린 윌슨(Colin Wilson), 맥스 러너(Max Lerner), 플로이드 마슨(Floyd Matson), 스텐리 번쇼(Stanley Burnshaw), 칼 라코시(Carl Rakosi), 그리고 미리암 웨딩턴(Miriam Waddington) 등이 대표적이다.

세 번째 분야는 종교학적이고 종교심리학적 죽음인식 연구였다. 랑크의 죽음인식과 불멸에 대한 논의는 많은 종교 연구자에게 영향을 미쳤지만 대표적으로 미르체아 엘리아데의 재생이나 죽음인식에 대한 종교현상학적 연구에 통찰을 주었다(E. James Lieberman, 1985, 406). 그의 논의는 초기 정신분석적 논의와는 달리 종교적 관점을 무조건

무신론이나 부정적으로만 보지 않고 공감적으로 보았기 때문에 종교심리학의 죽음인식 논의에도 지속적으로 영향을 미쳤다. 그는 개인적으로 개종을 한 경험이 있어서 종교에 대한 논의를 일반 정신의학자들과 달리 공감적으로 표현하는 데 주저하지 않았다. 그는 비엔나 대학교에서 박사과정을 마무리하는 시기에서는 자신의 종교적 뿌리인 유대교에서 가톨릭으로 개종을 하였고, 그 이후 결혼하기 직전에는 다시 유대교로 돌아간 경험을 갖고 있었다(E. James Lieberman, 1985, 108).

그의 개종경험은 강제적이거나 특정 이해관계가 아닌 그의 의지로 이루어진 경우이기 때문에 개종 이후에 이전 종교에 대한 비판이나 이후 다시 원래 자리로 돌아갔을 때 개종하였던 종교를 비판하는 것과는 질적 차이를 보이고 있다. 그의 개종경험은 종교에 대한 부정적 혹은 무신론적 관점을 더욱 강화시켰다기보다는 죽음인식과 그것으로 파생된 공포 혹은 불안에 대한 대답으로서의 종교에 대한 논의를 발전시킬 수 있는 종교심리학적 관점을 확인할 수 있는 계기였다. 그의 연구는 종교적이고 영성적 차원을 핵심적으로 주장하고 있어 심리환원주의로만 규정하기에는 어려움이 있다. 이러한 측면 때문에 그의 연구는 개종경험의 경우처럼 마음의 변환에 초점을 둔 종교적 심리치료(religious psychotheraphy)의 가능성을 정통 프로이트의 정신분석 치료와 구별되게 혁명적으로 제시한 것으로 평가받고 있다(Henry F. Ellenberg, 1970, 860).

랑크의 사상은 앞에서도 강조하였듯이 인간의 한계상황인 죽음이나 삶의 어려움을 극복하려는 인간의지에 대한 이해가 중심을 이루고 있어 그 이후 영향을 받은 모든 연구자도 정도의 차이가 있을 뿐 연구의 근본 흐름에서는 비슷한 모습을 보이고 있다. 물론 이번 장에서 랑크 이후의 연구자의 논의를 모두 정리한다는 것은 불가능하다. 그래서 이번 장에서는 랑크의 사상으로부터 결정적인 영향을 받은 연구자 중에서 종교심리학적 맥락을 잃지 않고 보유하고 있는 두 명의 연구자를 선택해서 죽음인식에 대한 논의를 검토해보려고 한다. 특히 종교적 차원에 대한 이해를 간과하지 않고 죽음인식 연구를 전개한 실존주의 심리학자인 롤로 메이와 역사적인 사회문화적 현상을 초월적 차원과 연결해서 죽음인식과 불멸에 대한 연구를 전개한 로버트 제이 리프튼의 사회심리학적 논의를 비판적으로 검토하기로 한다.

1) 롤로 메이의 죽음인식

롤로 메이는 랑크를 직접 만난 적은 없다. 메이가 랑크의 저술을 알게 된 것은 심리학자인 헤리 본(Harry Bone)의 권유 때문이었다. 랑크가 뉴욕으로 영구 안착하기 전 프랑스 파리에 머물러 있어 본은 프랑스를 오가면서 랑크 사상의 연구를 본격적으로 시도하였던 초기 연구자 그룹에 속한다. 메이는 우연히 뉴욕에서 본과 애기를 나누는 과정에서 랑크 사상을 소개받고 1939년에 랑크의 저술을 처음 읽기 시작하였다. 메이는 랑크의 사상을 접하고 난 이후 대부분의 연구에서 랑크의 저술을 직접 인용할 정도로 매우 심취하게 되었다. 물론 메이는 단순히 랑크의 사상만 연구했던 것은 아니다. 뉴욕 유니온신학대학교(Union Theological Seminary)에서 신학을 공부할 당시에 스승이었고 평생 동안 종교 문제를 간과하지 않고 늘 인간 실존의 맥락에서 살펴보도록 이끌어주는 데 결정적 영향을 끼친 폴 틸리히(Paul Tillich, 1886-1965)를 비롯해서 쇠렌 키에르케고르(SΦren Kierkegaard, 1813-1855), 그 이후의 다양한 실존주의 철학자들, 그리고 프로이트와 융의 논의로부터도 영향을 받기도 하였다. 그러나 특별히 죽음인식과 관련해서 어느 누구보다도 랑크의 사상에 깊이 영향을 받았다는 점은 부정할 수 없다. 먼저 메이가 죽음인식의 논의를 전개하기 위해 랑크의 사상을 어떻게 받아들이고 있는지 정리해보기로 한다.

(1) 메이의 랑크 사상에 대한 이해

메이가 랑크의 사상으로부터 영향받은 측면을 다양하지만 전체적으로 두드러지게 제시된 부분은 인격에 대한 기술이다. 그는 자신의 핵심 저술로 평가되는 『사랑과 의지』를 출간하기 이전인 1967년에 출간한 『상담의 기술』에서 랑크의 인격에 대한 논의를 상세하게 다루고 있다. 그는 이 책에서 기존의 심리학적 인간이해가 육체적 차원이나 사회적 차원 아니면 정신적 차원 중 한쪽만 강조하고 있어서 인간의 모습을 전체적으로 스케치하지 못하고 있다는 점을 비판적으로 지적하였다. 그는 기존의 상담 용어인 "심리"라는 용어가 제한적으로 잘못 사용되어 있어 인간이해가 종합적으로 이루어지지 못하고 있다는 판단 하에 그 용어를 계속 사용하기 보다는 폐기할 필요가 있다는 점을 강력히 피력하였다. 대신 그는 인간의 전체적 모습을 보다 역동적으로 보여주는 "인격"이라는 용어를 사용할 것을 제안하였다(Rollo May, 1967, 44). 그는 인격에 대한 논의를 구체적으로 다음과 같이 정의하고 있다.

> 보다 분명하게 하기 위해서 우리가 시작하기 전에 먼저 결론부터 내리기로 하자. 즉 인격이란 자유, 개인성, 사회적 통합 그리고 종교적 긴장[3]으로 구성되어 있다. 이러한 요소들은 앞으로 살펴볼 수 있을 것이지만 인간의 인격에서 본질적인 네 가지 원칙들이다. 보다 완전한 정

3) 원문에 이탤릭체로 강조되어 있다.

의를 내리기 위해서 인격은 다음과 같이 정의할 수 있다. 즉 인격은 사회적으로 통합되어지고 종교적 긴장을 갖게 되는 자유로운 인간의 삶의 실현이다(Rollo May, 1967, 44).

메이가 인격에 대한 정의를 내리면서 핵심적으로 지적하고 있는 네 가지 요소를 좀 더 기술하기로 한다. 첫째, 인격은 어린 시절의 경험이 절대적으로 작동하는 결정론보다는 자유 요소를 특징적으로 지니고 있다. 메이는 프로이트의 정신분석이 지향하였던 결정론적 인간이해를 "과학주의 심리학"이라고 비판한 랑크의 논의를 직접 인용하면서 인격유형에 대한 자신의 주장을 전개하였다(Rollo May, 1967, 49). 결정론적 인간이해는 건강한 인격이 보여주는 자유 요소를 기반으로 책임적 삶의 과정을 이해하는 데 근본적 결함을 갖고 있다는 것이다(Rollo May, 1967, 52). 그의 논의에 의하면 상담과정의 경우도 예외가 아니다. 무엇보다도 내담자가 이전에는 보지 못했던 자신의 삶의 행동과 결과에 대한 책임성을 회피하지 말고 느끼고 직시하도록 해주어야 한다는 것이다(Rollo May, 1967, 53).

둘째, 인격은 개인성(individuality)의 요소를 특징적으로 드러내고 있다는 점이다. 인격은 동일하게 드러나지 않고 사람마다 독특하게 표출되므로 타자의 모습을 맹목적으로 따라가는 데 존재하지 않고 주체 스스로 자신의 모습을 있는 그대로 인정하는 데서부터 구성되기 시작한다. 이런 측면에서 보면 인격이 건강하지 못하다는 것은 인격의 주체가 자신의 모습을 끊임없이 부정하는 상태에 근본적으로 놓여 있다는 것을 말한다. 그러므로 상담자의 역할은 내담자로 하여금 자신의 고통스러운 모습을 회피하지 않고 있는 그대로 대면해서 '지금'의 삶을 이루기 위한 구성적 요소라는 점을 내담자의 의지가 스스로 표출할 수 있게 도와주는 것이 주된 과제이다(Rollo May, 1967, 61). 메이는 이 부분을 강조하여 논의를 전개할 때도 랑크의 자기발달(self-development) 의지의 논의를 중심적으로 인용하였다(Rollo May, 1967, 55).

셋째, 인격은 사회적 통합능력의 요소를 특징적으로 보여주고 있다는 점이다. 인간은 순전히 개인적 존재가 아니라 특정 사회에 속한 사회적 존재이다. 어떤 개인도 사회를 떠나서 존재할 수 없다. 개인은 어린 시절의 경험으로 인격을 형성시키기보다는 사회적 맥락 안에서 자신의 인격을 통합적으로 타자와의 관계로 성장, 발전시켜 나간다. 바로 메이의 논의는 랑크가 『심리학을 넘어서』에서 구체적인 삶의 과정에서 발견되는 창조적 유형의 인격을 강조한 것처럼 같은 맥락을 보여주고 있다. 신경증적 유형의 인격은 사회에 적극적으로 나와서 타자와 함께 협동적 삶을 살아가지 못하고 자신의 열등감에 폐쇄적으로 갇혀 더 이상 앞으로 나가지 못하는 삶이라는 것이다(Rollo May, 1967, 62).

물론 메이의 논의에 의하면 인격유형이 신경증적 특징을 보여준다고 하더라도 열등감에 사로잡혀 있지 않고 앞으로 나가려는 몸짓을 보일 경우 열등감이 반드시 부정적인 것만은 아니다. 개인이나 집단이 신경증적 유형에서 창조적 유형으로 나갈 수 있는 계기가 생성될 수 있다. 더 나아가서 인간의 열등한 모습을 극복하고 문화나 문명을 창조할 수도 있다는 것이다(Rollo May, 1967, 64). 열등감에 대한 이러한 문제인식은 상담치료의 현장에서도 마찬가지이다. 상담자가 내담자의 문제를 우선적으로 파악해야 할 요소는 내담자가 사회적으로 인격을 성장하고 발전시켜나가도록 하는 데 방해하고 있는 열등감이다. 그러므로 상담자가 섬세하게 관찰해야 할 것은 열등감을 부정적 에너지로 사용하기 보다는 보다 긍정적으로 창조적 에너지로 변환시켜나가고 용기를 갖도록 이끌어 주는 데 놓여 있다.

넷째, 인격의 마지막 구성 요소는 종교적 긴장이다. 인간은 현실적 자아와 이상적 자아 사이에서 언제나 갈등을 경험하고 있는 존재이다. 인간은 언제나 두 자아 사이의 간극 때문에 갈등을 겪는 동시에 간극을 메우려고 하지만 언제나 메워지지 않고 그대로 남아 있으므로 고통을 겪는 존재이기도 하다. 메이의 논의에 의하면 간극은 사실적 존재의 인간과 당위적 존재의 인간 사이에서 발생하는 갈등 때문에 발생한다. 그런데 문제는 그러한 갈등은 단순히 발생하는 것으로 그치지 않고 끊임없이 인간에게 죄책감을 부여하는 원천으로 작동하고 있다는 데 있다(Rollo May, 1967, 72).

인간은 간극을 메우려고 끊임없이 노력하지만 메울 수 없고 메웠다고 하더라도 또 다른 간극이 벌어지고 있다는 점을 경험으로 확인하면서 더욱 증가된 죄책감을 갖게 된다. 인간은 그러한 경험으로 인해 인간 자신만의 힘으로는 도저히 해결할 수 없는 상황을 처절하게 인식하게 된다. 그러나 인간은 놀라울 정도로 죄책감이 증가된 경험의 자리에서 절대적 타자를 요청하기도 한다. 바로 이런 측면 때문에 메이는 죄책감의 본질은 궁극적으로 종교적인 것으로 해석하였다. 그러므로 종교적 논의를 교조적으로 거부하는 리처드 도킨스의 주장처럼 자연주의적 "무신론적" 논의는 교리적 논의와 상관없이 심리학적 관점으로 보면 인간에 대한 그릇된 이해에 그 토대를 두고 있다(Rollo May, 1967, 74).

메이는 다시 종교적 긴장을 전개하는 데에서도 랑크의 신경증적 유형과 창조적 유형의 분류를 많이 참고하고 있다. 특히 그는 자유의지를 통해서 근원적 갈등이나 간극을 극복하기 위해 끊임없이 궁극적 타자를 요청하는 창조적 유형을 결정적으로 언급하고 있다(Rollo May,

1967, 72). 창조적 유형의 인격은 인간의 한계성 경험과 그것을 넘어서기 위한 또 다른 경험인 종교적 긴장을 인식하는 반면, 신경증적 유형은 궁극적 타자의 필요성으로 나아가지 못하는 무신론적 특성을 보여준다는 것이다(Rollo May, 1967, 61). 물론 여기에서 메이가 단순히 유신론과 무신론적 인간이해를 주장하고 있는 것은 아니다. 그가 강조하고 있는 것은 랑크의 주장처럼 창조적 유형은 유한성과 동시에 그것을 벗어나기 위한 몸짓을 타자를 요청하면서 의지적으로 표출하는 것과 달리 신경증적 유형은 그렇지 못한 상태에 있다는 것이다. 다시 말해서 그가 지적하는 것은 인간의 한계상황 인식에 대한 차이점이다. 그러므로 상담치료 현장에서도 상담자가 최종적으로 간파해야 하는 것은 내담자의 짓눌려 있는 죄책감과 그것을 극복하기 위한 의지의 다양한 역동적 흐름 과정 안에서 표출되는 궁극적 타자의 요청인 종교적 긴장의 섬세한 관찰이다.

메이가 기술한 것처럼 인격은 네 가지 역동적 요소로 치밀하게 구성되어 있지만 이면에는 그것을 모두 통합할 수 있는 더 깊은 차원이 작동하고 있다는 점을 지적하였다. 바로 그 차원이 이번 연구의 핵심 주제인 인격의 이면에 핵심적으로 깔려 있는 죽음인식과 그것을 넘어서려는 실존적 삶의 모습이라는 것이다. 메이는 인격의 구성 요소인, 자유, 개인성, 사회적 통합능력, 그리고 종교적 긴장의 모체라는 점에서 죽음인식을 "신화적" 차원으로 규명하였다(Rollo May, 1991, 44). 다시 말해서 인간은 태어나는 순간부터 죽음을 맞이하는 순간까지 인간의 유한성인 죽음인식과 그로부터 벗어나려는 구원의 몸짓을 표출하면서 지속적으로 인격을 형성시켜 나간다는 것이다(Rollo May, 1991, 43). 이런 측면은 메이의 논의에 있어 죽음인식은 인격을 떠받치고 있는 토대이므로 랑크의 주장과 마찬가지로 인간이해의 핵심문제이다. 그러면 메이가 인격의 토대로서 죽음인식을 불안, 사랑, 용기, 그리고 반항과 연결하여 기술한 부분을 각각 정리하기로 한다.

(2) 죽음과 불안

인간은 건강한 인격을 소유하고 있다고 하더라도 삶의 과정에서 불안을 다양하게 경험하면서 살아간다. 인간으로 존재하는 한 불안으로부터 완전히 해방될 수 없다. 오히려 그러한 불안 상태가 인간의 모습 중 가장 절실한 실존적 모습이다. 단지 어떤 사람은 그러한 상태를 벗어나려고 하는 반면 다른 사람은 비관적으로 머물러 있다. 인격이 어떤 모습이 되었든 불안 밑바닥에는 공통적으로 한계상황의 죽음인식 공포가 본질적으로 깔려 있다. 메이는 바로 이 점을 랑크의 죽음인식 논의에서 통찰을 받아 집중적으로 삶의 공포와 죽음의 공포로 불안에 대한 논의를 발전시켰다(Rollo May, 1975, 18-9).

메이는 단순히 생물학적 몸의 소멸로서 죽음의 공포와 더불어 삶의 과정에서 경험하는 삶의 공포도 불안의 범위 안에 존재한다고 이해하였다. 삶의 공포도 그 이면을 보면 다른 형태의 죽음공포와 밀접히 연결되어 발생한다는 것이다(Rollo May, 1975, 18). 이를테면 생물학적 몸의 소멸이라는 인식에 국한해서만 죽음공포가 발생한다기보다는 죽음이라는 한계상황으로 인해 주어진 삶에서 완수해야 할 일을 완성하지 못하는 데서 밀려오는 정신적 불안이 공포를 근원적으로 불러내기도 한다는 것이다(Rollo May, 1973, 191).

메이는 현대인의 삶에서 불안의 근본적 모습인 죽음의 공포를 다층적으로 분석하였다. 그는 그러한 분석을 토대로 현대인이 겪는 불안의 특징을 두 가지로 분류하였다. 하나는 현대인은 과학 발전과 문명의 다양한 혜택을 받고 있어 과거와 비교해서 훨씬 윤택한 삶을 살고 있는 것 같지만 이면에는 과거에는 상상할 수 없는 공허감 때문에 겪는 불안을 심각할 정도로 깊이 갖고 있다(Rollo May, 1953, 14). 현대인은 공허감을 메우기 위해서 끊임없이 밖으로 향하고 있지만 내면은 언제나 허기진 상태에 있다는 것이다. 다른 하나는 현대인은 경쟁으로 인해 재산이나 명예 또는 지위를 갑자기 박탈당하거나 인간관계에서 소외당할지도 모른다는 불안을 어떤 시대보다도 강하게 지니고 있다. 현대인이 갖는 불안의 이면에도 자신을 지켜줄 것이라고 믿어온 것들이 언젠가는 떨어져 나가거나 무너질지도 모른다는 공포가 불안으로 깊이 작동하고 있다는 것이다. 그러므로 현대인들은 생물학적 몸의 소멸 때문에 죽음의 공포로 인한 불안을 경험하는 것보다는 인간이 관계 맺은 사물이나 사람과의 분리인 상징적 죽음인식으로 더 많은 불안을 경험하고 있다(Rollo May, 1953, 31).

그러나 죽음공포로서의 불안은 반드시 인간에게 부정적인 영향을 미치는 것은 아니다. 많은 경우 그 불안은 인간에게 주어진 삶의 시간을 최대한도로 활용하여서 완수하지 못한 일을 마칠 수 있는 계기를 창조적으로 만들어주기도 한다. 불안은 생물학적 몸의 죽음이든 상징적 죽음이든 정신적이고 영적인 준비를 할 수 있게 하는 성찰적 삶으로 나가게 하는 에너지로 작동하기도 한다. 메이는 자신에게 가장 많은 영향을 끼친 사상가들의 이면을 보더라도 그러한 에너지가 작동하고 있었다는 점을 지적하였다. 이를테면 틸리히가 죽음이 얼마 남지 않았다는 인식 하에 삶의 모든 에너지를 모아 『조직신학』 제3권을 완성한 이후에 죽음을 맞이한 경우나 키에르케고어가 20권의 방대한 책들을 젊은 나이에 모두 쓸 수 있었던 것도 바로 죽음의 불안에 대한 심층적 인식에서 생겨난 삶의 에너지 때문에 가능할 수 있었다. 이뿐 아니라 예술가나 작가가 자신의 작품을 완성한 이후에 죽음을 맞이한 경우나 아니면 더 이상 완성할 일을 찾지 못하면 스스로 목숨을 끊는 경우도 모두 죽음인식의 불안과 연결해서 분석할 수 있다.

(3) 죽음과 사랑

메이는 죽음의 공포를 대면하는 에너지를 사랑으로 분석한 글을 발표하였다. 그는 랑크가 기술하였던 죽음인식과 그것을 극복하기 위한 에너지인 의지에 대한 논의에서 통찰을 받아 1969년에 그의 핵심 저술인 『사랑과 의지』를 출간하였다. 특히 그는 책 제4장에서 아브라함 매슬로우(Abraham Maslow, 1908-1970)가 심장병으로부터 쓰러진 이후 회복되는 과정에서 언급하였던 죽음인식을 핵심적으로 다루고 있다. 그는 내용을 매슬로우에게서 받은 편지를 토대로 언급하였다. 매슬로우가 강조하려고 했던 내용은 죽음인식이 전혀 없었던 상황에서 세상을 바라볼 때의 관점은 인식을 갖고 난 이후 세상을 바라보는 관점과는 근본적으로 차이를 보인다는 것이다. 전자의 관점은 후자와 달리 세상을 무감각하게 바라보지 않고 따뜻하고 공감적으로 바라볼 수 있도록 변화시켜준다는 것이다(Rollo May, 1969, 98).

메이는 죽음인식을 부정적으로 공포나 불안으로만 남지 않고 아직까지 관심을 갖고 있지 않았던 대상에게 마음을 열고 하지 못했던 말을 할 수 있는 사랑의 에너지를 분출하는 원천으로까지 규명하였다(Rollo May, 1969, 102). 이런 측면에서 보면 진정한 사랑은 죽음인식이 없다면 생성될 수 없는 에너지이다. 어떤 경우이든 인간의 죽음인식과 그것을 벗어나려는 불멸인식이 상호 교차되는(Rollo May, 1969, 101) 과정에서 폭발적으로 드러난다. 특히 떠나는 자와 남겨진 자가 마지막으로 작별인사를 해야 하는 임종시간에 사랑의 에너지가 드러난다. 사람들은 이 시점에서 그전에는 찾아볼 수 없었던 화해와 용서 그리고 받아들이고 이해하려는 따뜻한 사랑의 에너지를 쏟는 예를 흔하게 발견된다. 그럼에도 불구하고 진정한 사랑은 결국 헤어져야 하고 분리되어야 하기 때문에 남겨진 자나 떠나는 자 모두에게 '비극적'이다. 이러한 모습은 인간의 사랑 이면에 늘 도사리고 있는 근원적 슬픔이다.

물론 사랑의 비극적 특성은 염세적으로 부정적 차원으로 머물러 있는 경우도 존재한다. 그러나 그것만이 삶의 모습을 모두 보여주는 것은 아니다. 많은 경우 제한된 삶의 기간 때문에 인간은 더욱 충실하게 남은 삶을 열정적으로 사랑하고 더 나아가 그러한 사랑이 죽음 이후에도 불멸의 사랑으로 남을 수 있도록 삶의 동력을 적극적으로 솟아나게 하기도 한다. 메이의 책 제목에서 핵심 주장을 이미 고지하고 있듯이 인간의 한계상황이 실존적으로 사라질 수밖에 없고 어떤 경우에도 상황을 변화시킬 수 없는 운명임에도 불구하고 인간은 그러한 상황에 매이지 않고 변환시키거나 극복하려는 삶의 의지를 사랑의 에너지로 끊임없이 분출해 나간다(Rollo May, 1969, 306).

모든 사랑의 이면에는 삶의 문제를 극복하려는 의지가 깊이 내재되어 있다. 이러한 의지가 부재한 사랑 이야기는 존재하지 않는다. 아마도 부부간의 사랑, 부모의 사랑, 스승의 사랑은 모두 이러한 모습을 보여주는 전형적인 예이다. 이러한 사랑은 삶의 의지가 구체적으로 드러나 있는 헌신과 돌봄의 모습을 많이 보여준다(Rollo May, 1969, 286). 사랑은 언제나 한계상황임에도 불구하고 이루어진 것이기 때문에 감동으로 남게 된다. 사랑과 관련된 고전 작품이나 신화가 계속해서 감동을 주는 것은 죽음이라는 비극적 요소와 동시에 극복하려는 불멸의지를 인간의 근원적 모습으로 보여주고 있기 때문일 것이다. 종교전통에서는 이러한 모습을 더 많이 발견할 수 있다. 불교에서 붓다가 보여준 자비심이나 출가에 대한 얘기, 예수가 십자가에서 보여준 사랑, 순교자의 사랑, 선교사가 보여준 익숙하지 못한 문화에서 보여준 사랑 등은 아주 편안한 낭만적 사랑이 아닌 죽음의 위협과 고통을 통해서 드러난 의지의 사랑이었다.

(4) 죽음과 창조적 용기

메이는 잘 알려져 있듯이 뉴욕 유니온신학대학교에서 신학을 공부하였다. 그는 최종적으로 심리학자로 훈련을 받았지만 기본적으로 신학대학교에서 심리학의 토대인 종교의 중심 논의를 당시 최고 신학자로부터 배울 수 있었다. 신학대학교에서의 여러 가지 경험은 그의 심리학이 기존 심리학의 논의와는 뚜렷이 차별성을 갖도록 해주었다. 사실 상아탑 안에서 절대적인 영향을 미쳤던 당시 심리학은 종교적 차원의 공감적 이해보다는 매우 적대적이었다. 지금은 조금 나아지긴 하였지만 당시 심리학을 비롯해서 대부분의 현대학문의 연구에서는 종교적 차원의 논의가 철저하게 배제된 경향이 지배적이었다. 그러한 풍토에서 진행되고 있던 심리학과 비교한다면 메이의 심리학은 종교적 차원을 강조하고 있다는 점에서 매우 예외적이었다. 그러므로 메이는 북미 실존주의 심리학을 처음 제시한 사람이라고 일반적으로 알려져 있지만 내용적으로 보면 종교적 차원을 다른 어떤 것보다도 중점적으로 다루고 있어 종교심리학자로 분류할 수 있다.

그가 신학대학교에서 직접적인 영향을 가장 많이 받은 신학자는 틸리히였다. 틸리히가 연구한 모든 주제는 다각도로 메이의 심리학적 연구에 영향을 미쳤다. 용기에 대한 이해에 있어서도 예외가 아니었다. 특히 그는 틸리히의 저술 중 이미 고전에 속하는 『존재에의 용기』라는 책에서 통찰을 얻어서 1975년에는 실존주의 심리학의 관점에서 『창조하려는 용기』를 출간할 수 있었다. 책의 핵심 내용은 삶의 가치인 용기를 죽음과 연결해서 기술하였다. 책에서 메이는 용기를 단순히 삶의 다른 가치나 덕목 중 하나로 보지 않고 그것이 구체적으로 실현될 수 있는 결단이라고 규정하였다(Rollo May, 1975, 13). 용기는 인간의 가치나 덕목이 관념적 차원에 머물지 않고 실제적 가치나 덕목으로 나아가게 할 수 있는 결단이라는 것이다. 이를테면 사랑이 사랑일 수 있는 것은 죽음의 한계상황이나 그것을 극복하기 위한 불멸인식의 사유에서 이루어지는 것이 아니라 실천할 수 있는 결단인 용기를 통해서만 가능하다. 마찬가지로 삶의 참과 거짓을 구별하는 도덕도 도덕일 수 있는 것은 도덕을 실천하려는 여러 결단 중 특정 결단을 선택하여 행동에 옮길 수 있는 용기를 통해서만 구체적으로 실현될 수 있다는 것이다.

메이는 책에서 용기의 다양한 형태를 분석하면서 용기의 근본적 모습을 지적하고 있다. 그는 용기의 모습이 보여주는 특징은 죽음인식과 연관되어 있는 것으로 이해하였다. 인간의 한계성인 죽음인식을 처절하게 경험하는 바로 그 순간, 그것을 극복하고 새로운 가능성을 창조하려는 계기가 생성된다는 것이다. 그는 그러한 용기를 "창조하려는 용기"라고 명명하였다(Rollo May, 1975, 25). 그는 틀리히 못지않게 이 점에 있어서 랑크의 의지의 심리학 논의를 결정적으로 받아들이고 있다. 그래서 메이도 창조하려는 용기가 가장 잘 드러낸 경우가 예술가가 보여주는 예술세계라고 생각하였다. 모든 예술가는 자신의 예술에서 궁극적으로 추구했던 것은 자신의 예술정신이 어떤 환경에서도 제한되지 않고 예술작품에서 불멸로 살아남도록 했다는 점에서 창조하려는 용기를 분출하였다는 것이다.

사실 인류의 역사에서 강렬하게 창조하려는 용기를 보여주고 있는 예술작품은 거의 대부분 그 이면을 파헤치면 작품의 원천 배경이 되는 기존 종교전통과의 창조적 갈등 하에서 이루어졌다. 그러므로 예술가의 창조하려는 용기는 때로는 죽음을 두려워하지 않고 종교전통의 명령과 끊임없이 투쟁하기도 한다(Rollo May, 1975, 27). 예술가는 분명히 종교전통의 궁극적 실재로 고백되는 신의 명령을 어기면 죽음을 맞이하지만 죽음을 두려워하지 않고 그것을 넘어서서 자신의 생각이 불멸하게 하려는 신들과의 투쟁을 보여주는 경우도 많이 있다. 이를테면 유대 기독교의 십계명에서 우상의 이미지를 만들지 말라고 하지만 예술가는 죽음을 맞이한다고 하더라도 명령에 굴복하지 않고 예술형식으로 여러 가지 이미지를 만들기도 하였다. 우상 파괴적인 특성을 지닌 이슬람에서도 다양한 성인 숭배가 역사적으로 계속 존재하는 경우나 불교의 다양한 예술작품도 얼마든지 이런 차원에서 예술가의 죽음을 두려워하지 않고 창조하려는 용기가 드러난 모습으로 이해할 수 있다. 물론 메이는 단순히 직업적 예술가나 예술작품에서만 한정해서 창조하려는 용기를 찾은 것이 아니라 인간의 모든 삶의 과정에서 그러한 인식을 벗어나려는 행위를 모두 창조하려는 용기로 이해하였다. 메이가 창조하려는 용기로 이루려는 불멸에 대한 논의를 전개한 부분을 직접 인용해보기로 하자.

> 그러므로 신들과의 전투는 우리 자신의 죽을 수밖에 없는 운명 때문이다! 창조성은 불멸에 대한 열망이다. 우리 인간들은 우리가 죽어야만 된다는 것을 알고 있다. 아주 이상하게도 우리는 죽음을 나타내주는 말을 갖고 있다. 우리들은 각자가 죽음과 대면해야 할 용기를 발전시켜야 함을 알고 있다. 그러나 또한 우리들은 그것에 반항해야 하고 투쟁해야만 한다. 창조성은 이러한 투쟁, 즉 반항으로부터 창조적 행위가 태어난다. 창조성은 우리의 젊음과 어린 시절의 순진한 자발성일 뿐만 아니라 그것은 또한 어른의 열정, 즉 죽음을 넘어서 살려는 열정과 결합되

어 있다. 돌로 지어진 감옥에서 고투하고 있는 노예들에 대한 미켈란젤로의 고통스러운 미완성의 조각들은 우리 인간 조건에 가장 잘 어울리는 상징이다(Rollo May, 1975, 31).

(5) 죽음과 반항(rebel)

마지막으로 메이는 삶의 과정에서 나타나는 반항도 그 이면에는 죽음인식의 표출이라는 점을 지적하였다. 반항은 이 점에 있어서 위에서 기술한 창조하려는 용기와 그 맥락이 비슷하다. 특별히 메이는 정치적 사건이나 문명의 변환이 일어날 수 있는 계기인 반항 그 이면에 존재하는 죽음인식을 주목하였다. 그는 1972년에 출간한 인간의 폭력 연구를 심층적으로 분석한 『권력과 순진성』을 통해서 반항과 죽음인식의 상관관계를 집중적으로 다루고 있다. 그는 관계를 분석하기 전에 우선 혁명과 반항의 차이점을 구별하려고 하였다. 혁명과 반항은 모두 대항하려는 대상인 기존 권위를 거부한다는 점에서 비슷하지만 전자는 폭력으로 목적을 실현한 결과 혁명 이후에도 또 다른 혁명을 불러내게 되어 결국 폭력의 순환성을 끊어내지 못하는 반면에 후자는 그렇지 않다는 것이다(Rollo May, 1972, 221). 혁명은 기존 정치 세력을 새로운 세력으로 대체하려는 것이 중심 목적이지만 반항은 인간의 삶이 개인적으로나 사회적으로 새롭게 변환할 수 있도록 정신적 비전의 향상에 더 많은 가치를 두고 있다는 것이다.

메이는 정치나 문화 현상에서 억압적 권위의 폐기를 주장하는 사람들을 진정한 의미의 반항 에너지를 분출하는 사람들로 규정하였다(Rollo May, 1972, 222-23). 반항 에너지를 표출하는 사람들은 어느 누구보다도 자신의 몸을 비롯해서 자신이 속한 공동체가 지금 그대로 영원히 지속되지 않고 소멸하거나 다른 것으로 대체될 것이라는 죽음인식으로 인해 단순히 기존의 정치적·문화적 환경을 그대로 따라가지 않는다. 그들은 기존 방식이 잘못되었음에도 불구하고 영원히 유지시키려는 부정적 권위나 환경에 언제나 반항 에너지를 표출한다. 그들은 반항 때문에 육체적·정신적 죽음을 맞이할지도 모르지만 자신의 몸과 사회적·정치적 죽음에 개의치 않고 반항 에너지를 끊임없이 표출한다. 인간의 역사 속에 드러난 모든 문화나 문명은 특정 사람들의 반항 에너지가 존재하지 않았다면 피어날 수 없었을 것이다. 그러므로 기존의 정치적이고 사회문화적 전통이 유지되기 위해서는 전통이 더욱 성장할 수 있도록 그 이면에 깔려 있는 문제점을 끊임없이 지적하는 창조적 반항에 달려있다.

메이는 개인이나 집단이 인간의 삶을 증진시킬 수 있는 창조적 반항의 기준점으로 다섯 가지 특성을 제시하였다(Rollo May, 1972, 236-37). 첫째, 창조적 반항은 지엽적이기보다는 보편적 특성을 갖고 있어야 한다. 반항자의 개인 인맥이나 지역 차원에 국한되기 보다는 일반 사람들이나 지역까지도 품어낼 수 있는 특성을 보여주어야 한다. 이런 측면에서 반항은 몇몇 사람에게만 제한되어 발생하는 것이 아니다. 보다 광범위하게 다양한 사람들을 호소력 있게 품어낼 수 있는 초월적 능력이다. 둘째, 창조적 반항은 공감능력을 갖고 있어야 한다. 기존 사회문화의 중심 흐름에 따라가지 못하고 뒤쳐져 있는 주변이나 고통의 흐름과 동일시할 수 있는 공감능력이다. 셋째, 창조적 반항은 독선이나 독백보다는 대화할 수 있는 능력이다. 반항은 중심과 더불어 주변 환경 주체를 모두 고려할 수 있는 대화를 통해서 기존에 갖고 있던 생각을 수정할 수 있는 자기 비판성을 보여주기도 한다. 넷째, 창조적 반항은 새로운 질서와 방향성을 제공해줄 수 있는 능력이다. 기존의 삶의 양식이 수정되어 더욱 발전해 나갈 수 있도록 새로운 비전을 제시할 수 있는 능력이다. 다섯째, 창조적 반항은 실패할 가능성도 분석해낼 수 있는 능력이다. 단순히 과대망상에 취한 것도 그렇다고 관념에 사로잡혀 이상적 이데올로기만을 고집하는 것도 아니다. 그것은 도덕적으로 실패할 조건까지도 인식할 수 있는 종합적 판단 능력이다.

더 나아가 앞의 다섯 가지 특성으로 구성된 창조적 반항은 단순히 이상적 가치로서의 선에 대한 관념적 차원이 아니다. 어떤 문제보다도 사회문화 속에 존재하는 악의 문제를 직시하는 능력을 보유하고 있다. 그러므로 메이의 심리학은 악의 문제에 대한 인식에 있어서 칼 로저스(Carl Rogers, 1902-1982)의 내담자 중심의 인본주의 심리학과는 많은 차이점을 보이고 있다. 그는 사회적 환경이나 문화를 고양, 변화시키기만 하면 현대의 가장 위협적인 문제인 핵으로 인한 재앙도 막을 수 있다는 로저스의 낙관론을 받아들일 수 없었다. 그는 악에 대한 문제와 관련해서 로저스에게 공개편지를 보낼 정도로 인간의 현실은 아무리 문화적・교양적 교육을 받았다고 하더라도 인간의 마성적인 요소로 인해 악으로 변환될 수 있다는 점을 강력히 고발하였다(Rollo May, 1986, 13-4). 한마디로 로저스의 심리학은 인간의 마성적 차원과 악마성에 대한 논의를 너무 가볍게 여긴 것과 대조적으로 인간에 대한 낙관론을 너무 강조한 나머지 악의 가능성에 대한 논의를 심층적으로 전개하고 있지 않다는 것이다(Rollo May, 1986, 22).

메이가 제시한 창조적 반항에 대한 이러한 특성들은 대부분 창조적 인물의 삶에서 쉽게 발견할 수 있다. 창조적 반항의 원형적 모습을 보여주었던 종교적 인물도 예외가 아니다. 모든 종교전통에서 획기적 일을 수행한 대부분의 종교적 인물은 처음부터 편안한 삶을 유지하였기보다는 육체적 죽음도 두려워하지 않았을 뿐만 아니라 진리와 가치로 인식되었던 것들까지도 폐지시키는 상징적 죽음인식을 표출하였다. 그러므로 그들은 종교사의 맥락에서 보면 창조적 반항을 분출했던 사람들이다. 붓다가 당시 브라만교의 삶의 양식에 창조적 반항을 전개하지 않았다면 불교는 나타나지 않았을 것이다. 마찬가지로 예수가 당시 유대교에 대한 생각을 기존 방식과 다르게 생각하지 않았다면 기독교는 탄생할 수 없었을 것이다. 대부분의 신종교 운동은 기존 종교전통의 창조적 반항을 통해서 시작되었다. 단지 차이점은 어떤 운동은 끊임없이 발전하여 세계 종교전통으로 발전될 수 있었던 반면 다른 운동은 그렇지 못하고 쇠퇴하거나 아니면 사라지는 경우이다. 현대에서 일어나는 다양한 신종교 운동의 탄생도 이런 측면에서 고찰해 볼 수 있다.

지금까지 오토 랑크에 영향을 받은 롤로 메이의 죽음인식을 정리해 보았다. 그러한 과정으로 확인할 수 있었던 것은 메이는 언제나 인간의 삶의 다양한 주제를 전개하는 데 있어 공통적으로 죽음인식을 통하여 논의의 핵심을 드러내려고 하였다는 점이다. 메이는 실존주의 심리학에 근거해서 종교에 대한 심리학적 논의를 많이 전개한 것으로 알려져 있다. 하지만 정확히 말해서 그는 인간 실존의 핵심인 죽음인식 즉 생물학적 몸의 소멸로서의 죽음만이 아니라 사회 전체의 역동성 안에 내장되어 있는 죽음인식과 그것을 넘어서려는 몸짓의 변증적 관계를 파헤치고 있다는 점에서 죽음의 심리학자라고 불러야 할 것이다. 더 나아가 그는 일반 심리학자의 경향과 달리 죽음인식에 대한 논의에서 종교적 차원을 경시하지 않고 오히려 핵심으로 파악해서 이 면을 종교심리학적으로 스케치하려고 하였다. 다음에는 랑크의 죽음인식에 논의를 더욱 구체적으로 사회문화현상을 분석하는 데 적용하였던 로버트 제이 리프톤의 논의를 검토하기로 한다.

2) 로버트 제이 리프톤의 죽음인식

로버트 리프톤의 죽음인식 연구는 현대 죽음연구사에 이론적으로 많은 영향을 미치고 있다. 그의 연구는 죽음인식의 변화 과정을 사회문화의 변동과 연결해서 바라볼 수 있는 전체적인 틀을 제공하고 있다는 점에서 이론적 가치를 지니고 있다(Philis Palgi and Henry Abramovitch, 1984, 393). 그의 논의가 죽음인식 연구와 관련해서 이론적으로 독특한 입장을 갖게 된 데는 다양한 학문분야의 연구자들의 논의에서 영향을 받았기 때문에 가능하였다. 그래서 리프톤이 영향을 받은 사람들 중 그의 논의를 새롭게 구성하는 데 결정적인 영향을 미친 논의를 검토해 본 다음 어떤 기반으로 그의 논의가 발전되어 갈 수 있는지를 정리해보기로 한다.

(1) 주제인식과 연구방법

리프톤이 죽음인식과 관련해서 영향을 받은 연구자는 대표적으로 오토 랑크, 에릭 에릭슨(Erik Homburger Erikson, 1902-1994), 인류학자인 마거릿 미드(Margaret Mead, 1901-1978), 그리고 상징주의 철학자인 수잔 랭거(Suanne Langer, 1895-1985)이다. 물론 세 사람 이외에도 프로이트를 비롯해서 다양한 사람들을 더 많이 언급할 수 있지만 그의 논의의 핵심을 구성하는 데는 이들 논의가 중심을 이루고 있다고 판단한다. 그런데 죽음인식에 대한 심리학적 논의와 관련해서 심층적으로 가장 많이 영향을 받은 사람은 랑크였다. 다른 사람들로부터는 죽음인식 자체에 대한 논의 보다는 오히려 주제를 연구해 들어가기 위한 관점이나 방법을 보강하려는 차원에서 영향을 받았다고 판단한다.

리프톤이 랑크의 논의를 기초로 죽음인식의 통합적 논의를 조망하고 있는 주요 저술은 1979년도에 출판된 『무너진 연결(The Broken Connection)』이다. 그는 책 초반부에 죽음인식과 관련하여 논의 중심인 "상징적 불멸"을 기술할 때 머리말부터(Robert Lifton, 1979a, 18) 결론에 이르기까지(Robert Lifton, 1979a, 394) 랑크의 논의를 결정적으로 언급하고 있다. 그럼에도 불구하고 리프톤은 이상할 정도로 랑크의 죽음과 불멸에 대한 논의에 대해서 이중적 태도를 보이고 있다. 그가 그러한 태도를 보이고 있는 곳이 여러 곳에서 발견되지만 대표적으로 죽음인식을 문화나 문명의 원천으로 지적하는 부분이다. 앞에서도 살펴보았듯이 이러한 지적은 랑크의 죽음인식에서 빌려온 주장이다. 그러나 리프톤은 이 부분에 있어서 랑크의 논의와 의도적으로 거리를 두려고 하였다. 특히 그는 『무너진 연결』의 서문에서 죽음인식으로 인해 문화와 문명의 출현이 가능하다는 점을 반복적으로 지적하면서도 랑크의 의견과는 차이가 있음을 강조하고 있다(Robert Lifton, 1979, 5-6).

또한 리프톤은 랑크의 죽음인식 논의를 언급할 때마다 프로이트와 비교하면서 그의 논의는 새로운 것이라기보다는 프로이트가 이미 지적하였던 문제라고 말하면서도 글의 끝 부분에 가서는 프로이트의 논의보다는 랑크의 의견을 인정하는 방향으로 가는 것도 이해하기 어려운 측면이다. 그러므로 리프톤이 랑크에 대해 갖고 있는 전반적 평가는 전체적으로 이중적인 모습을 보이고 있다. 그 이유를 여러 가지로 생각해 볼 수 있겠지만 아마도 가장 분명한 이유는 그의 의견이 랑크의 의견과 거의 동일시되어 있기 때문에 나름의 차별성을 두기 위해서 전략적으로 평가를 내린 것이다. 앞에서도 지적하였듯이 랑크는 프로이트의 정신분석학 논의를 넘어설 것을 강조하면서 제안하였던 사회문화적인 또는 역사적 차원에 대한 강조로 인해 리프톤은 자신의 사회심리학적 주장이 희석될 수 있다는 생각 때문에 랑크와는 차이점이 있다는 점을 의도적으로 언급할 수밖에 없었을 것이라는 의구심까지 들기도 한다(Robert Lifton, 1979a, 284).

리프톤이 랑크의 논의를 죽음인식과 관련해서 그대로 반복하고 있다는 점은 크게 두 가지로 지적할 수 있다. 하나는 죽음인식이라는 주제를 어떤 주제보다도 인간이해의 핵심임을 강조하고 있다는 점이다. 죽음인식 연구는 단순히 삶의 다른 주제와 동등하게 위치시킬 수 있는 것이 아니라 바로 그러한 주제가 논의될 수 있는 원천임을 강조하고 있다는 점이다. 그러므로 리프톤은 메이가 죽음인식 연구를 할 때 늘 다른 주제와 연결해서 실존적 차원에서 전개했던 것과 달리 모든 연구 주제를 죽음인식이라는 문제에 집중해서 몰두할 수 있었다(August Lageman, 1987, 26). 다른 하나는 죽음인식이라는 주제를 연구해 나가는 관점이나 방법에 있어서도 랑크의 경우처럼 죽음인식 연구를 정신의학의 관점만을 고집스럽게 주장하지 않았다는 점이다. 그의 관점은 기존 정신의학적 차원을 기계적으로 드러내기 보다는 인접 학문의 논의와 적극적으로 연결시키는 학제적 관점을 통합적으로 보여주고 있다. 그러므로 그의 관점은 종교학, 역사학, 심리학, 철학, 문학, 신학, 사회학, 인류학 등 거의 모든 학문분야의 관점을 비판적으로 연결해서 죽음인식 연구를 확립해 나갈 수 있는 보편적 토대를 강조하고 있다(Robert Lifton, 1979a, 394).

리프톤은 랑크의 논의를 기반으로 죽음인식에 초점을 두고 연구를 위한 방법론과 관련해서는 위에서 언급했듯이 세 사람으로부터 영향을 받았다(August Lageman, 1987, 21-3). 첫째, 그는 사회문화의 총체성인 역사와 그 안에서 인간이 경험하는 죽음의 상호성을 연구해 나가는 데 있어서 당시 사회심리학자이자 발달심리학자로 많이 알려진 에릭슨의 생애 연구 관점으로부터 영향을 받았다. 둘째, 그는 문화와 사회에 대한 논의를 죽음인식과 연결하는 데 있어서 마거릿 미드의 인류학적 연구방법으로부터 영향을 받기도 하였다. 물론 리프톤은 에릭슨과 미드의 방법론적 논의로부터 통찰을 얻어 새로운 연구방법을 전개하였지만 그렇다고 해서 그들의 연구대상과 같은 대상에 방법을 적용하지 않았다는 점에서 차이점을 보이고 있다. 그는 에릭슨처럼 과거의 역사적 중심 인물이나 그들의 연구물에 초점을 두기 보다는 오히려 사회나 역사의 주변 인물이나 일반 사람들의 죽음인식에 주목하였다. 그는 미드처럼 특정 북미 인디언 부족이나 고립된 지역을 중심으로 연구를 수행하지 않았다. 그는 함께 살고 있는 지역에서 주변적으로 밀려나 있는 일반 사람들의 죽음인식에 초점을 두면서 연구를 전개하였다. 셋째, 그는 상징적 존재로서의 인간이해를 강조한 수잔 랭거의 논의로부터 많은 영향을 받기도 하였다. 그는 이 세 사람에게 받은 통찰에 근거하여 심리 · 역사적(psychohistoric) 방법론을 전개할 수 있었다(Kristen Waymire, 2008, 13).

리프톤은 심리 · 역사적 관점을 토대로 인간의 역사에서 전쟁이나 비극적 사건을 중심으로 죽음인식과 관련된 논의를 구체적으로 이해해 들어가기 시작하였다.[4] 대표적으로 그가 죽음인식과 관련해서 주목한 비극적 사건들은 세계에서 일어난 전쟁 중에서 특히 세계대전, 일본의 히로시마에 원자폭탄이 투하된 사건, 히틀러의 유대인 대학살

4) 리프톤이 처음으로 이런 관점에서 저술한 책은 1961년에 출간한 『사상개조와 전체주의의 심리학(*Thought Reform and Psychology of Totalism*)』이다. 사실 그의 논의는 이 책을 통해서 널리 알려지게 되었다. 이 책은 냉전시대의 이데올로기의 치열한 투쟁의 분위기에서 당시 중공의 세뇌(brainwashing)의 전략을 연구하였다는 점 뿐만 아니라 당시 포로로 잡혀 있던 서방의 군인들이나 선교사들의 구체적 경험담을 토대로 집필되었기 때문에 많은 관심을 불러낸 저술이었다.

인 홀로코스트, 중국의 문화대혁명, 베트남 전쟁이었다. 그는 이러한 비극적 사건이나 전쟁에 직접 참여하거나 생생하게 목도한 시민들이나 퇴역 군인들의 진술을 토대로 죽음인식 연구를 상세하게 전개하였다. 특히 그는 남겨진 자들(survivors)이 남겨 놓은 다양한 기록물과 심층 인터뷰를 통해서(Robert Lifton, 1968a, 참조) 그들 내면에서 경험한 죽음인식으로 인한 비탄과 슬픔 그리고 그러한 감정을 넘어서려는 다양한 몸짓을 다섯 가지로 유형화해서 스케치하려고 하였다.

(2) 죽음인식과 상징적 불멸의 유형

앞에서도 잠시 언급했지만 리프톤의 죽음인식과 불멸에 대한 논의가 이론적으로 정리된 저술은 거의 500페이지 정도 되는 『무너진 연결』이다. 이 책은 크게 죽음과 불멸, 죽음과 감정, 그리고 죽음과 역사 3부로 분류하여 가장 위협적인 죽음의 이미지를 보여주는 핵시대(nuclear age)의 문제점을 심층적으로 다루고 있다. 특히 이 책은 초반부에서 죽음과 불멸에 대한 다양한 이론적 논의를 전개한 다음 구체적인 사례들을 분석하고 있다. 아마도 리프톤의 죽음과 불멸인식에 대한 논의는 이 부분에 거의 다 정리되어 있다고 해도 과언이 아니다. 그 이후에는 대부분 이러한 논의에 토대를 두고 있다. 그러므로 이 책 이전의 저술을 포함하여 그의 모든 저술은 이러한 이론적 논의를 토대로 역사적 사건들의 다양한 모습을 죽음인식과 불멸이라는 논의에 초점을 두고 비판적으로 정리한 것으로 이해할 수 있다.

리프톤은 죽음인식 논의를 심리학적으로 세 가지 입장으로 나누어서 정리하였다. 하나는 프로이트의 정신분석적 죽음인식 논의를 중심으로 정리한 이성적인 우상파괴의(rationalistic-iconoclastic)입장이다(Robert Lifton, 1979, 14). 이 입장은 죽음인식을 불멸과 연결하기보다는 죽음

자체를 완전한 소멸로 이해해서 죽음이후에 일어날 수 있는 정신이나 영혼의 변환과 같은 어떤 논의도 허용하지 않는 입장이다. 엄격히 말해서 이 입장은 생물학적이고 유물론적 인간이해에 뿌리를 두고 있어 몸의 소멸을 넘어서 죽음이후의 불멸이나 내세에 대한 논의의 가능성을 거의 찾아볼 수 없다.

다른 하나는 신화적인 위생학(mythic-hygienic)의 입장이다(Robert Lifton, 1979a, 15). 처음에는 프로이트의 정신분석적 인간이해를 따랐지만 결별 후 근본적 차이점을 보여주었던 융의 죽음인식 논의이다. 융은 생물학적 몸의 소멸로서의 죽음이해에 강조점을 두지 않고 생물학적 몸의 소멸 이후에도 정신적인 것이 계속 이어지는 불멸인식인 원형적 상징성에 주목하였다. 융은 프로이트와 달리 인간은 반드시 죽음을 맞이하는 존재임에도 불구하고 죽음이후의 삶에 대한 원초적 열망을 통해서 이곳의 삶이 고통스럽다고 하더라도 열망을 계속 유지시켜 나가는 것으로 이해하였다.

마지막 하나는 정신분석적이고 심층심리학적 입장과는 구별된 리프톤이 제시한 형성적 상징화(formative-symbolizing)의 입장이다(Robert Lifton, 1979, 17). 이 입장은 프로이트처럼 죽음을 몸과 정신의 완전한 소멸로 보는 것도, 융처럼 죽음이후 펼쳐질 영혼의 변환이나 불멸에 대한 논의에 관심을 일차적으로 두지 않고 있다. 이것은 인간이 삶의 과정서 만나는 죽음을 넘어서기 위한 불멸 형성의 상징화 과정에 관심을 두고 있다. 이것은 누구든 결국 죽음을 맞이할 수밖에 없는 존재라는 사실을 대면하는 과정에 갖게 되는 죽음 이미지들과 그것을 벗어나려는 현재의 몸짓에 관심을 두고 있으므로 죽음이후의 불멸에 대한 관념적 논의가 아니다. 오히려 인간이 죽음을 맞이하기 전 삶의 과정 중 갖게 되는 죽음인식으로서의 "죽음의 중간적 앎"에 대한 논의에 초점을 두고 있다(Robert Lifton, 1979a, 17).

사실 리프톤의 입장은 랑크의 죽음인식 이해와 구별하기 위해서 형성적 상징화의 입장을 제시하고 있지만 뚜렷한 차이점을 보여주지 못하고 있다. 랑크가 반복해서 강조하고 있듯이 그의 죽음인식 연구는 죽음이후의 불멸에 대한 관념적 논의에 초점을 두지 않았다는 점에서 리프톤의 입장과 구별되지 않는다. 또한 랑크의 창조하려는 유형의 인간은 삶과 유리되어 있는 죽음인식이 아니라 삶의 과정 안에서 끊임없이 예술이나 문화, 문명 또는 종교까지도 창조하고 있는 점을 포착하려고 하였다는 점에서 리프톤의 죽음과 불멸인식에 대한 논의를 훨씬 이전에 상세하게 제시하였기 때문이다. 그럼에도 불구하고 리프톤은 이번에도 랑크의 죽음과 불멸인식의 견해는 현실적이지 못하고 형이상학적이거나 종교적으로 빠지고 있다고 평가하면서 자신의 현실적 논의와 차이가 있다는 점을 모호하게 지적하고 있다. 그가 어정쩡하게 비판하고 있는 부분을 직접 인용해보기로 한다.

> 이러한 견해는 인간은 자신의 영원한 생존을 위한 확신을 갖기 위해서 그리고 더 나아가서 "인간은 자신의 영적인 자아를 유지하기 위해서 자연적 조건들을 변화시킴으로써 문화를 창조하는" 존재라는 확신을 갖고 있다는 랑크의 견해로부터 영향을 받았다. 그러나 랑크는 인간의 근본적 "불합리성"의 부분으로 전체 과정을 봄으로써 전체 문제를 "심리학을 넘어서"라는 종교적 열망의 영역으로 편입시키고 있다. 우리는 대신에 이러한 원리를 심리학의 중심에 두고 상징적 불멸을 위한 갈등을 합리적으로나 아니면 비합리적으로 보지 않고 단지 인간의 실존적이고 육체적인 상태의 심리적 표현으로 보고 있다(Robert Lifton, 1979a, 394).

더 나아가 리프톤의 입장은 랑크의 주장과 매우 비슷하게 죽음불안을 극복하기 위해 상징적 연결들을 끊임없이 창조하려는 존재로 인간을 규정하고 있다. 그는 인류 역사에서 죽음불안을 넘어서기 위한 상징적 불멸을 다섯 가지 유형으로 제시하였다. 첫째 유형은 생물학적 불멸이다(Robert Lifton, 1979a, 18-9). 이것은 주로 동아시아 문화권에서 전통적으로 내려온 불멸 유형이다. 특히 유교 문화권에서 전통적으로 남자 자녀를 통해서 조상으로부터 내려온 가문을 계속 이어나가기를 열망한다. 비록 현재의 인간이 죽음을 맞이한다고 하더라도 자녀를 통해서 조상대로부터 계속 유지되어온 가족의 전통이 보존되어야 한다는 것이다. 이런 측면에서 전통을 계속 이어 갈 수 있고 동시에 조상뿐만 아니라 앞으로 이후의 후손과도 연결할 수 있는 자녀를 갖는 것은 절대적이다. 동시에 동아시아 문화권에서는 조상에 대한 제사를 실천하면서 과거, 현재, 그리고 미래에도 계속 이어질 가족의 절대적 연결성을 상기시키고 있다.

둘째 유형은 신학적 혹은 종교적 불멸이다(Robert Lifton, 1979a, 20-1). 이것은 주로 종교전통에서 죽음이후의 불멸인식에 관한 논의이다. 모든 종교전통은 오래되었든 최근에 형성되었든 생물학적 몸의 죽음을 끝으로 보지 않고 그 이후에도 계속 이어질 삶이나 영혼의 변환에 대해서 다양하게 진술하고 있다. 물론 모든 종교전통은 불멸인식에 대한 논의를 동일하게 제시하고 있지 않고 내용적으로 차이점이 보여주고 있다. 하지만 모든 종교전통에서 공통적으로 보여주는 것은 죽음과 그것을 넘어서려는 나름의 해답 체계인 상징적 불멸에 대한 논의를 하고 있다는 점이다. 기독교는 현세의 삶 이후 불멸의 세계가 존재한다는 점을 언급하고 있고 불교에서도 다시 태어나든 그렇지 않든 죽음이후에 대한 언급하고 있다. 단지 차이점은 가톨릭의 연옥 교리를 제외하고 기독교에서는 인간이 천국에 들어갈 수 있는 두 번의 기회가 없다는 점을 교리적으로 강조하고 있는 것과 대조적으로 불교에서는 니르바나의 세계에 갈 수 있도록 무수한 기회를 마련할 수 있는 윤회 사상으로 죽음이후의 불멸에 대한 논의를 제시하고 있다. 신종교 계열의 종교전통에서도 죽음을 벗어나려는 불멸에 대한 논의를 강조하고 있다는 점에서 예외가 아니다. 그러므로 모든 종교전통은 죽음인식의 불안을 해소시켜주는 해답으로서의 상징적 불멸의 치유체계이다.

셋째 유형은 창조적 불멸이다(Robert Lifton, 1979a, 21). 이 유형은 앞에서 살펴보았듯이 랑크의 논의를 그대로 받아들이고 있는 또 다른 증거이다. 이것은 주로 인간의 예술적 노력에서 발견할 수 있다. 예술가가 문학, 미술, 조각, 건축, 음악 또는 영화 같은 다양한 예술행위로 죽음이후에도 자신의 예술정신이 죽지 않고 제자들이나 자신이 속해있던 학파 안에서 불멸로 지속되기를 바란다. 물론 이러한 불멸은 예술가의 삶에서만 발견되는 것은 아니다. 창조적 행위를 수행하는 정치, 경제, 사회, 과학이나 기술의 세계 안에서도 쉽게 찾아볼 수 있다. 종교전통도 예외가 아니다. 모든 종교전통의 신학자나 교학 연구자들은 전통적으로 내려온 핵심 주장을 어떠한 변화도 거부하면서 있는 그대로 보존되기를 추구하기도 한다. 그러나 다른 한편으로 기존 종교전통으로부터 갈라져 나온 종교창시자들이나 개혁가들은 과거부터 내려온 핵심 이론을 폐지하고 새로운 이론으로 대체하거나 수정하여 자신들의 창조적 불멸을 주장한 것으로 해석할 수 있을 것이다.

넷째 유형은 자연 자체에 대한 불멸이다(Robert Lifton, 1979a, 22-3). 이 유형은 동아시아의 도교전통에서 강조되어 있다. 인간은 자연에서 나와서 자연으로 돌아간다는 말이 있을 정도로 일반 사람들의 경우에서도 자연에 대한 불멸인식을 갖고 있는 모습이 많이 발견된다. 인간과 연결된 모든 인연은 모두 변하거나 최종적으로 없어진다고 하더라도 주위 환경으로 존재했던 산이나 바다와 같은 자연은 없어지지 않고 죽음이후에도 그대로 존재할 것이라는 불멸인식이다. 많은 사람들이 죽음을 맞이하기 전 자연에 더 가까이 가려는 모습이나 유언으로 자신의 시체를 화장 한 다음에는 그 재를 자연에 뿌려 달라는 유언도 이런 열망과 무관하지 않다. 최근 많이 회자되고 있는 환경 생태운동도 이런 측면에서 자연의 불멸인식으로 이해해볼 수 있을 것이다.

마지막으로 다섯째 유형은 경험적 초월(experiential transcendence)이다(Robert Lifton, 1979a, 24). 이 유형은 앞에서 살펴본 네 가지 유형과는 다른 차원을 지닌다. 이를테면 생물학적 불멸, 종교적 불멸, 자연 자체에 대한 불멸, 그리고 예술적 불멸은 범주와 내용을 구체적으로 규정할 수 있는 것과 달리 경험적 초월 유형은 그렇게 규정할 수 없다. 이것은 네 가지 유형에 더해질 수 있는 또 다른 상징적 유형의 불멸이기보다는 모든 유형들을 창출한 모체이다. 이것은 마치 삶의 모든 차원들을 관통하거나 전복시킬 수 있는 종교적 경험 혹은 신비주의적 경험과 유사하다. 엄밀하게 말하면 내용적으로 뚜렷이 규정되어 있는 상징적 불멸 유형들은 모두 경험적 초월이 이차적으로 가공된 것들이다. 경험적 초월은 네 가지 유형들 안에 혼재되어 표출되기도 하지만 기존 유형들로는 담아낼 수 없는 경험을 포함하고 있다는 점에서 신비주의적 특성을 보이고 있다. 또한 경험적 초월은 기존의 삶의 형식을 근본적으로 새롭게 변환시킬 수 있는 힘을 갖고 있다는 점에서 회심의 경험과 매우 비슷하다.

경험적 초월은 삶의 특정 방식에서만 발생하는 것이 아니다. 그것은 삶의 어떠한 과정에서도 발생할 수 있다. 그것은 제도적으로 규정되어진 종교적 삶의 방식에서도 다양하게 일어나기도 하지만 세속적 삶의 방식 안에서도 다양한 모습으로 발생한다는 점에서 제임스의 종교적 경험이나 아브라함 매슬로우의 절정 경험(peak experience)과 유사하다. 이를테면 경험적 초월은 노래, 춤, 전쟁, 성적 사랑, 출산, 운동 경기, 과거의 회상, 지적인 치열한 작업, 약물복용, 기근이나 삶의 처절한 조건을 매개로 물리적 시간과 한계로부터 벗어날 수 있게 하는 엑스터시이다. 물론 경험적 초월은 오랜 시간 지속되지 않고 순간적으로 발생하지만 공통적으로 다음 세 가지 특성을 보여준다. 무엇보다도 삶의 혼란스러운 분열성을 통합시켜준다. 다음으로 언어의 한계로 인해 말로 쉽게 기술할 수 없는 깨달음과 통찰을 갖게 해준다. 마지막으로 건조한 평범한 경험보다는 감정을 불러내어서 인식적으로 그 감정에 대한 강렬성을 갖도록 한다(Robert Lifton, 1979a, 25).

리프톤은 변환적 자아(protean self)와 연결해서 경험적 초월에 대한 논의를 더욱더 이론적으로 발전시켰다. 그는 프로이트의 경우처럼 자아를 개인적 무의식과 연결하거나 융의 경우처럼 원형적 자아의 논의로 연결하여 불멸에 대한 논의를 전개하지 않았다. 그는 인간의 심층적 무의식적 자아를 고착되어 있는 실체로 파악하지 않고 계속 변화해가는 유기적 존재로 파악하였다(Robert Lifton, 1983, 14). 인간은 죽음인식을 문화적 조건 안에서 이미지화시켜가는 것과 함께 죽음을 넘어서려는 상징적 불멸의 과정으로 늘 새롭게 자아를 형성시켜 나가는 존재라는 것이다. 인간의 자아는 그러한 과정을 더 이상 갖지 못할 경우 병들게 되어 심하게 고착되기도 한다. 이러한 측면 때문에 그는 자아의 심리치료에서 개인적이든 집단적이든 의식 이면의 무의식적 영역에 대한 분석보다 그러한 과정을 유기적으로 흐르게 해주는 것이 자아치료의 근본이라고 주장하였다(Robert Lifton, 1983, 81). 비극적 죽음으로부터 남겨진 자들이 애도치료를 이루는 것도 죽음에 대한 철저한 대면과 함께 나름대로의 문화적 이미지화를 통해서 자아가 불멸의 상징화를 형성할 수 있을 때 비로소 가능하다는 것이다. 리프톤이 『무너진 연결』의 결론의 마지막 페이지에서 웅변적으로 그러한 논의의 핵심을 랑크의 논의를 인용하면서 주장하고 있는 구절을 들어보기로 한다.

> 우리는 한편으로는 변환적 자아와 하나의 절대적인 것, 획일적 믿음의 안전한 정박지를 찾기 위해 반대방향을 향해서 가려는 것 사이에서 왔다 갔다 하고 있다. 우리는 직접적이고 궁극적 간섭들을 포함하는 인식형식(a form of awareness)을 추구한다. 오토 랑크는 이것을 "두개의 자아들, 유한적 자아와 불멸의 자아가 하나의 똑같은 인격으로 합류되고" 있다고 지적하였다. 이러한 합류는 우리로 하여금 위협과 확장된 연결의 지구적 풍경과 더불어 붕괴와 재생의 변화해가는 내면적 풍경을 동시에 대면하도록 요청한다. 우리는 이미지들로 살지만 그 이미지들은 표류한다. 우리의 점증하는 인식능력은 우리의 삶을 상징화해가는 방향성을 제공해주고 우리는 이해하기 시작한 하나의 방법을 발견한다(Robert Lifton, 1979a, 394).

리프톤은 죽음인식에 대한 논의를 토대로 현대의 중요한 역사적 사건들을 분석하였다. 그는 일본이 근대화 과정을 겪으면서 보여주는 죽음과 불멸인식의 논의를 일본 사회에 영향을 강하게 미친 일본 사람들의 생애와 연결해서 심층적으로 분석하였다. 그는 일본 사람들이 보여주는 죽음인식은 서양에서 보여주듯이 개인적 차원이나 어떤 초월적 실재와의 관련성보다는 오히려 자연적 우주로의 되돌아감의 의미가 강하게 자리 잡고 있다는 점을 설득력 있게 제시하였다(Robert Jay Lifton, Shuichi Kato and Michael R. Reich, 1979b, 25). 그의 논의에 의하면 일본 사람들에게 죽음은 단순히 이곳에서 속해 있던 공동체로부터 분리된 곳으로 이동하는 현상이 아니다. 그것은 공동체가 더욱 확장되는 과정이지만 그렇다고 개인적이거나 아니면 사후 세계의 특정 영역으로의 이동보다는 원래 있던 곳으로 다시 돌아간다는 집단 공동체의 자연주의적 장소를 암시하고 있다. 그러므로 일본에서는 죽음인식이 집단 공동체와 연결되어 있어 개인적으로 잘못이 있을 경우 자신이 속한 집단의 오점이 되지 않도록 죽음을 선택하고 있다는 점에서 자살에 대한 의미도 사회적 차원과 무관치 않다(Robert Jay Lifton, Shuichi Kato and Michael R. Reich, 1979b, 26).

리프톤은 특정 엘리트 그룹의 죽음과 불멸인식만 연구하지 않고 평범한 일본사람을 대상으로도 연구를 전개하였다. 특히 그는 히로시마 원폭 현장에 직접 방문해서 생존자들이 원폭 이전의 경우처럼 더 이상 죽음이후의 불멸인식을 희망으로 품지 못해 생겨난 심층적 트라우마를 분석하였다(Robert Jay Lifton, 1968a 그리고 Robert Jay Lifton, 1979a, 제3부인 "죽음과 역사: 핵폭탄의 이미지" 참조). 그가 원폭 생존자들의 트라우마를 연구하면서 깨닫게 된 것은 핵폭탄을 경험하기 이전과 달리 그 경험 이후에는 자연 자체에 대한 불멸의 상징화가 더 이상 작동하지 못하고 상당히 깨져 있다는 점이다. 인간은 원폭 이전에는 죽음을 맞이하더라도 여전히 강과 산은 그대로 있을 것이라는 믿음으로 자신의 죽음 과정을 불멸의 자연으로 되돌아간다는 인식을 유지할 수 있었지만 핵폭탄 경험을 갖고 있는 시대에서는 정반대로 자연 자체도 소멸될 것이라는 인식이 놀라울 정도로 많이 생겨났다는 것이다. 그러므로 전통적으로 자연자체의 불멸인식을 통해서 죽음을 넘어선 상징적 불멸의 연결을 갖고 있던 사람들은 더 이상 자연적 불멸의 상징화를 희망으로 생성시키지 못한다는 사실 때문에 엄청난 슬픔과 충격을 받게 된다는 것이다.

리프톤은 핵폭탄을 경험한 생존자들은 더 이상 자연에 대한 불멸인식을 갖지 못하게 되어 다른 비극적 사건과 관련해서 남겨진 생존자의 경우와 비교 해 볼 때 훨씬 심각한 어려움을 겪고 있다는 점을 보여주었다. 그는 비단 핵폭탄의 직접 경험을 하고 난 생존자뿐만 아니라 핵폭탄의 영향으로 인해 일반 현대인도 이전과는 비교가 안 될 정도로 죽음 불안을 심각하게 겪고 있다는 점도 아울러 설득력 있게 보여주었다. 더 나아가 그가 자신의 연구로 현대 사회에 경고하는 메시지는 단순히 죽음과 불멸인식에 대한 대학에서의 연구 발표에 최종 목표가 있지 않고 핵폭탄과 관련된 모든 기술이나 힘은 현대의 거대한 악으로 어떠한 불멸의 상징화도 더 이상 작동할 수 없게 만드는 인간성의 몰살이라는 것에 대한 엄중한 고발이다(Robert Lifton, 1979a, 385).

또한 리프톤은 중국의 문화대혁명과 관련된 외국인들의 경험과 문화대혁명 자체를 자신의 이론적 관점에서 분석하기도 하였다. 그는 문화대혁명 당시 감옥에 수감되었던 서양 선교사와 의사가 심리적으로 드러내주고 있는 죽음인식과 그것을 벗어나기 위한 불멸의 상징화의 심리적 복합 과정을 그들이 직접 쓴 기록물들을 토대로 분석하기도 하였다(Robert Lifton, 1961, 66-8). 그는 그러한 분석과 더불어 문화대혁명의 중심인물인 마오쩌뚱의 불멸의 상징화를 연구하기도 하였다. 그는 마오쩌뚱은 문화대혁명 이전의 삶은 사형 선고를 내려 폐기시켜야 할 것으로 인식하였다는 점과 불멸의 상징화로서 마오쩌뚱 자신의 혁명 이념을 경험적 초월로 제시하였다는 점을 드러내려고 하였다. 마오쩌뚱이 제시하고 있는 문화대혁명 이념은 바로 구시대의 죽음 선언과 새로운 시대의 상징적 불멸의 길(the Way)이라는 것이다(Robert Lifton, 1968b, 70). 마오쩌뚱의 불멸의 길은 개인적 차원보다는 오직 혁명적 이념만이 뿌리를 내릴 수 있도록 집단적 불멸의 상징화를 강조하고 있다(Robert Lifton, 1973, 134). 더 나아가 리프톤은 중국 문화대혁명 이외에도 아시아에서 일어난 다양한 혁명들의 생존자, 홀로코스트 생존자들, 그리고 베트남 전쟁 생존자들의 경험을 이론적 틀을 통해서 분석하였다.

5. 맺음말

이번 장에서는 죽음과 불멸에 대한 종교심리학적 논의의 중간기에 해당하는 연구들을 비판적으로 정리하는 데 목표를 두었다. 제2장에서 살펴보았듯이 죽음과 불멸에 대한 종교심리학적 개척기라고 할 수 있는 논의는 주로 하버드학파와 클라크학파를 형성한 제임스와 그의 제자였던 홀의 연구가 주도적인 역할을 하였다. 그러나 그들의 연구는 제자들을 통해서 지속적으로 전개되지 못하였다. 오히려 그들의 개척적인 연구는 프로이트와 융의 또 다른 관점의 연구가 제기된 이후 오토 랑크의 관점이 새롭게 대두되기 시작하면서 다양한 연구자들을 통해서 다시 해석되기 시작하였다. 그래서 이번 장에서는 랑크의 논의를 중심으로 그 이후 논의들을 비판적으로 살펴보려고 하였다.

우선 이번 장에서는 랑크의 죽음과 불멸에 대한 인식을 갖게 된 배경을 살펴본 다음 죽음과 불멸인식에 대한 이론적 논의를 비판적으로 검토하였다. 그 과정에서 알 수 있었던 것은 일반적으로 알려진 것과는 다르게 랑크는 프로이트와 결별하면서부터 죽음과 불멸인식에 대한 관심을 갖고 있었기보다는 비엔나대학교 철학과에서 신화분석과 관련해서 박사학위 논문을 제출하였을 때부터 죽음과 불멸인식에 관심을 갖고 있었다는 점이다. 랑크는 그의 박사학위 논문을 토대로 죽음과 불멸인식을 자신의 연구의 주변적인 것으로 생각하지 않았고 언제나 그러한 관점에서 연구를 전개하였다. 더 나아가 그는 프로이트와 결별한 이후 새로운 심리치료요법을 의지와 연결해서 구체화하였다. 그런 과정에서 그는 당시의 정신분석적 인간이해가 지니고 있는 한계점을 비판하면서 심리학이 진정하게 다시 복원되기 위해서는 기존의 심리학을 넘어서야 한다는 점을 역설적으로 주장하기도 하였다. 이런 차원에서 그는 당시 정신분석의 환원주의의 종교이해의 한계를 고발하고 오히려 인간의 삶의 근원적 한계인 죽음불안을 넘어설 수 있도록 종교적이고 영성적 차원을 긍정적으로 인식하고 있었다는 점을 다시 확인해 볼 수 있었다.

다음으로 이번 장에서는 랑크의 사상으로부터 영향을 받은 다양한 분야의 연구들 중에서 죽음과 불멸인식과 관련해서 랑크의 사상을 사회문화적 차원으로까지 확장시킨 롤로 메이와 로버트 리프톤의 논의를 비판적으로 검토하였다. 그 과정에서 두 가지를 알 수 있었다. 하나는 죽음과 불멸인식 연구의 토대와 관련된 문제이고 다른 하나는 랑크의 사상과의 차별성에 대한 관점이다. 그들은 인간은 죽음인식에 수동적으로 머물러 있는 존재가 아니라 그러한 상태에서 벗어나려는 상징적 불멸을 추구하는 능동적 존재로 인간을 파악하고 있다는 점에서 랑크의 사상을 공통적으로 받아드렸다. 그럼에도 불구하고 메이의 논의가 랑크의 종교적 차원에 대한 이해를 중요하게 지적하고 있는 것과는 달리 리프톤의 랑크 사상에 대한 시각은 모호성을 보여주고 있다. 리프톤은 한편으로는 랑크 사상으로부터 자신의 죽음과 불멸인식에 대한 논의는 영향을 깊게 받았다고 인정하고 있지만 동시에 다른 한편으로는 랑크의 논의는 심리학을 넘어서 종교적 차원으로 나가고 있기 때문에 비판적 거리를 두었다는 점이다.

그러나 리프톤이 자신의 관점으로 발전시킨 경험적 초월에 대한 논의를 제도적 종교전통의 차원을 넘어서 자연주의적 삶의 모든 과정과도 연결시키고 있다는 점에서 그의 논의는 종교적인 것과 그렇지 않은 것을 제도적으로 분리시키는 이원론적 논의와 거리를 두고 있는 랑크의 사상과 근본적 차이를 보여주고 있지 않다. 단지 리프톤의 논의가 랑크의 사상과 차이점을 보여주고 있는 측면은 종교적 차원과 관련된 이론적 논의에 있기 보다는 그러한 논의를 적용하기 위한 랑크가 관심을 갖고 있지 않았던 연구 자료들에 놓여 있다. 더 나아가 랑크, 메이, 그리고 리프톤의 죽음인식과 불멸연구는 심리학적 환원주의에 함몰되지 않고 종교적 삶의 모습인 초월적 차원을 모두 강조하고 있다는 점에서 종교학의 이론적 발전에도 통찰을 줄 수 있을 것이라고 판단한다. 이 부분에 대한 종합적 연구는 다음 장에서 노먼 브라운의 사상을 검토한 다음 죽음인식 연구의 이론적 완숙기에 해당하는 어니스트 베커의 종교심리학적 논의에서 살펴볼 것이다.

제 6 장

노먼 브라운의 죽음인식

제6장 노먼 브라운의 죽음인식

1. 서론

먼저 이번 장을 기술하기 전 앞에서 논의한 것들을 발달단계의 관점에서 간단히 정리해보기로 한다. 제1장 서론에서 언급했듯이 죽음인식에 대한 종교심리학적 연구는 윌리엄 제임스와 그의 제자인 그렌빌 스탠리 홀이 중심이 된 북미의 종교심리학 운동에서부터 시작되었다. 그들의 연구는 종교심리학이나 죽음연구사의 관점에서 보면 어느 누구도 학문적으로 관심을 갖고 있지 않았던 종교나 죽음인식 논의를 처음 시작하였다는 점에서 초기 개척기에 해당한다. 그들의 연구가 처음 제시된 이후 어느 정도 제자들의 연구를 통해서 유지되었지만 계속 이어지지 못하였다. 특히 프로이트의 정신분석, 행동주의 심리학, 그리고 신정통주의 신학 운동의 영향으로 초창기의 종교심리학적 죽음인식 연구는 더 이상 확장되어가지 못했다.

대신 제3장과 제4장의 논의에서 검토하였던 것처럼 프로이트와 융의 죽음인식 논의가 이론적으로 더욱 관심을 불러일으켰다. 그들의 연구는 개척기의 연구를 지나 단순히 중간기로만 분류하기에는 문제가 있을 정도로 죽음인식 연구를 획기적으로 발전시켰다. 물론 엄밀히 말해서 그들의 연구도 초기 죽음인식의 개척 연구와 전혀 관계없이 이루어진 것은 아니다. 홀이 총장으로 재직할 당시 클라크대학교 20주년 기념 학술행사 강연자로 그들을 초청하였기 때문이다. 프로이트는 최후에 그의 서기였던 랑크와 결별한 이후 본격적으로 죽음인식에 대한 종교심리학적 연구를 하게 되었지만 융은 북미에서 강연을 한 이후 프로이트와 결별한 다음부터 본격적으로 죽음인식 연구를 전개하였다. 넓은 차원에서 보면 프로이트와 융의 연구가 모두 초기 종교심리학 운동의 죽음인식의 연구로부터 완전히 벗어나 있다고만 말할 수 없다.

그럼에도 불구하고 개척기의 죽음인식 연구는 프로이트와 융보다는 프로이트의 정신분석과 결별하였던 랑크가 유럽을 거쳐 북미로 이주하여 북미의 초기 종교심리학의 주창자들의 연구를 높이 평가하는 계기를 발표한 이후 다시 관심을 끌게 되었다. 랑크에게 영향을 받은 대부분의 연구자들이 그러한 관심을 갖고 있었는데 특히 북미 실존주의 심리학의 창안자인 메이와 죽음현상을 전쟁과 폭력의 경험과 연결해서 인간의 마음을 연구해 들어간 사회정신의학자인 리프톤이 대표적이었다. 그러므로 랑크와 그의 영향을 받은 연구는 죽음인식의 종교심리학적 연구의 중간기에 해당한다. 물론 랑크, 메이, 그리고 리프톤 이외에도 중간기에 해당하는 여러 연구자의 논의를 더욱더 세분해서 정리할 수 있지만 이번 연구는 죽음인식의 종교심리학적 논의와 연속성을 두드러지게 보여주고 있는 연구자의 논의에 국한하였다.

이번 장에서는 초기 개척기와 중간기를 지나 죽음인식의 종교심리학적 연구를 확립시킨 완숙기의 연구로 분류할 수 있는 어니스트 베커의 죽음인식에 대한 연구로 나가기 전 브라운이 프로이트와 랑크의 죽음인식 논의를 비판적으로 분석한 것을 토대로 죽음인식을 몸의 문제가 정신과 분리되지 않는다는 논의를 중심으로 검토하기로 한다. 특히 브라운이 누구보다도 심층적으로 프로이트의 죽음욕동에 대한 논의와 그에 대한 랑크의 비판적 관점이 기술되어 있는 부분을 중심으로 검토한 다음 프로이트의 논의가 내포하고 있는 이원론의 문제점을 지적할 것이다. 그 이후 프로이트의 논의의 대안으로 브라운인 제시하고 있는 몸의 부활과 디오니소스적 삶의 방식에 대한 논의를 비판적으로 살펴보기로 한다.

2. 생애와 죽음욕동의 연구 배경

노먼 브라운의 사상이 최고의 정점에 이르렀을 때 마지막 학문 생활을 하였던 곳은 캘리포니아 대학교였다. 그는 특정 학과의 소속 교수가 아니라 모든 학과에 해당될 수 있는 인문학 교수(Professor of Humanities)로 재직하였다. 그래서 그는 자신이 연구한 주제나 새로운 주제를 정해서 자유롭게 강의를 할 수 있었다. 그의 사상은 죽음학을 비롯해서 신화학, 비교문학, 종교학, 이슬람 연구, 역사학, 인류학, 사회학, 경제학, 종교심리학이나 정신분석학의 논의를 함의하고 있어서 한 분야로 분류할 수 없을 정도로 방대하다. 그의 연구 속에 공통적으로 흐르고 있는 주제는 죽음인식 연구와 깊게 관련되어 있다. 먼저 브라운이 죽음인식 연구에 관심을 갖게 된 배경을 어린 시절의 경험과 학창시절부터 갖게 된 학문적 관심을 중심으로 살펴본 다음 그의 연구를 검토하기로 한다.

브라운은 영국에서 광산 엔지니어인 아일랜드 계통의 영국인 아버지와 쿠바 출신의 어머니 사이에서 태어났다. 그는 어려서부터 낯선 것에 대한 거부감보다는 호기심이 많았다. 특히 그의 어머니로부터 기존의 서구 종교나 문화와는 다른 경험을 갖게 되었다. 그의 어머니는 영국에서 당시 신종교운동 내지 기독교의 수정 종교운동으로 일어난 유니테리언 교회와 신지학회에 깊이 관여하고 있었고 그의 아버지는 장로교 출신이었지만 종교적이지 않았고 오히려 나중에 그의 어머니가 깊이 관여하고 있었던 신지학회에 관심이 쏠려 있었다(Norman Brown, 2005, 19). 그는 어린 시절 기존의 영국의 문화와는 구별되어 있는 대안문화(alternative cultures)를 통해서 다른 경험을 갖기 시작하였다. 죽음욕동에 관심을 갖고 인간의 실존적 갈등상황을 벗어나기 위한 근본적 대안으로서의 몸의 종교를 제안한 것도 기존의 익숙한 삶의 경험보다도 그의 가정환경에서부터 갖게 된 낯선 것에 대한 경험과도 무관하지 않다(Norman Brown, 2005, 19).

어린 시절 기존의 흐름과는 다른 경험 내지 호기심은 옥스퍼드대학교의 학창 시절에도 이어져 두 가지 차원에서 지성적으로 확장되었다. 하나는 학교 안에서의 정규 교과목의 영향으로 나타났고 다른 하나는 학교 정규 교과목에는 없었지만 개인적인 호기심에서 생겨났다. 전자의 영향은 당시 옥스퍼드대학교에서 기존의 영국철학의 경향과는 새로운 철학운동인 비트겐슈타인의 언어철학에 대한 호기심이었다. 다른 하나는 유럽대학과 달리 당시 영국 옥스퍼드대학교 교과목에서는 어디에도 개설되지 않았던 마르크스 사상의 이해와 관련되어 있다. 브라운은 기존 영국대학의 지적인 분위기와는 달리 이러한 새로운 사상에 매료되어서 학창시절에 그러한 논의에 흠뻑 빠져들었다.

옥스퍼드 학창시절의 두 가지의 관심은 그 이후 더욱 구체적으로 발전되어 언어와 관련하여서는 프로이트의 초기이론과 언어학을 새롭게 접목시키고 동시에 마르크스 사상의 사회적 의미를 연결시킨 프로이트의 재해석자인 라깡의 사상을 비롯한 프랑스 사상 전반에 관심을 갖는 계기가 되었다. 그는 그러한 시절 이후에는 프로이트의 논의나 언어에 대한 관심보다는 주로 마르크스 사상의 관점에 경도되어 최종적으로 미국 위스콘신대학교에서 고전연구로 박사학위를 받았다. 그는 1947년에는 위스콘신대학교에서 출판한 첫 번째 저술인 『도둑 헤르메스: 신화의 진화(Hermes the Thief: the Evolution of a Myth』에서도 신화는 단순히 인간의 역사와 무관한 것이 아니라 구체적인 그리스 역사와 연결시킴으로써 마르크스 사상의 관점을 계속 유지하였다(Norman Brown, 1990). 그뿐만 아니라 실제로도 그는 그러한 사상에 토대를 둔 정치에 관심을 두어서 1948년 진보당의 대통령 후보 미국 헨리 A. 월레이스(Henry A. Wallace)를 적극 지원하기도 하였다. 그러나 그는 1948년 이후에는 이전과는 달리 마르크스 사상과 정치 현실에 이전처럼 강한 매력을 느끼지 못하고 오히려 이전에 관심을 갖고 있었던 심층적 인간이해인 프로이트의 정신분석에 적극적으로 관심을 돌리기 시작하였다(Norman Brown, 2005, 34). 특히 1957년에 출간한 헤시오드(Hesiod)의 『신통기(Theogony)』의 번역과 주석을 보면 그는 많은 부분 정신분석적 인간이해 연구를 심화시켜나갈수록 마르크스 사상의 인간이해의 한계를 비판적으로 직시하고 있음을 알 수 있다(Norman Brown, 1953, 15).

브라운은 1948년부터 거의 11년 동안 프로이트가 발표한 죽음욕동에 대한 논의에 관심을 갖고 재해석하려고 하였다. 그는 프로이트의 전체 저술에서 죽음욕동의 논의가 나오게 된 맥락을 비롯해서 프로이트가 죽음욕동에 대해 여러 가지 의견을 개진하였던 초기 정신분석 운동의 참여자인 알프레드 아들러, 카를 융, 칼 아브람스, 산도 페렌치, 그리고 오토 랑크의 저작들과의 연결점을 동시에 비판적으로 읽어내려고 하였다. 그는 그러한 과정을 통해서 1959년에 프로이트의 죽음욕동에 대한 비판적 해석인 『죽음에 맞선 삶』을 마침내 출판하게 되었다. 이 책은 이어서 검토할 죽음인식 연구의 고전인 어니스트 베커의 『죽음의 부정』에도 많이 참고가 되었다. 또한 브라운은 이 책 이후 7년이 지난 후인 1966년에 프로이트의 죽음욕동에 대한 논의를 넘어서는 『사랑의 몸』을 출간하였다. 그의 모든 저술 중에서 두 저술은 죽음연구에서는 반드시 읽어야 할 고전 저술로 분류되어 있다. 이번 연구에는 브라운이 어떻게 프로이트가 제시하였던 죽음욕동의 논의를 비판적으로 수정해서 죽음연구의 이론적 기초를 세우고 있는지 이 두 저술을 중심으로 검토해보기로 한다.

3. 죽음욕동의 의미

브라운은 어떤 사상보다도 프로이트의 죽음욕동에 대한 논의를 비판적으로 분석하면서 유럽의 계몽주의, 합리주의 그리고 과학적 세계관에 지배당하고 있는 현대 문화가 간과하고 있는 점을 다시 확인하게 되었다. 특히 그는 처음에 관심 가졌던 마르크스 사상의 관점으로 사회적인 문제에 접근했던 방식이 지닌 한계를 죽음욕동에 대한 분석을 통해서 더욱 확인하게 되었다. 사회적인 구조 문제도 인간의 내적 문제와 분리되어 있지 않고 깊이 연결되어 있다는 점을 죽음욕동에 대한 논의를 통해서 확신할 수 있었다는 것이다. 그에게 프로이트의 죽음욕동에 대한 비판적 분석은 어떤 경험보다도 학문적 전환을 갖도록 해준 회심과 같은 하나의 사건이었다.

그는 『죽음에 맞선 삶』의 서문에 프로이트의 죽음욕동 논의의 핵심을 두 가지로 잘 지적하고 있다(Norman Brown, 1955, x). 하나는 인간 삶의 무의식적 욕동의 차원과 관련해서 해석한 부분이고, 다른 하나는 인간의 무의식적 욕동은 많은 경우 의식적으로 이해할 수 없으므로 때로는 욕동을 채우려고 해도 만족감을 성취하지 못해서 오히려 채워지지 못하는 욕망을 채우기 위해서 자신의 의식적 의도와는 반대로 자신과 타자의 삶을 공격하는 파괴성과 관련해서 해석한 부분이다. 브라운은 프로이트가 죽음욕동의 이러한 모습을 구체적으로 경험하면서 그동안 갖고 있었던 논의를 새롭게 확장할 수 있었던 것으로 이해하였다. 세계대전에서 일어나고 있는 인간의 파괴성을 직접 목도하면서 프로이트는 생애 후반기에 성적 리비도의 욕동과는 다른 차원의 욕동으로서의 공격성이나 파괴성을 드러내 놓는 죽음욕동을 그의 정신분석 이론에 새롭게 추가하게 되었다는 것이다.

물론 브라운은 프로이트의 죽음욕동을 단순히 요약해서 정리하는 것으로 그의 논의를 전개하고 있지 않다. 그는 『죽음에 맞선 삶』의 본문에서는 프로이트의 정신분석에 대한 논의를 죽음욕동이 나오게 된 맥락과 그것이 함축하고 있는 다양한 의미와 연결해서 비판적으로 전개하고 있기 때문에 단순히 프로이트의 논의를 반복하고 있는 것만은 아니다. 그는 프로이트의 정신분석 핵심 이론들인 오이디푸스 콤플렉스, 신경증, 에로스, 성기도착, 승화, 쾌락원리, 현실원리, 항문애, 성기선망 등을 성적 리비도 욕동의 프레임으로만 해석하지 않고 죽음욕동의 의미를 첨가시켜 복합적으로 새롭게 해석해내려고 하였다. 더 나아가서 그는 논의를 종교와 관련해서 더욱 확장시키려고 하였다. 특히 그가 종교와 관련해서 주장한 내용을 보면 프로이트와의 극명한 차이점을 보여주고 있다는 점을 확인할 수 있다. 그는 프로이트가 성적 억압으로 인한 보편적 신경증 현상으로 종교를 부정적으로만 평가한 것과는 대조적으로 종교의 치유 기능과 인간의 심층적 내면을 이해하는 데 있어서 핵심 요소임을 적극적으로 주장하고 있다. 브라운이 신경증과 역사의 상관성을 논의하면서 프로이트와 종교와 관련해서 대조적인 차이를 보여주고 있는 주장을 인용해보기로 한다.

> 정신분석은 종교를 신경증으로뿐만 아니라 프로이트가 생의 끝 무렵에 치유되기를 희망했던 신경증 자체 안에서 의식적이고 치유되기 위한 시도로서 바라보아야 한다. 정신분석은 저속하게 종교를 소원 사고의 잘못된 체계로서 이해되었다. 『환상의 미래』에서 프로이트는 종교를 "대체만족" 즉, 마르크스의 "민중의 아편"과 비슷하게 말한다. 그러나 억압의 전체적인 논의를 보면 시와 종교뿐만 아니라 꿈과 신경증 증상들에 모두 적용할 수 있는 "대체만족들"이라는 용어는 진실을 담고 있다. 다시 말해서 이 용어는 억압에 의해서 왜곡되었었다고 하더라도 인간 마음의 불멸을 표현하고 있다(Norman Brown, 1959, 13).

브라운은 프로이트의 죽음욕동을 재구성하기 위해 프로이트의 저술 중 『쾌락원리를 넘어서』에 집중적으로 기술되어 있는 죽음욕동은 세 가지 차원과 연결되어 그 의미가 함축적으로 드러내 있는 것으로 이해하였다(Norman Brown, 1959, 87-8).

하나는 죽음욕동과 니르바나원리와의 연결이다. 프로이트는 생물학적으로나 심리적으로 긴장이나 갈등이 없는 상태를 죽음욕동으로 해석하였다는 것이다. 프로이트는 당시 생물학적 논의를 따라 모든 유기체는 배고픔이나 아픔과 같이 본능적 불편함을 해소하여 생물학적 안정을 지향하고 있는 것으로 이해하였다. 생물학적 안정의 상태는 잠시 생물학적 필요를 갖고 있지 않은 유기물의 상태에서 무기물 상태로 변환된 죽음과 같다. 또한 인간의 경우는 생물학적 차원을 넘어서 심리적으로도 정신적 긴장이나 갈등에 머물러 있지 않고 그러한 상태를 해소해서 심리적 안정을 찾는 것을 목표로 하고 있다. 심리적 안정의 상태는 내적 활동의 상태가 멈춤의 상태로의 순간적 변환이다. 프로이트는 그러한 순간적 변환을 쉼, 수면, 그리고 궁극적으로는 바로 죽음의 상태로 이해하였다. 프로이트는 생물학적이거나 심리적인 순간적 변환 이면에서 작동하고 있는 에너지를 죽음욕동으로 규정하였고 또한 에너지는 쾌락원리에 지배당하기 보다는 질적으로 다른 종류인 니르바나원리에 의해서 작동되고 있는 것으로 이해하였다는 것이다.

다른 하나는 죽음욕동과 반복강박과의 연결이다. 프로이트에 의하면 오이디푸스 시기의 외상경험은 그 이후의 삶과 무관한 것이 아니라 절대적으로 영향을 미쳐서 여러 가지 증상을 드러낸다. 인간은 성인이 된 이후에도 어린 시절의 경험은 여전히 매우 고통스러운 마성적 특성을 보여주고 있음에도 불구하고(Norman Brown, 1959, 88) 외상경험은 회피하기보다는 완수하지 못했던 원래의 욕망을 다시 채우려고 한다. 인간이 외상경험으로 반복적으로 돌아가려는 것은 그 동안 유지하였던 것처럼 단순히 쾌락원리에 지배를 받는 성적 리비도인 삶의 욕동 때문이 아닌 원리를 넘어선 죽음욕동 때문이다. 그러므로 반복강박이 목표로 하는 것은 근본적으로 생물학적 차원에만 국한되어 발생하지 않고 심리적으로도 긴장이나 갈등이 해소되어 있는 외상경험 이전 상태로의 회귀이다.

마지막 하나는 죽음욕동과 사도마조히즘 콤플렉스(sado-masochism complex)와의 연결이다. 프로이트는 처음 자신의 정신분석 이론에서 외부의 대상을 향한 인간의 공격적 본능인 사디즘이 보다 근본적이고 그것이 변형된 것이 주체의 자아를 공격하는 본능인 마조히즘으로 주장하였다. 그러나 그는 『쾌락원리를 넘어서』에서 이러한 관계를 정반대로 뒤집고 있다(Sigmund Freud, 1950, 255-68). 그는 외부 대상을 향한 공격적 본능으로서의 사디즘이 근본적이기 보다는 오히려 주체의 자아를 공격하는 마조히즘이 더 근본적이라고 규정하였다. 그리고 그는 자아에 대한 내적 공격성을 죽음욕동과 연결하였다. 그는 외부를 향한 공격적 욕동인 사디즘은 죄책감 등과 같이 바로 인간 주체의 자아에 대한 내적 공격성이 밖의 대상으로 전이되어 나타난 것으로 이해하였다.

브라운은 프로이트가 이처럼 생의 후반기에 위험을 무릅쓰고 자신의 성적욕동에 토대를 둔 정신분석 도그마를 수정해서 세 가지 차원에서 죽음욕동을 지적하고 있지만 이론적으로 분명하게 자신의 논의를 전개하고 있지 않아서 많은 혼동을 준다는 점을 비판하였다. 전반적으로 니르바나원리나 반복강박은 프로이트의 주장대로 쾌락원리를 벗어난 다른 원리가 작동하고 있기보다는 여전히 그 원리가 작동되고 있다는 것이다(Norman Brown, 1959, 97).

브라운은 이런 문제 때문에 니르바나원리나 반복강박은 죽음욕동에 대한 구체적인 모습과는 정반대로 에로스의 극대화만을 보여주고 있어서 실제적인 죽음 문제와 어떤 관계가 있는지를 설득력 있게 보여주지 못한다는 점을 지적하였다. 그는 죽음욕동에 대한 논의가 구체적인 죽음 문제와 연결되기 위해서는 니르바나원리나 반복강박에서 제시한 죽음욕동에 대한 논의보다는 마지막으로 프로이트가 제시하고 있는 사도마조히즘 콤플렉스와의 관련성 안에서 욕동을 심층적으로 다시 검토할 수 있는 토대가 마련될 수 있을 것이라고 생각하였다. 그는 그러한 방향으로 죽음욕동이 논의되지 않는다면 프로이트가 언급하는 죽음욕동은 단순히 형이상학적 논의이거나 수사학적 표현으로 남는 것 이외에는 구체적으로 인간의 죽음과 관련한 어떤 의미도 설득력 있게 제시하지 못할 것으로 판단하였다(Norman Brown, 1959, 97).

또한 브라운은 프로이트가 공격성과 관련해서 죽음욕동을 잘 지적했음에도 불구하고 더 이상 그 논의를 전개하지 못하고 회의적으로 빠질 수밖에 없었던 문제점을 비판하였다. 프로이트가 공격성으로의 죽음욕동 논의를 회의적으로밖에 바라볼 수 없었던 것은 죽음욕동과 대척점에 있는 삶의 욕동과의 갈등적·구조적 분리가 지속적으로 유지되지 못하고 반대로 두 욕동이 결합되어 나타난다는 점을 부정할 수 없으므로 그의 전체 사상이 뿌리내리고 있는 이원론의 관점과 근본적으로 충돌하는 데 원인이 있다는 것이다. 다시 말해서 자아에 대한 공격성으로서의 죽어가는 욕망(desire to die)을 대체한 것으로써 죽이는 욕망(desire to kill)으로서의 공격성에서는 삶의 욕동인 에로스와 결합되어 있어서 그동안 자신이 유지해 왔던 이원론의 논의와 상충되기 때문에 더 이상 발전시킬 수 없었다는 것이다. 브라운은 이러한 이원론의 고착화 때문에 프로이트는 죽음욕동으로서의 자아에 대한 공격성이든 아니면 그것의 변형으로서의 밖의 대상에 대한 공격성이든 모두 죽이는 의미의 죽음욕동만 드러난 것으로 판단하는 오류를 범하고 있음을 지적하고 있다(Norman Brown, 1959, 99).

더 나아가서 브라운은 프로이트는 죽어가는 욕망에서 죽이는 욕망으로 변환되는 원인과 그 차이점을 명쾌히 분석하지 않고 단지 죽어가는 욕망과 달리 죽이는 욕망 안에 에로스가 결합된 것 이외에 그 이상의 의미를 찾지 못해서 죽음욕동의 치료적 효과에 대해서 어떤 확신도 갖지 못했던 점을 지적하였다. 프로이트는 유대인으로서 고통받았던 자신의 경험이나 세계대전으로 드러난 타자를 죽이려는 욕망 분출을 누구보다도 잘 직시하고 있었지만, 죽이는 욕망으로서의 죽음욕동에 대한 치료적 차원의 근거를 찾을 수 없었기 때문에 죽음욕동의 임상적 효과에 대해 가치 부정적 평가를 내리기까지 하였다. 사실 프로이트는 죽음욕동 논의를 발표한 이후에 어떤 임상자료에서도 치료목적으로 사용하지 않았던 것도 이 점을 증명해주고 있다(Norman Brown, 1959, 81). 그러므로 프로이트의 논의를 따르는 정신분석 치료자들은 자신의 논의에서 프로이트의 죽음욕동을 고민하기보다는 오히려 아예 죽음욕동 연구 가능성을 제거하였다.

> 프로이트는 마침내 삶(에로스)과 죽음의 이원론으로서 인간의 삶의 갈등 이면에 있는 본능적 이원론을 간파하였다. 프로이트 이후 정신분석 치료자들 그리고 (프로이트 자신조차도) 죽음욕동 안에서 치료에 방해가 되는 축소할 수 없는 방해물이 있음을 보았다. 프로이트의 엄숙한 용기가 결핍되어 있는 프로이트 모방주의자들은 죽음욕동의 자리에 어떤 다른 대안도 없이 죽음욕동을 탈락시켰다. 그러나 치료의 가능성은 프로이트의 비관주의의 뿌리(죽음욕동—역자 주해)에 눈을 감고서는 다시 재개되기 않을 것이다(Norman Brown, 1959, 75).

프로이트는 끊임없이 인간의 심층적 내면 안에 망령처럼 죽음욕동이 경험적으로 존재하는 것은 부정할 수 없지만 죽이는 의미 외에는 치료적 차원에서 다른 의미를 찾아낼 수 없어서 회의적 견해를 유지할 수밖에 없었다. 바로 이러한 문제는 프로이트의 인간관이 낙관적 견해보다는 비관적 견해를 역설적으로 주장하게 되는 근거이기도 하다. 사실 프로이트가 미래지향적인 구성적 해석보다는 파괴적 해석학(destructive hermeneutics)으로 인간이해를 전개하는 것도 한편으로는 현재의 문제는 어린 시절의 외상경험과 연관되었다는 기본 주장을 반복하고 있는 것이지만 다른 한편으로 그 이면에는 더 근본적인 죽음욕동과 연결되어 있다는 점을 보여주는 것이다. 그러나 프로이트는 연결의 의미를 더 이상 파헤치지 못하고 삶의 욕동과 분리되어 있는 것으로만 이해하고 있어서 그것이 삶의 욕동과 결합되어 치료적으로 가치가 있다는 점을 발견할 수 없었다(Paul Ricoeur, 1977, 78). 그러므로 브라운이 인용문의 마지막 문장에서 "프로이트의 비관주의의 뿌리에 눈을 감고서는 치료의 가능성은 재개되지 않을 것이라는" 주장에서 보여주듯이 프로이트가 숙제로 남겨 놓은 죽음욕동에 대한 해석 문제를 다시 비판적으로 검토해야 할 것이다.

브라운은 죽음욕동의 해석과 관련해서 프로이트가 간과했던 두 가지 측면을 비판적으로 살펴볼 것을 주장하였다. 하나는 프로이트의 사상체계가 전체적으로 뿌리내리고 있는 이원론의 문제이다. 프로이트는 꿈 대 현실, 현실원리 대 쾌락원리, 의식 대 무의식 등과 같이 이원론의 구조로 정신분석의 논의를 발전시켰다. 그래서 프로이트는 구조적으로 죽음욕동을 삶의 욕동과는 대척점에 있는 것으로 파악하였다. 프로이트는 바로 이 점에 있어서 죽음욕동과 삶의 욕동이 결합되어 나타난 죽이는 욕동의 해석을 자신의 이원론적 이론으로는 더 이상 진행할 수 없다는 한계를 발견하게 되었다.

브라운은 죽이는 욕동에 대한 프로이트의 경험적 통찰은 바르다고 평가하였다. 그래야만 프로이트가 고민했던 죽음 문제가 삶의 문제와 깊이 연결되어 있는 측면을 정신분석적 차원에서 제시할 수 있는 이론적 토대를 줄 수 있기 때문이다. 하지만 프로이트는 죽이는 욕동 안에 결합되어 있는 삶의 욕동을 통찰력 있게 직시하면서 이원론의 문제를 인식하고 있었지만 문제를 해결하지 못하고 여전히 죽음욕동을 삶의 욕동과 대립적인 차원으로만 이해하고 있어서 죽음욕동과 삶의 욕동과는 연결될 수 없는 결론으로 나아갔다는 것이다. 브라운은 프로이트의 죽음욕동 논의가 더욱 의미를 지니기 위해서는 그의 사상의 이원론의 체계가 근본적으로 수정되어야 함을 주장했다. 그는 삶의 욕동과 결합할 수 없는 대립적인 것으로 죽음욕동을 파악하기 보다는 변증적 관계로 삶의 욕동과 언제나 결합되어 나타나는 것으로 이해할 것을 주장하였다(Norman Brown, 1959, 83).

브라운이 프로이트의 논의가 수정할 필요가 있는 또 다른 부분은 죽이는 욕동으로서의 죽음욕동에 대한 해석이다. 브라운은 죽어가는 과정으로서의 죽음욕동은 인간이나 모든 유기체에 동일하게 생물학적 조건으로 부여된 것이어서 자연적으로 다른 유기체 동물들과 차이가 없다는 프로이트의 주장에 어떤 이견도 갖고 있지 않았다. 그러나 브라운은 프로이트의 논의는 죽이는 욕동으로서의 죽음욕동을 단지 에로스가 첨가되었다는 해석 이외의 다른 의미를 이론적으로 제시하지 못하므로 근본적으로 삶에서의 죽음욕동이 죽이는 욕동으로 나아가는 원인을 설득력 있게 제시하지 못한다는 것이다.

브라운은 프로이트와 달리 죽음욕동에서 죽이는 욕동으로 변환되는 과정을 구체적으로 설명하고 있다(Norman Brown, 1959, 84-5). 인간은 다른 동물과 달리 생물학적 조건인 죽어가는 과정에 단순히 순응하거나 그러한 과정을 밖의 대상으로 표출하는 것이 아니라 오히려 의식하기 시작하면서 굴복되지 않고 벗어나기 위해 죽이는 욕동을 적극적으로 표출한다는 것이다. 물론 인간은 자연적인 생물학적 조건의 결말인 죽어가는 과정에 결국 순응하게 되어 있지만 어떤 저항도 하지 않고 순응하는 것이 아니라 죽이는 욕동으로 죽어가는 과정에 적극적으로 저항해서 자신이나 자신과 관련된 모든 사람들의 죽음을 제거하려고 한다는 것이다. 그러므로 죽이는 욕동이 목표로 하고 있는 것은 궁극적으로 바로 자연적으로 죽어가는 과정을 제거하고 개인이나 집단의 죽음을 허용하지 않은 삶을 이루는 데 있다고 할 수 있다. 브라운이 프로이트의 논의를 비판하면서 제시한 주장을 들어보기로 한다.

> 프로이트와 맞서서 우리는 죽음욕동의 이러한 외향성은 독특한 인간의 문제에 대한 독특한 인간의 대답이라는 점을 제안한다. 타고나게 생물학적으로 죽어가고 있다는 것이나 억압되어진 죽음의 문제에 대해서 인간에게 할 수 있도록 남겨진 것은 바로 그러한 죽어감이나 죽음으로부터 탈출하는 것이다. 동물들은 죽음이 삶의 한 부분이라는 점을 허용함으로써 죽어가는 죽음욕동을 사용한다. 인간은 공격적으로 죽음과 싸우기 위해서 불멸의 문화들을 건설하고 역사를 만든다(Norman Brown, 1959, 101).

4. 병든 죽음욕동과 불안

브라운은 제5장에서 다루었던 랑크의 죽음욕동 연구를 적극적으로 받아들여 자신의 논의를 더욱 발전시킬 수 있었다(Norman Brown, 1959, 114). 사실 랑크는 죽음욕동과 관련해서 정신분석 전통 안에서 어느 누구보다도 먼저 인간치료의 핵심 문제라는 점을 알고 있었다. 브라운은 랑크의 논의에 통찰을 얻어 인간은 탄생경험의 공포로 인해 엄마와의 분리 이후에도 여전히 자신의 생물학적 몸의 죽어가는 과정을 인정하기보다는 오히려 그 과정을 억압하는 것으로 파악하였다. 프로이트는 랑크의 논의를 잘 알고 있었지만 어린 시절에 환상으로 인한 성적인 리비도본능의 억압(repression)을 정신분석 치료의 핵심에 놓았던 결과로 인해 죽음욕동의 억압에 대한 연구를 발전시킬 수 없었다. 그러므로 그가 사용한 정신분석과 관련된 중심 단어 중에서는 죽음욕동의 억압이라는 단어 자체가 존재하지 않는다. 만약 프로이트가 성적 억압의 논의를 죽음욕동에도 연결할 수 있었다면 그의 죽음욕동 논의는 획기적으로 발전하였을 것이다. 직접 브라운의 얘기를 인용해 보기로 한다.

> 만약 죽음과 개인성의 억압이 인간역사에 중요성을 지니고 있다면, 정신분석은 개인적 삶의 신경증의 형성에 있어서 그것의 역할을 깊게 찾아낼 수 있었을 것이다. 그러나 프로이트는 죽음의 억압개념을 갖고 있지 않았으므로 죽음욕동(공격적 욕등과는 구별되는 것으로서)에 대한 자신의 가정을 치료적인 글쓰기에 사용하지 못했다(Norman Brown, 1959, 109).

브라운은 인간의 자아는 생물학적 죽음의 과정인 죽어가는 욕동을 인정하지 못하고 바로 그러한 욕동을 억압하여 그것을 삶 속에서 거부하고 급기야 죽이는 욕동으로 변환시키는 것을 병든(morbid) 죽음욕동이라고 규정하였다(Norman Brown, 1959, 173). 그는 이 부분에 있어서도 랑크의 논의에 영향을 받았다. 그는 랑크의 주장처럼 인간은 탄생 시점부터 병든 죽음욕동의 과정을 지속적으로 겪고 있는 것으로 이해하였다. 인간은 엄마의 모체로부터 태어나자마자 자신이 사용할 수 있는 환상을 통해서 엄마로부터의 분리라고 할 수 있는 죽어가는 과정에서 도망가려고 울음이나 웃음 등과 같은 다양한 몸짓을 통해서 과정을 억압시켜 나간다는 것이다. 어린아이에게 몸짓은 엄마와의 관계 구축을 새롭게 하여 더 이상 엄마와의 분리인 죽음 즉 죽어가는 과정을 억압시켜 나가는 하나의 생존 전략이다. 브라운이 주장하는 부분을 확인해보기로 한다.

> 가족 안에서 어린 아이가 자신의 위치를 통해서 발전시킨 자신의 심리 속에서 발견한 모순성에 대해서 보이고 있는 반응은 불안, 즉 죽음

과 죽음경험으로부터의 탈출이다. 정신분석에 의하면 어린유아의 불안은 탄생의 행위가 이루어지는 시점까지 되돌아가야 하는 오랜 역사를 지니고 있다. 삶과 죽음이 서로 분투하고 있을 때 탄생할 때 어린 유아의 불안은 나중에 불안을 동반하게 하는 육체적 감각과 신경분포(innervations)의 증상을 위한 모델이다(Norman Brown, 1959, 114).

인간은 성장해서도 불안으로부터 벗어나기 위해 다양한 전략을 사용한다. 인간은 문화와 문명과 같은 삶의 긍정적 장치들에 의존해서 죽어가는 본능의 자연적 두려움으로부터 벗어나려고 한다. 또한 인간은 병적 죽음욕동을 죽이는 욕망으로 변환하여 외부대상을 향한 공격성이나 파괴성으로 자신의 죽어가는 과정을 억압시켜 나가는 반문화적이고 반문명적 모습을 드러내는 것도 부인할 수 없는 사실이다. 그러므로 긍정적 삶의 모습이나 부정적 공격성의 표출 모두 다 죽어가는 과정을 삶의 한 부분으로 받아들이기를 거부하는 억압적 삶의 모습이므로 삶 전체를 살아가지 못하는 결과를 낳게 된다. 이런 측면 때문에 온전히 산다는 것은 삶과 죽음을 분리해서 죽음을 억압시키기보다는 삶과 죽음의 변증적 관계를 지속적으로 유지시켜 전체적 삶을 살아가는 것이다.

죽음을 삶의 부분으로 살지 못하는 것은 삶의 역동적 진행을 위해서 반드시 필요한 반쪽 부분이 없어져서 결국 반쪽을 잃어버린 삶으로 삶이 충만하기보다는 삶 자체의 역동성을 시들어버리게 하는 것이다. 아무리 긍정적 문화적 삶의 과정이라고 할지라도 인간 자체의 내적 삶의 조건을 완성해가는 과정이 아니기 때문에 오히려 어느 정도 진행을 이루어 간다고 하더라도 더 이상 지속할 수 없고 어떤 경우에는 인간의 의지와는 상관없이 정반대의 삶인 죽이는 욕동이 표출되어 파괴성을 드러내기도 한다. 현대 문명에서 다양하게 보여주는 세계대전들이 이러한 모습을 역설적이게도 문명 속에 억압된 또 따른 반쪽의 삶인 죽어가는 욕동이 죽이는 욕동으로 변환되어 나타난 예라고 할 수 있다. 따라서 인간의 삶이 파괴적으로 드러나지 않고 역동적으로 쇄신되어가는 데 있어서 가장 필요한 부분은 인정하기 두려워하는 바로 자연적 사실인 죽음을 인정하는 것에서부터 시작된다고 해도 과언이 아니다.

> 죽어가는 것을 받아들일 수 없는 것은 아이러니하지만 필수 불가결하게도 실질적으로 살아가는 것이면서 동시에 정상적 동물들에게 있어서 죽어가는 것으로부터 인류를 던져버린다. 그 결과는 삶(억압)의 부정이다. 죽음을 받아들일 수 없는 것은 죽음욕동을 분명히 인간적이고 분명히 병든 형식으로 변환시킨다. 똑같이 불가결한 아이러니에 의해서 죽음에 대항하여 인간의 삶을 전쟁으로 분산시키는 것은 죽음이 삶을 지배하는 결과를 낳는다(Norman Brown, 1959, 284).

5. 몸의 부활

인간의 삶은 과거와 비교해서 현대로 접어들면서 더욱더 인간의 몸으로부터 떨어져 있다. 특히 현대 문화와 문명이 익숙해 있는 곳에서는 몸의 경험이 분리된 모습이 많이 발견된다. 인간이 자신의 몸의 경험과 분리된 모습은 자신의 중심 경험과 이어져 있지 않으므로 일종의 또 다른 자기소외이다. 현대인이 경험하는 삶의 모습은 바로 자신의 몸으로부터 소외가 이루어져 있음을 스스로 경험하고 있고 이미 기존의 문화나 문명에서 과거와 같이 많은 위로를 받거나 편안함을 경험하기보다는 불편함이나 불안을 경험하는 것도 사실이다. 그러한 경험에서 해방받기 위해서 현대의 삶의 문화에서는 몸과 관련된 운동 프로그램들이 다양하게 계발되는 것도 이러한 모습을 증명하고 있는 예들이다. 그러나 대부분 몸의 건강, 성, 행복과 관련된 것이어서 몸의 경험 속에서 일어나고 있는 질병이나 죽음과 같은 다른 형태의 경험을 억압하고 있어 있는 그대로 인정하는 모습은 그렇게 많이 찾기 힘들다. 마치 몸은 영원히 존재하고 기쁨을 끊임없이 줄 수 있다는 환상으로 인해 그것과 상반되는 다른 경험은 무시되거나 잊어 버려야 할 것으로 인식되고 극단적인 경우 무가치한 것으로까지 취급하기도 한다. 최근에는 몸의 경험의 한쪽 부분만을 강조하여 죽어가는(늙어가는) 몸의 과정을 그대로 인정하지 못하고 억압하는 풍조가 지배적이어서 그러한 풍조를 상업적으로 이용해 성형수술부터 노화방지와 같은 수많은 상품들이 기승을 부리기도 한다. 그렇다보니 장년기나 노년기의 삶은 젊은 세대의 삶을 흉내 내는 것이 건강한 미덕으로 받아들여지기까지 한다.

브라운이 제시하고 있는 몸에 대한 논의는 몸의 행복 운동과 근본적으로 두 가지 차이점을 보이고 있다. 하나는 브라운이 주장하고 있는 몸은 정신[5]과 분리된 몸의 유물론적 우상화를 의미하는 것이 아니라 몸과 정신이 함께 연합된 몸을 의미한다(Norman Brown, 1959, 21). 그러므로 브라운이 제시하고 있는 몸은 정신과 분리된 육체적 몸(physical body)만을 의미하지 않고 정신이 결합되어 있는 신비적 몸(mystical body)과 상징적 몸(symbolic body)을 의미한다(Norman Brown, 1966,

5) 브라운은 정신이라는 용어를 때로는 자아로 쓰기도 하고 때로는 영혼으로 쓰기도 하고 때로는 영(spirit)으로 쓰기도 하지만 이번 글에서는 정신이라는 용어를 주로 사용하기로 한다.

136). 그것은 정신이나 영이 몸과 함께 연합되어 변형하거나 작동하고 있는 몸이다.

다른 하나는 브라운의 몸의 논의에서 핵심은 죽음인식인 반면에 몸의 행복 운동은 대부분 몸의 행복의 약속에 대한 일종의 배반인 죽음인식의 강조가 그렇게 뚜렷이 발견되지 않는다. 인간의 삶의 과정에서 죽음은 이러한 운동들이 지향하고 있는 몸의 궁극적 행복과는 거리가 멀게 인간이라면 누구든 맞이해야 할 몸의 패배 또는 상실을 안겨준다. 인간은 어느 누구도 몸의 운명적 결론으로부터 벗어날 수 없다. 이것은 추상적 환상이나 관념이 아닌 경험적 사실이다. 그러므로 로버트 마이스터가 바르게 지적하듯이 패배나 상실을 인정하는 것이 인간의 삶을 전체적으로 살아가는 데 있어서 핵심을 이루고 있는 것이지 마치 그러한 패배나 상실로부터 벗어나게 하는 착각이나 억압을 유도해서 의도적으로 몸의 죽음을 거부하는 것은 근본 해답이 될 수 없다(Robert Meister, 2005, 68).

브라운이 프로이트의 죽음욕동 논의를 비판적으로 검토하면서 궁극적으로 주장하려고 했던 것도 바로 몸의 문제였다. 그는 연구를 통해서 현대 문화와 문명이 소외시키고 있는 인간의 몸의 역동적 차원을 다시 회복시키는 데 목표를 두었다. 사실 그는 몸의 문제 때문에 프로이트의 논의와 그 이후의 많은 연구자들의 논의에 공감하는 부분이 있었지만 결정적으로 몸의 해석 차이로 그들의 논의에 끝까지 동조할 수 없었다. 이를테면 그는 초기에 결정적인 영향을 받기도 하였지만 나중에 거리를 두게 된 에리히 프롬(Erich From, 1900-1980)이나 (Norman Brown, 1959, 204) 분석심리학을 창시한 카를 융의 논의에서도 프로이트의 성적 논의의 문제점에 대한 비판적 지적에 대해서는 공감하였지만 몸의 논의가 근본적으로 축소되어 있어서 공감을 지속적으로 유지할 수 없었다(Norman Brown, 1959, 313). 그러므로 브라운의 사상이 궁극적으로 지향하는 것은 몸의 연구라고 해도 과장된 말이 아니다. 브라운이 정신분석과 관련해서 몸의 이해의 중요성을 상기시키고 있는 부분을 인용해보기로 한다.

> 정신분석은 우리는 몸들이고, 억압은 몸에 관한 것이고, 그리고 완전함은 절대적 몸(Absolute Body)의 영역, 즉 영원은 억압되지 않은 몸들의 양태임을 상기시켜주고 있다(Norman Brown, 1959, 93).

브라운은 몸의 논의를 주로 정신분석적 승화(sublimation)개념의 한계를 지적하면서 비판적으로 기술하였다(Norman Brown, 1959, 157). 일반적으로 정신분석에서 승화는 몸의 경험 중에서 성적 에로스 경험의 탈락이 그 핵심을 이루고 있으므로 비성화의 과정으로 해석되어 왔다. 프로이트를 비롯해서 정신분석 전통은 지금까지도 이 부분에 강조를 두고 몸의 경험을 분석한 결과 죽음욕동 경험의 탈락에 대한 분석에 강조점을 두지 않았다. 이 점에 있어서 브라운의 논의는 기존 정신분석적 몸의 경험에 대한 논의와 큰 차이점을 보이고 있다. 브라운에게 있어서 승화는 몸의 경험 중 성적 경험을 탈락시키는 비성화의 과정이기도 하지만 동시에 죽음욕동의 경험을 탈락시키는 비죽음화의 과정이기도 하기 때문이다. 더 나아가 브라운은 인간의 몸의 중심 경험인 에로스와 죽음욕동을 몸으로부터 떼어내는 것이 승화의 본질이므로 그것을 탈인간화(dehumanization)의 모습으로 혹평을 가하기까지 하였다(Norman Brown, 1959, 281).

탈인간화의 과정으로서 승화가 극단적으로 일어날 경우 성적이고 죽음욕동의 경험이 뿌리내려져 있는 몸을 정신과 극단적으로 분리해서 몸의 모든 경험을 악마화하거나 한쪽 부분의 몸의 경험만이 강조되어서 몸의 경험은 무가치한 것으로 더 이상 존재할 수 없게 만들기도 한다. 몸의 성적 경험을 악마화한 것이나 생식 기관에만 초점을 두고 그것을 우상화시킨 것은 몸과 정신의 분리를 고착화시켜서 몸의 전체 경험으로부터 더욱 멀어지게 한다. 이러한 과정은 몸의 특정 부분을 중심으로 다른 경험을 질서와 경계의 범주 안으로 편입시키는 성향을 경쟁적으로 보이기도 한다(Norman Brown, 1966, 127). 서구 전통에서 몸의 경험을 경계와 질서를 통해서 몸의 경험을 총체적으로 받아들이지 못했던 대표적인 예는 추상적 정신가치의 극대화인 아폴론적 삶의 양태일 것이다(Norman Brown, 1959, 170). 이러한 추상적인 인간이해가 다시 전체적인 모습으로 회복되기 위해서는 몸의 경험으로부터 분리된 정신을 다시 몸의 모든 부분과 연결하는 것이 핵심이다. 그렇게 하기 위해서는 우선 몸의 특정 경험으로 다른 경험을 억압해서 경계와 질서를 유지시키려는 승화 메커니즘을 끊을 수 있는 새로운 논의가 요청된다. 직접 브라운의 웅변적인 얘기를 들어보기로 한다.

> 여전히 완수되지 못하고 단지 반 정도만 의식화 되어 있는 정신분석의 목표는 우리의 영혼들을 우리의 몸들에 되돌아가게 하고, 우리 자신들을 우리 자신들로 되돌아가게 하고, 그렇게 함으로써 인간의 자기소외의 상태를 극복하는 것이다. 그러므로 승화는 영혼을 몸으로부터 분리시키는 본질적 행위이기 때문에, 정신분석은 우리의 승화들을 우리의 몸들로 되돌아오게 해야 한다. 반대로 우리가 영혼의 본성, 즉 정신분석적 용어로 말하자면 자아의 본성을 이해하지 못한다면 승화는 이해되어질 수 없다(Norman Brown, 1959, 158).

6. 디오니소스적 삶의 방식과 종교

인간의 삶의 과정에서 고착화된 승화 메커니즘을 끊는 것은 단순히 삶의 특정 부분을 수정하는 행위에 머물지 않고 기존의 삶의 방식 자체를 송두리째 전복시키는 행위이다. 브라운은 승화 이면에 억눌려 있는 몸을 전체적으로 회복시키는 데 기존의 정신분석을 넘어설 수 있는 방식으로 두 가지를 제시하였다. 하나는 디오니소스적 삶의 방식이고 다른 하나는 종교적 삶의 방식이다. 물론 브라운은 디오니소스적 삶의 방식과 종교적 삶의 방식을 뚜렷이 구별하지 않고 있다. 그는 두 가지 방식을 때로는 같은 것으로 기술하기도 하고, 참고 자료에 따라서 구별하고 있지만 근본적으로 동일한 의미를 지칭하고 있는 것으로 해석하였다. 그럼에도 불구하고 이번 장에서는 그의 논의를 효과적으로 전달하기 위해 두 가지 삶의 방식으로 나누어서 검토하겠다. 먼저 디오니소스적 삶의 방식을 살펴보기로 한다.

브라운은 디오니소스적 삶의 방식은 몸과 정신이 하나로 통합된 "몸자아" 또는 "디오니소스적 자아"의 모습이라고 정의하였다(Norman Brown, 1959, 176). 그것은 기존의 지배적인 삶의 방식으로 강조된 몸의 외부적인 사회 관계만을 강조하는 삶의 방식이나 생물학적 차원만을 강조한 유물론적 삶의 방식을 모두 거부한다. 또한 몸의 성적 차원의 경험만을 회복시키려는 정신분석적 몸의 분석도 받아들이지 않는다. 브라운은 후기에 접어들면서 더욱더 정신분석적 몸의 분석에 대해서 비판하였다. 아마도 그가 프로이트의 몸의 논의의 한계를 지적한 것 중 가장 비판적인 글은 1991년에 출판한 『묵시 그리고/또는 변신(Apocalypse and or Metamorphosis)』일 것이다. 그는 현대 문명을 혁신시켜 나가는 데 기존의 모든 범주나 질서를 전복시킬 수 있는 "마술"

과 같은 광기가 필요한데 프로이트의 몸의 경험에 대한 이해는 여전히 기존의 아폴론적 범주 안에서 특정(에로스) 경험을 중심으로 몸의 이해를 접근하고 있으므로 충분히 몸의 전체 경험적 차원을 보여주지 못하고 있다고 혹평하였다(Norman Brown, 1991, 180).

디오니소스적 삶의 방식은 몸의 경험을 전체적으로 회복시키지 못하는 정신분석이나 처음부터 정신과 완전히 분리시키는 이성주의나 관념주의를 거부하고 있으므로 모더니즘의 입장보다는 포스트모더니즘에 근접해 있다. 그러므로 브라운은 그의 사상이 더욱 발전되면서 사상적 토대인 정신분석 연구를 지양하고 대신 포스트모더니즘의 특성을 지닌 철학 사상들이나 문학 작품들을 많이 참고하였다. 그는 유럽 사상가들이나 작가들 중 프리드리히 니체(Friedrich Nietzshe, 1844-1900)를 비롯해서, 제임스 조이스(James Joyce, 1882-1941), 윌리엄 블레이크(William Blake, 1757-1827)의 작품들에 표현되어 있는 몸의 논의를 적극적으로 참고하였다. 그리고 그는 자신이 평생 학문적 생활을 하였던 미국의 고전 사상의 철학자들이나 작가들의 몸의 논의도 받아들였다. 그는 고전 미국의 사상이 단순히 몸의 에로스 경험만을 강조하는 측면만이 있는 것이 아니라 죽음욕동의 논의도 함께 논의되고 있음을 알게 되었다. 그는 기존의 고정된 도그마를 거부하였던 에머슨의 사상이나(Helen Moglen, 2005, 75) 윌리엄 제임스의 근본 경험론, 알프레드 노스 화이트헤드(Alfred North Whitehead, 1861- 1947)의 유기체 철학 사상은 몸의 에로스와 죽음욕동의 경험을 모두 하나로 통합시키려는 디오니소스적 삶의 방식을 이해해 들어가는 데 많은 통찰을 주고 있다는 점을 지적하였다(Norman Brown, 1959, 317-17).

화이트헤드의 유기체 철학은 브라운의 사상적 발전에 이론적으로 영향을 끼쳤다. 그는 인간의 전인적 모습을 비롯해서 우주의 모습을 고정된 것으로 바라본 결과 실재를 통합적 생성 과정으로 바라보지 못하는 현대 과학의 문제점을 비판적으로 지적한 화이트헤드의 사상을 디오니소스적 삶의 방식을 전개하는 데 주된 논의로 받아들였다(Norman Brown, 1966, 155). 그래서 그는 디오니소스적 삶의 방식은 기존의 고정적 닫혀있는 존재의 언어로 실재를 드러내기보다는 언제나 변증적으로 개방적인 생성의 언어로 살아 있는 유기체적 모습을 드러내는 것으로 이해하였다. 다시 말하자면 인간의 실재적 모습을 드러내는 데 있어서도 몸과 정신을 분리하거나 특정한 몸만을 강조하는 고착화된 이분법적 몸의 이해로는 추상적이고 관념적인 인간의 모습을 드러낼 수 있을지 몰라도 매 순간 죽어가는 동시에 살아가면서 몸과 정신의 통합적 연결 안에서 경험되는 인간의 실재적 모습을 드러낼 수 없다는 것이다.

그러므로 브라운은 몸의 생성적인 경험을 실제적으로 그려내기 위해서는 기존 방식과 다른 언어가 요청되어야 함을 주장하였다. 그는 디오니소스적 삶의 방식은 죽음과 삶의 다양한 경험을 통합적 흐름으로 육화시키려는 운문적 언어로만 역동성이 살아날 수 있다고 판단하였다. 그래서 그는 괴테, 릴케, 그리고 발레리를 비롯한 많은 시인들의 운문적인 작품들 안에 구현된 몸과 정신의 통합적 모습을 통해서 디오니소스적 삶의 방식을 구체화하려고 하였다(Norman Brown, 1959, 311-13). 브라운이 그의 사상의 결론이라고 할 수 있는 『사랑의 몸』의 마지막 문장에서 승화 속에 숨겨진 몸의 회복은 몸과 정신, 말과 행동, 말과 침묵으로 나누어 놓은 분리의 산문적 언어 대신에 운문적 언어인 시와 은유의 언어를 통해서만 드러날 수 있다고 주장하는 것도 바로 이러한 이유와 무관하지 않다(Norman Brown, 1966, 266).

브라운은 디오니소스적 삶의 방식 못지않게 종교적 삶의 방식도 몸의 경험 안에서 동시에 일어나는 죽음욕동과 삶의 욕동을 승화의 틀에 가두지 않고 역사적으로 회복시켜 왔다는 점을 주장하였다. 그는 정신분석보다도 훨씬 더 종교적 삶의 방식이 승화의 이면을 파헤쳐서 몸의 숨겨진 경험을 불러내는 데 강력한 힘을 지니고 있는 것으로 생각하였다(Norman Brown, 1966, 89). 물론 모든 종교적 삶의 방식이 이러한 모습을 보이는 것은 아니다. 브라운은 역사적으로 이러한 모습과는 대조적으로 몸의 경험을 회복시키기 보다는 억압시키고 구속하는 일종의 종교적 문자주의의 삶의 방식도 잘 알고 있었다. 그는 종교적 문자주의는 몸의 경험의 의미를 단일하게 고착화시키므로 숨겨진 의미가 들어나지 못하게 해서 결국 몸을 전체적으로 회복시키는 데 한계를 지니고 있다고 생각하였다. 그래서 브라운은 종교적 문자주의 대신에 종교적 상징주의를 종교적 삶의 방식으로 주장하였다(Norman Brown, 1966, 191-92). 그는 종교적 상징주의는 몸의 모든 부분들이 경험하고 있는 것을 분리시키거나 억압시키지 않고 화해시켜서 신비적 몸까지도 드러낼 수 있는 힘을 지니고 있는 것으로 이해하였다.

브라운은 동·서양의 종교전통과 관련된 논의 중에서 특별히 신비주의는 억눌려져 있는 몸의 모든 경험이 다시 깨어날 수 있도록 이끌어줄 수 있는 것으로 이해하였다. 그는 기독교 전통의 신비주의에서 받아들여지는 몸의 논의는 서구 문화에서 중심 논의로 받아들여진 아폴론적 사유방식과는 다르다는 점을 강조하면서 몸과 정신의 화해를 통해서 죽음욕동까지도 삶에 편입하여 죽이는 욕동으로 나가지 못하도록 작동하고 있다는 점을 통찰력 있게 관찰하였다. 물론 그는 기독교 전통에서 이러한 해석과 충돌되고 있는 것도 잘 알고 있었다. 그는 충돌되는 이해는 과감하게 비판을 하면서 자신의 생각을 이어갔다. 이를테면 그는 중세 시대의 가톨릭 사상의 몸의 논의는 몸과 정신을 분리시키면서 몸을 억압시켰다는 점을 비판하였다. 이런 이유 때문에 그는 중세 신비주의의 몸의 이해도 아폴론적 틀 안에서 이루어진 것이라고 판단하여 비판을 가하고 있다. 대신에 그는 이와 대조적으로 몸의 회복에 대한 자신의 주장을 논증하기 위해서 주로 프로테스탄트 신학자들의 논의를 상세하게 검토하였다. 그는 종교개혁자인 마르틴 루터, 현대 개혁주의 신학자인 칼 바르트와 폴 틸리히 사상에서 연구된 몸과 관련된 논의와 더불어 정신분석보다 훨씬 이전에 몸의 중요성을 얘기하면서 몸이 억압되지 않고 죽음과도 화해할 수 있는 차원을 심층적으로 지적하는 프로테스탄트 신비주의자인 야콥 뵈메(Jacob Boehme, 1575-1624)의 신비주의적 몸의 논의를 강조해서 언급하고 있다. 직접 브라운이 주장하는 부분을 인용해보기로 한다.

> 기독교 종말론의 독특성은 정확하게 말해서 인간의 몸과 "물질"에 대한 플라톤적인 적대감에 대한 거부, 플라톤적인 승화의 길과의 동일시의 거부, 그리고 영원한 삶은 몸 안에서의 삶일 수 있다는 확증에 놓여 있다. 기독교 금욕주의는 타락된 몸의 처벌을 플라톤이 상상할 수 없는 높은 곳으로까지 안내할 수 있지만 기독교의 희망은 타락된 몸의 구속을 위해 존재한다. 그러므로 터툴리언의 확증, 몸, 즉 몸의 모든 것, 동일한 몸, 전체의 몸은 다시 일어날 것이다. 불멸의 영혼 개념으로 기독교와 그리스 철학을 통합시킨 중세 가톨릭 사상은 몸에 대한 논의를 약속했지만 혼돈을 주었다. 단지 프로테스탄트 사상만이 독특한 기독교 신앙의 완전한 짐(full burden)을 밀고 간다. 루터가 승화의 교리(선행)를 무너트린 것은 결정적이다. 그러나 부활된 몸의 신학자는 골릿츠의 구두장이인 야콥 뵈메이다. 틸리히와 바르트가 종국적으로 희망되었던 것들, 즉 종말론에 대한 논의로 접어들었을 때, 그것은 야콥

뵈메의 논의를 상기해야 할 것이다(Norman Brown, 1959, 309).

브라운은 또한 동양 종교전통의 몸 신비주의의 논의를 검토하면서 자신의 주장을 더 증명해 나가려고 하였다. 그는 중국종교와 과학사상에 연구를 많이 하였던 조세프 니덤(Joseph Needham, 1990-1995)이 심층적으로 연구한 도교전통의 몸 신비주의 연구나 비교종교학자인 미르체아 엘리아데의 요가전통에서 깊게 이루어지고 있는 몸 신비주의의 논의 자료들을 언급하면서 신비주의적 몸의 부활에 대한 논의를 확장해 나갔다(Norman Brown, 1959, 311). 그는 동·서양의 신비주의에서 제시하고 있는 몸의 부활은 몸의 경험 중에서 죽음욕동 논의의 잘못된 이해로 반 정도만 성공했다고 할 수 있는 프로이트를 비롯한 기존의 정신분석이 더욱더 발전되기 위해서 참고해야 할 것으로 지적하였다. 특히 프로이트의 정신분석이 죽음욕동에 대한 이해 부족으로 인간의 신경증으로부터 벗어날 수 없어서 종국적인 딜레마를 이론적으로 극복하기 위해서는 기존의 정신분석적 논의에 계속해서 맴돌기보다는 몸의 총체적 경험에 대한 논의를 역사적으로 오랫동안 연구하고 관찰해온 동·서양의 신비주의를 적극적으로 살펴볼 것을 주장하였다(Norman Brown, 1959, 311).

그러므로 브라운이 『죽음에 맞선 삶』의 마지막 문단에서 『문명과 그것의 불편함』을 인용하면서 프로이트는 에로스의 힘과 더불어 적대자인 죽음욕동을 여전히 반대자로만 분리시켜 몸의 경험을 얘기했던 결과 억압된 몸을 전체적으로 회복시키지 못하여 종국적으로 신경증의 딜레마를 풀 수 없었다는 비판적 지적도 몸 신비주의의 논의와 무관해 보이지 않는다(Norman Brown, 1959, 322). 특히 그가 프로이트와 달리 죽음욕동을 적대적인 것으로 밀어내는 것이 아니라 "친구"로 받아들여서 에로스와 죽음을 화해시켜 몸의 부활을 주장할 수 있었던 것도 바로 동·서양의 신비주의의 역의 합일 사상인 몸의 부활인 몸 신비주의를 염두하고 앞으로의 최종적 연구 전망을 스케치해서 보여 주고 있기 때문이다.

7. 맺음말

지금까지 이번 장에서는 브라운의 죽음인식 논의를 브라운의 생애와 죽음인식을 갖게 된 배경, 프로이트 체계가 갖고 있는 이원론의 문제를 죽음욕동과 몸의 논의와 연결해서 비판한 다음 그 대안으로 종교, 영성, 그리고 디오니소스적 삶의 회복이 관건이라는 점을 비판적으로 분석하였다. 결론적으로 그의 논의를 두 가지 차원으로 정리할 수 있다.

무엇보다도 먼저 브라운은 죽음의 논의를 전개하는 데 있어서 철학적인 사변보다는 인간의 몸의 경험을 중심으로 기술하였다는 점이다. 그는 프로이트의 죽음인식을 비판적으로 읽어나가면서 인간의 몸의 경험과 대응되지 않는 부분을 집중적으로 스케치하려고 하였다. 마치 마르크스가 자신의 사상을 전개하는 데 있어서 헤겔의 사상이 대화의 파트너였던 것처럼, 그는 죽음과 관련해서 종교심리학적 통찰을 갖게 하는 데 프로이트 사상과의 대화가 결정적이었다. 그는 프로이트의 죽음욕동에 대한 비판적 논의를 통해서 몸의 죽어감의 경험을 집중적으로 기술하였다. 특히 그는 프로이트의 죽음욕동에 대한 논의가 이론적으로 간과하고 있던 측면을 정신분석 운동의 핵심 멤버였던 랑크의 죽음욕동에 대한 논의를 토대로 더욱 정교하게 재구성하려고 하였다.

특히 그는 프로이트 사상의 토대인 이원론 체계를 배격하여 몸과 자아를 분리하지 않고 밀접하게 연결된 것으로 이해하여 몸자아라는 말을 썼다. 자아에 대한 논의는 몸을 떠날 수 없다는 것이다. 그의 논의는 몸과 자아가 분리된 이원론적 차원보다는 몸자아의 일원론적 관점을 유지하였다. 특히 그는 죄책감과 관련해서 어린 아이의 몸과 자아는 원래부터 하나였지만 몸의 경험 중에서 에로스 경험을 억압하면서 스스로 몸의 죽어가는 경험을 자신을 돌보아주던 타자에게 죽이는 경험으로 환원시킨다는 점에서 죄책감의 환상을 갖고 있음을 주장하였다. 만약 인간이 원초적인 쾌락의 장소로 몸의 전체 경험이 억압되지 않고 몸과 자아가 하나인 비억압적 과정이 이루어졌다면 죄책감은 환상으로 나타날 수 없다는 것이다. 다시 말해서 브라운에게 있어서 죄책감은 몸의 경험에 대한 억압으로 생겨난 잘못된 환상이므로 몸의 부활을 통해서 반드시 수정되어야 한다는 것이다.

다음으로 브라운은 프로이트와 달리 종교적이고 영성적인 차원에 대한 논의를 중심으로 죽음인식 연구가 궁극적으로 나가야 할 방향을 제시하였다. 그는 정신분석적 인간이해를 토대로 심리학적 관점에서 죽음인식 연구를 시작했지만 결론적으로 도달 한 곳은 단순히 심리적 차원보다 더 깊은 차원의 종교적 · 영성적인 차원에서 죽음인식에 대한 주장이었다. 그러므로 그의 논의는 단순히 죽음인식에 대한 환원주의적인 협소한 심리적 차원을 주장하는 것이 아니라 궁극적으로 종교적 차원을 심리적 차원과 결합해서 인간의 심층적 차원인 종교적 욕동을 간과하지 않는 종교심리학적 연구를 전개하고 있다는 점을 확인할 수 있다.

물론 그가 종교적 차원을 궁극적으로 강조하고 있다고 해서 제도화된 특정 종교전통을 강조하고 있는 것이 아니다. 그는 개인적으로 어떤 종교전통에도 참여하지 않았지만 종교적 혹은 영성적 차원에 대한 고려가 죽음인식의 연구에 주된 논의라는 점만은 확신하고 있었다. 그는 인간의 궁극적 한계라고 할 수 있는 죽음과 관련된 공포나, 불안, 슬픔으로부터 위로를 받을 수 있는 곳은 인간의 삶에서 어떤 기제보다 종교를 통해서 이루어져 왔음을 놀라울 정도로 정직하게 인정하고 있다. 그는 인간은 제도적 종교전통이 없다면 그것을 대신할 수 있는 또 다른 형식의 "종교"라고 할 수 있는 문화적 기제들을 통해서 삶의 본질적 조건인 죽음과 그로부터 파생되는 다양한 삶의 문제를 벗어나기 위한 희망의 위로를 추구한다는 점에서 근본적으로 종교적 인간이라는 점을 주장하였다.

제 7 장

어니스트 베커의 죽음학과 종교

제7장 어니스트 베커의 죽음학과 종교

1. 서론

종교심리학이 20세기 초엽 북미 뉴잉글랜드 지역에서 태동할 때부터 지속적으로 관심을 갖고 있었던 연구 주제 중 하나는 회심연구였다. 최근 종교심리학에서 처음 제기된 회심연구가 종교적 맥락에 끝을 두지 않고 보다 일반적인 삶의 차원과 연결하여 인간의 변환을 규명하려는 연구로 확장되어가고 있다. 어니스트 베커(Ernest Becker, 1924-1974)는 회심연구를 인간의 변환의 관점으로 확대해서 죽음학과 종교의 상관성에 대한 연구를 심층적으로 전개하였다. 베커는 단명의 생애 때문에 15년에도 미치지 못한 짧은 연구 기간을 보냈지만 연구를 열정적으로 전개하였다. 그는 연구 기간이 매우 짧았으므로 초기에 해당하는 연구는 완성된 저술들로 분류할 수 있지만 그의 연구의 총결산에 해당하는 죽음학과 종교에 대한 마지막 연구는 스케치로 남을 수밖에 없었다. 그럼에도 불구하고 그의 연구는 죽음학과 종교의 연결성을 가장 종합적으로 이론화시킬 수 있는 굵직한 체계를 보여주고 있다.

베커가 인간의 변환연구를 시작으로 죽음학과 종교로 연구를 종결

지으려고 했던 과정은 크게 세 가지 주제로 분류할 수 있다. 하나는 1960년부터 1963년에 발표했던 정신건강(mental health)의 심리학적 변환에 대한 연구들이다. 베커는 이 시기에 정신질환, 사회화, 공격성, 우울증, 프로이트의 정신분석, 정신병 이론 등을 비판적으로 분석하여 정신의학이 종교적이고 영성적 욕구에 대한 이해로까지 발전되어 나갈 것을 주장하였다. 다른 하나는 1964년부터 1971년에 걸쳐서 발표했던 인간의 행동에 대한 통합 사회과학 이론을 인간의 변환에 맞추어서 추구했던 연구들이다. 그는 이 시기에 주로 소외, 교육, 윤리적 인간, 계몽주의 역설이라는 주제를 바탕으로 인간의 과학에 대한 비전을 제시하려고 하였다. 마지막 연구는 1971년부터 죽음을 맞이했던 1975년까지 발표했던 글들이다. 이 시기는 이전에 발표했던 연구들을 종합해서 하나의 이론 체계를 수립하려고 하였다. 그는 이 시기에 주로 의미, 자기존중, 죽음, 심리학의 한계, 그리고 고독감에 대한 연구를 죽음학과 종교와 연결해서 집중적으로 발표하였다. 베커가 마지막으로 이루어 놓은 연구로 인해 죽음학은 이론적으로 더욱 발전할 수 있었을 뿐만 아니라 종교적 차원의 연구가 연구의 핵심이라는 측면이 다시 강조될 수 있었다. 그가 전개한 연구는 단순히 의료적 환경 안에서의 연구로 국한되지 않았고 종교전통들을 비롯해서 사회문화 전체까지도 "종교 체계"로 성찰할 수 있는 죽음학의 종교심리학적 관점을 이론화시키는 데 모체 역할을 하였다.

베커의 연구를 한 편의 글 안에 모두 다룬다는 것은 불가능하므로 이번 장에서는 주로 마지막 시기에 발표한 글들을 중심으로 그의 사상의 핵심인 죽음학과 종교의 상관관계를 비판적으로 검토하는데 목표를 두겠다. 한국에서도 죽음학에 대한 관심이 일어나고 있지만 베커의 죽음학과 종교 연구의 중요성은 다양한 연구 분야들의 연구에서 이름만 인지하고 있을 뿐 아직까지 그렇게 많이 인식되어 있지 못하다. 단지 베커의 죽음학의 핵심 저술인 『죽음의 부정』이 2008년 번역 출판된 것과 2014년 배병훈이 처음 스티브 잡스(Steve Jobs, 1955-2011)의 삶의 과정을 베커의 죽음학의 관점에서 분석한 글만 발표되어 있다. 그래서 이번 장에서는 베커의 학문적 시련과 죽음연구에 관심을 갖게 된 배경을 간단히 소개한 다음 죽음학과 종교의 상관성에 대한 논의를 집중적으로 검토하려고 한다.

2. 베커의 학문적 시련과 죽음학

베커는 1924년 미국 동부 매사추세츠에서 유대인 부모에게서 태어났다. 그의 부모가 독실한 유대교 신봉자였던 것과 달리 베커는 종교전통으로서의 유대교에 관심을 갖고 있지 않았다. 그는 생애 마지막까지 종교인으로 어떤 제도 종교전통에도 참여하지 않았다. 그러나 그가 죽음과 종교의 상호 관련성에 대한 관심을 갖기 시작한 것은 현대 문화와 문명이 가장 발전되었다는 지역에서 폭력의 상황을 경험하면서부터이다(어니스트 베커, 2008, 20). 특히 그는 제2차 세계대전에 미국 보병 군인으로 참여하면서 인간의 잔인한 폭력성을 생생하게 목격하였다. 프로이트가 제1차 세계대전을 직접 목도하면서 문명이 그 이면에 지니고 있는 모순성인 폭력성을 발견한 것과 마찬가지로 베커는 제2차 세계대전에 직접 참여하면서 문명의 위선인 폭력성을 확인하게 되었다. 베커의 이러한 경험은 전쟁 이후 종교와 죽음의 상관관계를 연구하는 데 결정적 영향을 미쳤다.

베커는 군 복무를 끝마치고 프랑스어를 잘한 덕분에 프랑스 파리의 미국 대사관에서 외교관원 일을 할 수 있었지만 어느 정도의 시간이 경과된 이후에는 그 생활에 의미를 찾을 수 없었다. 그래서 그는 후에 저명한 인류학자가 된 자신의 친구인 필립 싱어(Philip Singer)와 편지 교환을 하면서 극동 지역의 종교예술작품들을 유럽과 북미로 수입하거나 수출하는 사업을 하려고 하였다. 그는 사업의 구체적인 계획을 갖고 부모로부터 어느 정도의 경제적 지원을 기대했지만 그렇게 되지 못해서 종교예술작품들을 수입하려는 사업에 대한 관심을 접었다. 대신 그는 필립 싱어와 함께 학부를 졸업하였던 시러큐스 대학교로 다시 돌아가 대학원 생활을 시작하였다. 그는 일본 불교와 문화를 담당하고 있었던 더글라스 하링(Duglas G. Haring, 1894-1970) 교수 밑에서 일본 선불교에 집중하여 중국의 사상 개조(thought reform) 운동과 서양의 정신분석에서 이루어지고 있는 스승과 제자, 지도자와 민중, 그리고 분석가와 피분석가 사이에서 일어나는 인간의 변환과정을 비교하는 논문으로 박사학위를 받았다(Daniel Liechty, 2005, 13).

베커가 제출한 논문은 종교와 정신의학의 학제 간의 비교연구여서 정신의학이나 종교학계에 거의 발전되지 않은 영역으로 분류되어 있었다. 그는 의과대학의 정신의학과에서 정식으로 훈련을 받은 것도 아니었으므로 대학교에서 자신의 전공분야 강의를 개설하는 것은 어려웠다. 그러나 다행히도 그는 뉴욕 밖에 있는 병원 중에서 가장 잘 알려져 있었던 시러큐스 종합병원의 정신의학 학과에 조교수로 임용되어 전공과 관련한 강의를 할 수 있는 기회를 갖게 되었다. 그는 그곳에서 강의를 한 것을 토대로 유명 출판사에 두 권의 학술서적을 출판하였다. 하나는 자신의 박사학위 논문을 수정해서 1961년에 출간한 『선: 이성적 비판(Zen: A Rational Critique)』이고 다른 책은 그곳에서 했던 강의를 다듬어서 1962년에 출판한 『의미의 탄생과 죽음(The Birth and Death of Meaning)』이다. 이 두 저술은 처음으로 그의 학문성을 보여주고 있을 뿐만 아니라 앞으로 그의 연구를 진행해 나갈 방향을 보여 주고 있다. 특히 그는 자신의 박사학위 논문 발표를 기점으로 인간의 변환에 초점을 두고 정신의학과 종교의 상관관계를 깊이 연구하려고 하였다. 그가 박사학위 논문을 출판한 책 서문을 읽어보면 그러한 연구의 방향을 읽어볼 수 있다. 직접 인용해보기로 한다.

> 그러나 선은 단순히 사랑스러운 소리 혹은 시인들을 위한 해가 없는 놀이가 아니다. 그것은 그 세계관의 궁극적 선에 대한 믿음으로 신중히 개조하는 방법이다. 이러한 방법의 작동들에 대한 이해를 위해 우리는 정신 치료적 성격 변환의 훨씬 미묘한 심리적 과정들, 그리고 완전히 강제적인 사상 개조의 재생과 이러한 체계들과의 연관성을 유익하게 다시 조사할 수 있다. 서양은 우리들에게 정신치료를 주었던 반면에 동양은 선과 사상개조를 주었다. 세상에 퍼져있는 문제들을 풀기 위한 추동은 이러한 세 가지 접근들을 한 권의 책에서 평가하도록 명령하고 있다(Ernest Becker,1961, 21-2).

베커가 박사학위 논문을 준비하면서부터 영향을 받은 정신의학자는 같은 학과에 재직하고 있었던 토마스 자쓰(Thomas Szasz, 1920-2012) 교수였다. 자쓰는 의과대학에서 정신의학 훈련을 정식으로 받았지만 동료들의 모습과 달리 정신의학의 문제점을 감추지 않고 있는 그대로 들추어내려고 하였다. 그는 정신의학의 문제점을 파고들어 기존에 퍼져있는 권위주의적 정신의학 모델의 정신질환 판별방식을 비판적으로 접근한 저술을 두 권으로 출판하였다. 하나는 1961년에 출간한 『정신질환의 신화(The Myth of Mental Illness)』이고 다른 하나는 1963년에 출간한 『법, 자유 그리고 정신의학(Law, Liberty and Psychiatry)』이다. 자쓰는 이 책들을 출간한 이후 인문 사회과학의 학자들로부터 열렬한 호응을 받은 것과는 대조적으로 동료 정신의학 교수들이나 미국 정신의학 협의회로부터 가혹한 비판을 받았다. 이러한 분위기에서 자쓰는 가르치는 과목도 자유롭게 선택할 수 없었고 다른 정신의학 교수들과 달리 연구할 수 있는 충분한 연구비를 받지도 못할 정도였다. 오히려 그는 그의 연구를 기대하고 있던 환자를 비롯하여 많은 사람들의 자발적 지원으로 연구를 겨우 이어갈 수 있었다.[1)]

베커는 자쓰가 정신의학이 지니고 있는 문제점을 비판한 것에 적극적으로 동조하였다. 그는 다른 동료 교수들이나 미국 정신의학협의회 소속 정신의학자들이 대부분 침묵하거나 의도적으로 학문적 교류를 피했던 것과 달리 자쓰와의 학문적 협력을 더욱 넓혀갔다. 그는 정기적으로 자쓰의 정신의학 저술들을 함께 읽고 연구하는 모임을 주선해서 자쓰의 사상을 정신의학의 영역을 넘어서 인문학과 사회과학에서 논의되고 있는 인간연구와 심도 있게 대화할 수 있는 계기를 만들려고 하였다. 그 덕분에 베커는 자신의 관심을 더욱 발전시킬 수 있어 1964년에 『정신의학의 혁명: 인간의 새로운 이해(The Revolution in Psychiatry: The New Understanding of Man)』라는 정신의학 연구를 독자적으로 출판할 수 있었다. 베커의 이러한 노력은 정신의학과 인문학 또는 사회과학의 학제적 연구를 해나갈 수 있는 가능성을 설득력 있게 보여주고 있다.

그러나 베커가 자쓰의 정신의학 비판을 적극적으로 지지한 것은 불행하게도 정신의학계로부터 어려움을 받게 된 시발점이 되었다. 자

1) 자쓰의 연구는 지금까지도 정신의학 비평 서적 중에 고전으로 분류되어 있고 1994년 미국 정신의학협의회가 정신장애 진단 분류법에 종교적이고 영성적 욕구를 정식으로 분류한 것을 계기로 더 많이 인정을 받고 있다. 한국에서도 최근 일어나고 있는 인문학적 치유연구가 이론적으로 좀 더 발전되기 위해서는 반드시 참고해야 할 저술들이다.

쓰는 이미 정신의학과의 전임교수가 되었기 때문에 사임 압박을 받을 정도로 심하게 행정조치를 받지 않았다. 그러나 베커는 아직 전임교수가 되지 못한 위치였고 정신의학과에서 훈련을 받지도 않았다는 학문적 편견으로 인해 정신적 압박을 받았다. 결국 베커는 더 이상 압박을 주는 학과의 학문적 분위기를 견디지 못하고 그토록 자신 있게 강의와 연구를 수행하였던 정신의학과 교수직을 사임하였다. 그는 사임 이후에도 계속 학문적 편견과 오명이 가시지 않고 남아 있어 정신의학 분과가 있는 의과 대학이나 연구소 어느 곳에서도 자신의 전공 분야와 관련한 강의 초청을 받을 수 없었다.

대신에 베커는 인문학, 교육학, 사회과학 분야에서 대부분 시간강사 자격으로 강의를 개설하였다. 하지만 일반대학교 강의에서는 아직까지 정신건강이나 정신질환에 대한 주제는 생소해서 강의를 할 수 있는 기회가 쉽게 주어지지 않았다. 강의를 할 기회를 얻었다고 하더라도 그의 강의 대부분은 기존과는 다른 새로운 주장과 강의 방식으로 인해 학과 교수와 학교로부터 비판을 받았다. 그러나 동료 교수들이나 학교의 입장과 달리 그의 강의를 수강한 학생들은 강의에 폭발적으로 매료되었다. 한 가지 예를 들어보면 그가 1967년에 야심차게 준비하였던 캘리포니아대학교 강의와 관련된 일이다. 다른 대학교처럼 이곳에서도 그의 강의는 수강한 학생들로부터는 적극적인 지지를 받았지만 해당 전공 교수들과 학교의 비판 때문에 한 번의 강의 이후에는 더 이상 후속 강의를 초청받을 수 없었다. 그 사정을 알게 된 2,000명 이상이나 되는 학생들은 자발적으로 강연기금을 마련해서 베커가 다음 학기에 강의를 개설할 수 있도록 하였다(Daniel Liechty, 2005, 14).

베커는 연속된 어려운 생활로 인해 육체적 · 정신적으로 감당할 수 없을 정도의 고난에 시달렸다. 그러나 그는 학문적 열정만은 지속적으로 유지하여 종교, 정신의학, 악과 소외(alienation)의 문제, 현대 인간학의 문제 등과 같은 방대한 주제들과 관련해서 굵직한 저술들을 매년 한 권씩 출판하였다. 그 결과 그는 1969년 캐나다 밴쿠버에 있는 시몬 프레이저(Simon Frazer) 대학교로부터 전임교수 초빙을 받았다. 그는 그 대학으로 간 이후 그동안 미뤄두었던 죽음학과 관련한 거대 프로젝트의 완성을 목표로 1972년에 『의미의 탄생과 죽음(The Birth and Death of Meaning)』이라는 책을 다시 보완해서 출간했고, 1973년에는 그의 죽음연구가 결정적으로 세상에 알려질 수 있게 한 『죽음의 부정(The Death of Denial)』을 출간하였다. 마지막으로 그는 『죽음의 부정』의 후속 저술이면서 그의 사상의 총 완결판이라고 할 수 있는 『악으로부터의 도피(Escape from Evil)』의 참고 자료들을 준비해서 거의 200페이지에 달하는 초안을 작성하였다. 그러나 그는 초안을 하나의 완성된 저술로 발전시킬 수 없었다. 그는 불행하게도 1972년 암을 진단 받아 집중적 에너지를 요구하는 학문적 연구를 더 이상 할 수 없었기 때문이다. 그는 1974년에 짧은 생애를 마감하기 전 1973년에 비문학 분야의 퓰리처 수상 저술인 『죽음의 부정』이라는 책만을 출판할 수 있었다.

베커의 사상은 1993년에 정신의학자인 니일 엘지(Neil Elgee)의 주도로 미국 시애틀에 베커 재단(The Ernest Becker Foundation)의 설립을 계기로 확산되기 시작하였다. 그 덕분에 많은 연구가 이루어지고 있지만 가장 통찰을 주고 있는 논의는 인간의 갈등과 폭력을 줄일 수 있는 문화적 세계관에 대한 연구들이다(Eugene Webb, 1998, 71). 베커 재단은 베커의 전체 사상 체계의 꽃이라고 할 수 있는 죽음연구에 잉태되어 있는 종교성 혹은 영성, 폭력과 전쟁, 악의 문제를 이론적으로 분석해서 다양한 연구물을 출판하기도 하고 또한 정기적으로 죽음 연구와 관련한 특정 주제를 선택해서 학술 세미나를 개최하고 있다. 베커 재단은 이외에도 『악으로부터의 도피』의 관점에서 인간의 죽음과 종교 그리고 폭력성의 상관관계를 구체적으로 보여주고 있는 다큐멘터리 영화를 제작하여 의료적 차원을 넘어서 인간의 유한성에 대한 현대문명이나 문화의 부정을 비판적으로 성찰할 수 있는 죽음교육 운동을 전개하기도 하였다. 더 나아가 몇 년 전에는 베커의 죽음학을 연구하는 연구자들이 함께 모여서 글로벌하게 일어나고 있는 죽음과 폭력의 연관성을 심층적으로 진단할 수 있는 교육 프로그램인 테러 매니지먼트 이론(terror management theory)을 체계화해서 교육기관을 비롯해서 죽음과 폭력의 현장에 밀접히 연결되어 있는 제도들에도 확산시키고 있다(Daniel Liechty, 2005, 23).

다음으로 베커의 죽음학의 연구에 핵심 주장이라고 할 수 있는 죽음과 영웅성(heroism)에 대한 논의를 검토하기로 한다.

3. 죽음과 영웅성

베커는 인간은 죽음인식으로 자신의 한계를 경험하지만 동시에 그러한 한계를 극복하려는 욕구를 표출시키기도 하는 존재로 이해하였다. 그는 죽음연구를 위해서 욕구에 대한 이해가 핵심임을 간파하였다. 그는 정신분석과 심층심리학의 비판적 연구들 중에서 지그문트 프로이트를 비롯해서 오토 랑크, 알프레드 아들러, 카를 구스타프 융, 그리고 몸의 정신분석을 강조한 노먼 브라운의 논의를 적극적으로 참조해서 욕구의 근본 특성을 영웅성으로 밝혀내려고 하였다(어니스트 베커, 2008, 32-35). 특히 그는 영웅성에 대한 논의는 랑크의 창조적 추동 논의와 깊게 연결되어 있다는 점을 강조하였다(어니스트 베커, 2008, 39)[2]. 그러므로 베커의 영웅성 논의를 전개하는 데 간단하게라도 검토해보아야 할 논의는 랑크의 연구이다.

랑크는 유일하게 정신의학을 전공한 의사가 아닌 순수 인문학 배경으로 정신분석 운동 초기 수요 정신분석 모임의 멤버였고 그 모임의 서기로서의 역할을 오랜 시간 담당하였다(E. James Liberman, 1985, 69). 그는 모임에서 유일하게 정신의학자가 아니었지만 프로이트의 배려로 움츠리지 않고 자신의 의견을 적극적으로 개진하면서 참가할 수 있었다. 그러나 그는 프로이트 사상의 본질인 성과 자신이 인간의 근원적 욕구로 인식하였던 죽음공포와 그것을 넘어서기 위한 욕구가 정면으로 충돌되고 있다는 것을 점점 확인하게 되면서 아들러와 융과 마찬가지로 초기 절대적 영향을 받았던 정신분석의 아버지인 프로이트와 헤어질 수밖에 없었다. 그는 프로이트와 헤어진 이후 이전에 헤어졌던 다른 멤버들과 마찬가지로 정신분석학회에서 제명되어 정신의학 관련 의과대학이나 연구소 어디에서도 정신분석 관련 일을 할 수 없었다. 단지 개인적으로 클라이언트들과 상담분석 시간을 갖는 것 이외에는 주로 사회복지학과와 교육학과에 소속하여 자신의 연구와 강의를 수행하였다(E. James Liberman, 1985, 273).

랑크는 자신의 논의가 프로이트의 정신분석과 핵심적으로 차별성을 보이는 지점 두 가지를 지적하였다. 우선 그는 인간의 생애에 있어서 가장 중요한 시점은 프로이트가 강조한 오이디푸스 시기보다 훨씬 이전인 생후 6개월 정도에서 시작하는 것으로 생각하였다(E. James, Liberman, 1985, 201). 이러한 차이는 프로이트의 정신분석의 기본 틀에

2) 베커는 랑크의 저술을 읽어나가는 데 부닥치는 난해성을 극복할 수 있는 방법까지 제시할 정도로 랑크의 논의를 심층적으로 이해하였다.

대한 정면 도전이었다. 다음으로 그는 인간의 심층적 차원을 프로이트의 정신분석처럼 성적 리비도로 보지 않고 더 깊은 차원의 삶과 죽음의 공포를 극복하기 위한 심층적 에너지로, 창조적 추동 혹은 의지로 이해하였다(Otto Rank, 1989, xxv-xxvi). 그는 인간은 아주 어린 시절부터 탄생 과정에서 경험한 죽음과 같은 공포로 인해 그 이후의 삶의 과정에서도 지속적으로 찾아오는 최초의 탄생의 공포경험을 지속적으로 갖게 되지만 동시에 공포를 극복하기 위한 추동을 지니고 있는 존재로 이해하였다. 인간은 그러한 공포를 벗어나기 위해 창조적 추동을 표출하는데 어린 시절에는 가장 근접한 거리에 있는 엄마와의 관계를 통해서 그렇게 하고, 성장하면서부터는 엄마의 보호 범위를 넘어서서 다른 대상들과의 관계를 구축하면서 경험하는 공포와 더불어 죽음의 공포를 막아낼 수 있는 안전장치를 지속적으로 확장해 간다는 것이다.

베커는 랑크의 주장에 근거해서 1963년에 인간이해에 대한 기존 연구와는 다르게 접근한 글만을 주로 실었던 학술지(Main Currents)에 프로이트의 정신분석의 도그마인 오이디푸스 콤플렉스를 비판하는 글을 처음 발표하였다. 그는 10년 후에 발표한 글에서는 프로이트의 오이디푸스 콤플렉스를 로버트 브라운의 오이디푸스 프로젝트(oedipus project)의 관점으로 교정하여 자신의 논의를 영웅성으로 더욱 발전시킬 수 있었다(어니스트 베커, 2008, 92-3). 그는 오이디푸스 콤플렉스 시기를 삶의 과정에서 삶과 죽음의 공포를 깨닫지만 스스로 해결할 수 없어 수동적인 상태에 빠져 있는 기간으로 해석하지 않고 부모의 사랑이나 도움으로 한계성을 극복하여 자신의 가치나 자존감을 적극적으로 세우려는 오이디푸스 프로젝트를 수행하는 기간으로 이해하였다(Daniel Liechty, 2005, 59-60). 그러므로 베커에게 있어서 오이디푸스 콤플렉스는 더 이상 단순히 과거에 고착된 성적 억압의 콤플렉스가 아니라 자신의 자존감을 더욱 확장시켜 어떤 장애물이 있더라도 앞으로 나아가기 위한 오이디푸스 프로젝트 영웅성의 이행과정이다.

베커는 영웅성에 대한 오이디푸스 프로젝트 논의를 정신분석의 다른 두 가지 핵심 개념과 연결해서 이론적으로 정교하게 분석하였다. 하나는 나르시시즘 개념이다(어니스트 베커, 2008, 41). 그리스의 나르키소스 신화가 보여주듯이 인간은 이 세상에 탄생한 이후 자신에 대해서 때로는 객관적이지 않다는 지적을 받더라도 그것에 상관없이 자신의 좋은 모습에 반하기도 하고 그렇지 않을 때도 그 모습을 수정해서 자신을 끊임없이 사랑하게 만들려고 한다. 인간의 나르시시즘의 이면에는 기본적으로 자신의 가치를 어느 것과도 비교가 될 수 없는 "유일한" 것으로 인정받고 싶은 영웅성이 깊이 뿌리내려 있다. 이러한 삶의 모습은 어린 시절부터 시작된다. 엄마의 젖을 얻기 위한 유아의 몸짓, 그리고 한 집안의 자녀들이 남매와 구별해서 자신만이 유일하게 새로운 옷과 음식을 취해야 하는 것은 단순히 육체적 만족을 넘어서서 부모와 같은 타자로부터의 사랑이나 관심으로 자신만이 유일하다는 영웅성을 확장해 가려는 욕구이다. 인간은 성인이 된 이후에도 계속해서 자신만의 영웅성을 유지시켜 삶의 안전장치를 확보하려고 한다. 인간은 돈, 명예, 학력 등을 많이 쌓기도 하고 또한 돈과 명예에 관계없이 예술적이고 문화적 활동에 적극적으로 참여하면서 어느 누구와도 비교할 수 없는 자신만의 영웅성을 드러내려고 한다. 인간은 궁극적으로 삶의 과정에서 가장 많이 인간의 한계를 정직하게 보여주는 죽음까지도 영웅성으로 극복해서 불멸의 삶을 유지하려고 한다(어니스트 베커, 2008, 42-3).

베커가 나르시시즘과 함께 영웅성에 대한 오이디푸스 프로젝트 논의를 전개하기 위해서 비판적으로 수용한 또 다른 정신분석적 개념은 전이(transference)이다(어니스트 베커, 2008, 264). 인간의 전이는 일반적으로 숨겨진 소원을 다른 대상에게 투사시키면서 일어나는 과정이다. 정신분석에서 피분석가가 분석가와 함께 자신의 심적 문제를 분석받으면서 현실적으로 이루지 못한 무의식적 소원을 분석가에게 투사시키고 분석가는 피분석가로 하여금 분석과정을 객관적으로 대면하게 하면서 자신의 문제를 인식하는 과정이다. 분석가는 피분석가와의 상담이나 다양한 꿈 분석을 통해서 드러내기도 한다. 전이는 피분석가의 심리적 차원의 실재적 모습을 들추어내는 과정이므로 분석가와 피분석자 간의 심리적 긴장이나 갈등 상황이 일어나기도 해서 피분석가가 자신의 모습을 아주 어렵게 인정하게 되는 경우도 있고, 분석을 받아들일 수 없어서 더 이상 분석을 진행할 수 없는 경우도 있고, 반대로 분석가 자신이 피분석가의 투사에 흡수되어 오히려 피뷰석가의 감정에 빠져 역전이(counter transference) 현상이 일어나는 복합적 과정이기도 하다.

베커는 정신분석의 분석과정에서 이루어지는 이러한 전이현상을 정신분석의 논의처럼 본질적 의미를 단순히 성적욕동으로만 제한하여 해석하지 않고 삶의 모든 영역으로 확장하였다. 그는 게라두스 반 델 레에우(Geradus van der Leuw)의 논의를 근거로(어니스트 베커, 2008, 347) 인간은 어린 시절부터 삶의 모든 과정에서 자신의 존재가 다른 누구에게도 패배하지 않고 영속적으로 유지될 수 있게 하는 "힘의 원천(source of power)"인 다양한 대상에 의존하여 자신의 영웅성 프로젝트를 수행하는 것으로 이해하였다(Ernest Becker, 1968, 269). 인간은 돈, 성, 권력, 학력, 또는 인맥 등과 같이 다양한 세속적 매개물을 통해서 기댈 수 있는 힘을 찾아내기도 하고 그렇지 않을 경우 초월적 세계나 궁극적 실재에 의존해서 자신의 한계를 극복하여 끊임없이 불멸을 이루려는 오이디푸스 프로젝트를 적극적으로 수행한다는 것이다(어니스트 베커, 2008, 262-63).

인간의 오이디푸스 프로젝트의 영웅성은 삶의 공포와 인간의 근본 한계인 죽음의 공포를 극복하기 위한 심층적 에너지라는 점에서 동일하지만 그것이 표출되는 형식이나 질은 맥락과 사람에 따라서 여러 가지 차이점을 보이기도 한다. 인간의 영웅성은 개인으로부터 시작되었다고 하더라도 거기에 남아 있지 않고 집단적 차원의 변환을 불러내기도 하고 한 시대의 정신을 기존 방향과는 전혀 다른 방향으로 흐르도록 이끌기도 하였다. 그것은 인류의 역사 안에서 문화와 문명을 잉태하였던 원천적 힘을 지니고 있을 뿐만 아니라 후대 사람들에게 전해 내려온 문화나 문명을 다시 이어받게 하기도 하고 혁신적으로 잘못된 부분을 과감히 삭제하고 수정할 수 있는 힘을 지니고 있기도 하다. 그러므로 인류의 문화와 문명은 서양이든 동양이든, 제도적 종교인이든 아니든, 배운 자이든 아니든, 권력자이든 그렇지 않든, 부자이든 가난한 자이든, 개인적으로나 집단적으로 모두 다 주어진 삶의 환경 안에서 부닥치고 있는 삶과 죽음의 공포를 벗어나기 위한 영웅성의 집단적 축적물이다(어니스트 베커, 2008, 45). 그러므로 인간의 역사는 여러 가지 형식으로 분류해서 이해할 수 있겠지만 이면에는 모두 다 오이디푸스 프로젝트를 멈추지 않고 수행하려고 했던 인간의 영웅성이 구체적으로 응축되어 있는 역동적 드라마이다.

4. 영웅성과 종교

인간의 오이디푸스 프로젝트를 실현할 수 있는 힘인 영웅성은 역설을 지니고 있다. 인간은 누구든지 삶이 시작하는 시작부터 영웅성의 다양한 전략과 장치들을 실행하고 배치해서 삶의 과정에서 경험하는 여러 가지 불편함과 어려움, 그리고 최종적으로 죽음과 그것의 공포를 벗어나려고 몸부림치지만 결국 죽음을 맞이할 수밖에 없는 존재이다. 인간은 다른 사람들에게는 해당될 수 있는 일일지 모르지만 적어도 '나 자신'이나 '나'와 관계를 밀접히 맺고 있는 사람들에게만은 죽음은 존재할 수 없다는 "불가결한 거짓말"을 자신도 모르게 일상에서 계속 표출하지만 최종적으로 죽음을 받아들여야 한다(어니스트 베커, 2008, 118). 그러므로 인간의 모든 오이디푸스 프로젝트의 영웅성은 무엇이 되었든 마지막 결론은 죽음과 그것의 공포를 막아내는 데 실패할 수밖에 없는 역설을 본질적으로 담고 있다.

베커는 영웅성의 이러한 역설을 육체와 정신으로 나누어서 기술하고 있다(Ernest Becker, 1969, 186). 분명 인간의 영웅성은 육체적 차원에서는 최종적으로 실패를 보인다는 점에서 부정할 수 없는 역설이다. 인간은 어떤 경우에도 육체적으로 역설을 극복할 수 없다. 그러나 인간은 정신적으로 그 역설을 벗어날 수 있는 여러 가지 장치를 만들어 끊임없이 극복하려고 하였다. 인간은 그러한 장치를 통해서 개인이든 집단이든 삶과 죽음의 공포에 대항할 수 있는 위로를 받을 수 있었다. 후자의 장치도 육체의 관점에서 보면 역시 패배이지만 정신의 관점에서 보면 그것은 패배가 아니라 승리나 희망으로 나갈 수 있는 초월적 가능성으로 이해할 수 있다(Steen Healing, 2000, 155). 그러므로 베커가 『악으로부터의 도피』 서문에서 지적하고 있듯이, 그의 죽음학의 최종 결론은 삶의 마지막은 육체적 죽음이기 때문에 허무주의나 냉소주의를 주장하려는 것이나 그렇지 않으면 육체적 죽음을 억압하거나 부정하는 소박한 낙관주의나 현세주의를 주장하려는 것이 아니었다(Ernest Becker, 1975, xviii).

현대 문화에 깊숙이 스며들어 있는 죽음은 거의 대부분 육체적 관점으로만 이해되고 있어서 결국 죽을 수밖에 없으므로 짧은 삶의 과정에서 구차하게 죽음을 생각하는 것은 시간낭비이므로 오히려 죽음이 존재하지 않는다는 망각이 훨씬 삶을 값지게 할 수 있다는 허무주의와 현세주의 문화를 잉태하였다. 죽음은 바로 망각으로 인해 '나'와 관련된 삶에서는 존재할 수 없다. 베커의 논의에 의하면 죽음에 대한 최면과 같은 망각은 인간의 유한성을 기억하지 않게 하므로 죽음은 존재할 수 없다는 "불가결한 거짓말"로 자신의 성을 언제나 쌓아나가야 한다. 반대로 현실의 삶을 거의 부정해버리는 내세주의는 죽음을 죽음이후의 세상과 연결해서 기억시키고 있지만 기억에는 인간의 유한성의 철저한 자기비판 인식이 드러나 있지 않다. 그러므로 내세주의도 죽음을 인식한다고 하지만 인간의 육체적 죽음을 심각하게 인식하지 않고 도피하는 또 다른 형식의 망각주의이다.

인간의 역사에서 큰 정신적 흐름을 만들어낸 영웅성은 죽음인식을 회피하거나 약화시키는 망각주의를 보여주고 있지 않다. 나름대로 인간의 삶에 많은 영향을 미친 영웅성은 어느 곳에서 드러났든 그 중심에는 언제나 죽음인식이 강조되어 있다. 베커의 논의에 의하면 인간의 진정한 영웅성은 본질적으로 두 가지 경험이 밀접히 결합되어 나타나 있다. 하나는 피조물성(creatureliness)의 경험이고, 다른 하나는 그러한 경험에 토대를 둔 잉여적(surplus) 경험이다(Ernest Becker, 1975, 31). 전자의 경험은 인간에게 독립적인 자존감을 갖게 해주기보다는 자신의 모든 것을 압도적으로 무화시켜 버리는 피조물의 감정과 같다. 인간은 죽음의 문제를 통해서 다양한 경험을 하게 되지만 가장 강렬하게 경험하게 되는 것은 자신이 스스로 그 문제를 해결할 수 없다는 인식을 연속적으로 경험한다. 인간은 죽음의 문제를 대면하면서 궁극적으로 어떤 문제보다도 자신의 한계를 철저하게 인식하게 되고 어쩔 수 없이 자신도 다른 사람들과는 비교할 수 없는 아주 특별한 존재가 아닌 같은 부류의 피조물임을 깨닫게 된다는 것이다.

반면에 후자의 경험은 죽음의 문제를 해결받기 위해서는 자신과 같은 처지에 있는 존재들과는 근본적으로 다른 차원의 존재를 인정할 수밖에 없다. 이 경험은 전자의 경험 없이는 자생할 수 없다. 인간은 죽음과 관련해서 어떤 것도 스스로 해결할 수 없다는 경험을 정직하게 대면하기 시작하면서 자신보다 더욱더 높은 차원의 고차적 존재의 도움을 열망하게 된다. 그러므로 영웅성에 본질적 특성으로 담겨있는 피조물성의 경험과 잉여적 경험은 분리되어 있지 않고 서로 연결되어 있어서 인간의 유한성을 기억함과 동시에 희망으로 끊임없이 나아갈 수 있는 모습을 보여주고 있다. 그러므로 인간의 잉여적 경험은 프로이트가 얘기하듯이 심리적인 병리적 문제로 인해 생겨난 망상으로 보거나 아니면 마르크스가 주장하듯이 현실의 고통을 극복하기 위한 내세의 보장을 약속하는 달콤한 아편의 경험이 아니다. 그것은 인간이 의존하던 모든 것을 완전히 포기하는 인간의 철저한 항복 선언인 피조물성의 경험을 통해서 잉여적으로 드러나는 보다 높은 차원의 고차적 존재에 대한 절대적 신뢰이다(어니스트 베커, 2008, 437).

베커는 종교심리학자인 루시 브레그만(Lucy Bregman)이 잘못 이해한 것처럼 육체적 한계를 부정하는 영지주의의 우주적 경험을 주장하는 것이 아니다(Lucy Bregman, 1984, 466). 베커는 종교적 경험은 인간 자신의 피조물성의 경험과 다른 차원의 초월적 존재를 열망하는 경험이 분리된 것이 아니라 밀접히 연결되어 나타나는 영웅성의 경험으로 이해하였다(Ernest Becker, 1971, 191). 진정한 영웅성의 경험은 인류의 역사에서 계속적으로 축적되면서 삶과 죽음의 문제에 가장 강력한 호소력과 희망을 제시하고 있는 다양한 종교전통을 탄생시켰다. 인간은 또한 각각의 종교전통이 제시하고 있는 해답을 통해서 삶과 죽음의 고통이나 불안에 대처하면서 자신의 삶을 온전하게 성장시켜 갈 수 있었다(Ernest Becker, 1971, 198). 그러므로 인간의 역사에서 삶과 죽음의 근본 문제에 대한 대답을 호소력 있게 보여주는 장치는 종교전통이 마련해주는 장치 이외에는 그렇게 많이 찾을 수 없을 것이다.

인간은 종교전통을 통해서 죽음의 기억과 그에 대한 해답을 고백해 왔다. 많은 경우 인간은 삶의 환경 때문에 주어졌든 아니면 스스로 선택하였든 자신의 종교전통이 제시하고 있는 해답을 어떤 의문도 없이 과거부터 내려온 방식에서 자신의 피조물성의 증거인 죽음을 기억하기도 하고, 개인적 차원이든 집단적 차원이든 기존의 해답에 새로운 것을 첨가해서 더욱더 확고히 죽음인식과 해답을 제시하기도 하고, 아니면 기존의 해답 자체를 혁명적으로 수정하거나 제거해서 새로운 해답을 창출하기도 한다. 그 과정에서 크고 작은 갈등과 폭력이 일어나기도 하고 급기야 종교전통이 분열되기도 하고 종교전통의 토대 자체가 흔들려서 새로운 종교전통으로 탄생되기도 하였다. 이런 측면에서 인간의 종교사는 근본적으로 죽음인식과 해답이 함께 축적되어 있는 영웅성의 역사라고 규정해도 무리가 아닐 것이다.

물론 근대 이후에는 이러한 입장과는 대조적으로 종교적 해답이 가진 모순점을 지적하거나 많은 비판을 가한 "과학주의" 혹은 "세속주의"의 실증주의적 해답이 등장하기도 했다. 그러나 이러한 해답은 일부 광적인 동조자를 제외하고 종교적 해답과 비교해서 많은 사람들을 변환시킬 수 있는 호소력을 심층적으로 제공해 주지 못하고 있다. 종교에 대한 그들의 야심찬 비판적 예언과는 다르게 인간은 여전히 지금도 자신의 종교를 통해서 피조물성의 증거인 죽음을 기억하고 그것에 대한 해답을 다양하게 받아들이면서 삶을 지탱하고 있다. 앞으로도 인간은 죽음에 대한 영웅성은 "불가결한 거짓말"에 불과하다는 비판을 피해갈 수 없다고 하더라도 종교전통이 제시해주었던 해답으로부터 여전히 위로를 받으면서 살아갈 것이다. 근대 이후 종교 비판가로부터 종교는 결국 없어지고 말 것이라는 예언을 많이 들었지만 모두 "허풍"으로 밝혀져 이미 옛날 얘기로 간주되었다. 오히려 최근에 세계적으로 종교가 긍정적이든 부정적이든 다시 부흥하고 있다는 사실을 생각해보면 인간은 미래에도 종교를 통해서 여전히 죽음에 대한 대답을 찾게 될 것이라는 판단은 쉽게 바뀌지 않을 것이다.

그럼에도 불구하고 베커는 현대의 학문의 영역에서 이루어지고 있는 인간이해는 인간이 실제로 경험하는 피조물성과 잉여적 경험을 충분히 담아내지 못하고 있음을 지적하였다. 오히려 그는 현대 서구의 실증주의적 인간이해가 죽음에 대한 해답으로 삶의 욕동과 같은 경험인 "종교적 차원"을 축소시켜왔음을 비판하였다(Ernest Becker, 2005f, 137-38). 그는 인간을 전체적으로 파악하려는 인간과학에서는 종교적 차원이 주변적이고 이차적인 논의가 아니라 일차적 논의가 되어야 한다는 점을 강조하였다(Harvey Rates, 1977, 218). 그는 정신분석이나 심리학의 분야조차도 종교적 차원을 인간 존재의 근본 욕구로 파악하기보다는 병리적 관점으로만 이해하거나 특정한 심리적 범주로만 규정하고 있어 인간을 전체적으로 파악해 들어가는 데 동일한 문제를 보이고 있다고 비판하였다. 사실 그가 처음 교수 생활을 했던 정신의학과에서 주장한 것도 정신분석과 심리학이 이런 측면을 고려하지 않고 인간을 이해하고 있다는 비판이었다. 그는 미국 정신의학협의회가 1994년에 이르러서야 그동안의 고질적 관행에 금을 내기 시작하면서 종교적이고 영성적 욕구를 공식적으로 정신진단분류체계에 포함시키기 이전부터 심리학적 자아의 차원을 넘어서 종교적이고 영적 차원의 영혼을 돌보는 치료로까지 발전되어 전인적 인간이해로 나갈 것을 주장하였다. 그가 현대 심리학적 인간이해가 보여주고 있는 한계점을 비판하고 있는 부분을 인용해 보기로 한다.

> 전통적으로 인간의 내적인 삶은 영혼의 영역인 것처럼 늘 묘사되어 왔다. 그러나 19세기 과학자들은 교회로부터 이 마지막 영역의 미신을 교화하고 싶어 했다. 인간의 내적인 생활을 신비로부터 해방된 영역으로 만들고 싶어 했으며, 인과율에 종속시키고 싶어 했다. 그들은 정치적으로 "영혼"이라는 단어를 포기했으며, "자아"에 관해서 말하고, 이러한 자아가 아이와 엄마의 초기 관계에서 어떻게 관계하는지 연구하기 시작했다(어니스트 베커, 2008, 330-31).

> 세상에서 하는 모든 분석은 인간에게 자신이 누구이며, 여기 이 땅에 왜 존재하며, 왜 죽어야 하며, 어떻게 자신의 삶을 승리로 이끌 수 있는지 아는 것을 허용하지 않는다. 심리학이 이러한 일을 하는 척할 때, 인간의 불행을 완전히 다 설명해 보일 때 바로 그 일은 현대인의 상황을 피할 수 없는 궁지로 몰아넣는 사기가 되고 만다. 달리 말해서 심리학은 개인 삶의 역사에 대한 불행을 개별적으로 이해하는 데 한계가 있으며, 개인의 불행 그 자체가 보다 큰 의미에서 얼마나 역사적인 문제가 되는지, 안전한 공공의 구원 이데올로기의 상실이 왜 문제가 되는지 이해하지 못했다(어니스트 베커, 2008, 333-34).

그러므로 베커의 인간과학에 의하면 영혼의 심층 소리인 영웅성은 누구에게나 부여된 종교적 본능과 같은 것이어서 인간의 모든 삶의 현장에서 다양한 형식으로 드러난다. 인간은 개인적 차원에서 하늘에 떠 있는 별들을 보면서 자신의 피조물성인 죽음과 해답을 상상하기도 하고, 시장에 땀을 흘리면서 일하는 사람들의 모습을 보면서 그럴 수도 있고, 최고의 첨단 실험실에서 그럴 수도 있을 것이다. 예술가들은 자신이나 아니면 그들이 속한 공동체의 미적 한계를 새로운 작품을 창조함으로써 극복하기도 한다. 또한 인간은 가족체계를 통해서 자신의 가문을 어떻게 해서라도 이어가려고 했고, 경제제도로 굳건한 자신의 삶을 보전하려고 했고, 정치제도로 특정 왕조의 이념을 지속적으로 유지하려고 했고, 다양한 학풍으로 죽음이후에도 집단의 학문적 대답을 계속해서 기억시키려고 했고, 기념물이나 건축물 등을 웅장하게 건립해서 개인이나 집단의 영속화를 쟁취하려고 하였다. 인간의 영웅성의 몸짓은 계속 이어지고 있고 앞으로도 변하지 않고 지속될 것이다. 그러므로 인간의 삶이 존재하는 모든 세계는 그 자체가 인간의 죽음과 그것에 대한 대답을 끊임없이 생성시켜주는 영웅성이 표출된 넓은 의미의 종교이다(어니스트 베커, 2008, 49).

인간이 제도적으로 특정 종교전통에 참여하든 그렇지 않든 인간은 사회적 메커니즘으로부터 벗어나서 생존할 수 없다. 베커도 제도적으로 특정 종교전통에 참여하는 종교인은 아니었지만 자신의 죽어가는 과정을 종교적 차원으로 이해하지 않고서는 자신의 피조물성의 증거인 죽음의 어떤 의미도 찾을 수 없다는 점을 강조하고 있다. 그는 1974년에 죽음을 맞이하기 며칠 전 샘 킨(Sam Keen)의 인터뷰에 응하면서 인간의 삶의 한계인 죽음의 문제를 의미 있게 바라보게 하는데 우주가 증언하는 종교적 차원과 심층적으로 연결되어 있다는 것을 자신의 경험을 통해서도 부정할 수 없다는 점을 고백하고 있다. 삶의 마지막 과정에 죽음을 받아들일 수 있게 해준 위로는 세속적 차원보다 종교적 차원의 이해를 통해서 풍부해질 수 있다는 것이다. 직접 그가 웅변적으로 고백하고 있는 부분을 들어보기로 한다.

> 나는 당신이 의미하는 것이 무엇인지를 압니다…. 죽어가는 것을 쉽게 해주는 것은 세상을 어떤 종류의 종교적 차원 안으로 초월할 수 있다는 것입니다. 나는 가장 중요한 것은 우리의 삶의 불합리를 넘어서, 인간의 관점을 넘어서, 우리에게 일어나고 있는 것을 넘어서, 우리가 알지 못하는 어떤 목적들을 위해서 우리를 사용하고 있는 우주의 광대한 창조적 에너지가 사실 존재하고 있다는 점입니다. 우리가 잘못 사용된다고 할지라도, 신적 목적들을 위해서 사용되어지는 것, 이것은 우리를 위로해주는 어떤 것입니다. 나는 요한 칼뱅이 다음과 같이 말할 때 그를 생각합니다. 그는 다음과 같이 말했습니다: '주님, 당신은 저를 아프시게 하셨지만, 당신이시기 때문에 모든 것은 괜찮습니다.' 우리는 우리의 삶, 그것의 의미, 그것의 가치, 그것의 끝을 넘기거나 넘겨주려고 노력한다고 나는 생각합니다. 이것은 나에게 가장 중요하였습니다. 나는 세속적 인간이 죽는다는 것이 매우 어렵다고 생각합니다(Sam Keen, 2005, 226).

5. 영웅성, 종교, 그리고 악

베커는 죽음학의 핵심이 종교적 차원에 있다는 점을 강조하고 있지만 단순히 종교전통의 신학이나 철학에서 이루어진 악의 논의처럼 초월적 실재나 원리 또는 법칙에 대한 논의로까지 확장해가는 "신정론(theodicy)"의 관점을 그 논의에 적용하고 있지 않다(Frederick Sontag, 1981, 273). 그는 또한 현대 사회과학에서 주로 연구하는 실증적 관점에서 악의 문제를 사회구조 문제로 파악하려는 논의를 따르는 것도 아니다. 대신에 그는 악의 문제는 근본적으로 인간 밖에 존재하는 것이 아니라 인간 주체인 영웅성이 매개되어 나타난 현상이므로(Ernest Becker, 1969, 188-89) 인간 문제로 규정해야 한다는 "인정론(anthropodicy)"의 관점을 주장하였다(Ernest Becker, 1968, 18). 다시 말해서 악이 생성되는 곳은 인간 밖의 초월적 실재나 사회 구조 자체에 있기보다는 그것을 매개하고 있는 인간의 영웅성이라는 것이다(Ernest Becker, 2005b, 107).

베커는 개인적이든 집단적이든 종교적으로 악의 현상이 드러낼 수 있는 영웅성의 맥락으로 두 가지 문제를 지적하였다. 하나는 사회적 맥락이다. 영웅성이 구체적인 악의 현상으로 드러나기 위해서는 그러한 영웅성을 경쟁적으로 불러낼 수 있는 사회적 맥락이 전제되어야 한다. 종교전통에서 보이는 폭력적 악의 현상도 그런 측면에서 예외일 수 없다. 기존의 중심 종교전통이 다른 종교전통과 함께 옆에 존재하기 때문에 종교 간의 갈등이 일어나는 것이지 반대로 만약 다른 종교전통이 존재하지 않고 오직 하나의 종교전통만 존재한다면 종교 간의 폭력적 악의 현상들은 사회에서 일어나지 않는다. 세속적 이데올로기에 있어서도 만약 특정 이데올로기 하나만 존재한다면 다른 이데올로기와 경쟁할 수 있는 환경이 되지 않으므로 악의 현상은 나타날 수 없다. 그러나 아무리 평화스러운 곳이라고 하더라도 기존의 종교전통의 중심적 흐름에 경쟁적 종교전통이나 이데올로기가 뚜렷하게 부각되어 기존의 사회적 맥락과는 다른 새로운 형식의 사회적 맥락이 형성되면 인간의 영웅성은 기존 종교전통이나 이데올로기의 영속화를 위해서 타자의 종교전통이나 이데올로기를 제거하는 폭력적 악의 현상을 쉽게 만들어낼 수 있다.

다른 하나는 종교적 페티시즘(fetishism)이다. 페티시즘은 특정 의미의 절대성과 유일성인 고정적 의미를 넘어선 다른 차원으로의 의미

확장은 어떤 것도 금기되어 있다(Ernest Becker, 2005 d, 142). 그것은 어떤 방식보다도 종교적으로 고정시킨 의미를 다른 방식으로 확장해서 금기를 깨뜨린 경우 당사자의 파괴성을 보여주기도 한다. 인류의 역사에서 파괴성을 만들어 낸 다양한 예는 쉽게 제시될 수 있다. 중세 시대에 지구에 대한 기존의 종교적 의미와 다른 차원의 의미를 추구한 것 때문에 갈릴레오가 처형당한 것뿐만 아니라 기존의 종교적 견해와는 다른 신의 의미를 제기한 것으로 인해 화형을 당한 것 모두 페티시즘의 전형적 모습이다. 이러한 모습은 과학적이고 이성적인 삶의 환경에서도 수그러들지 않고 유지되고 있다. 최근 미국에서 일어난 9·11테러사건의 경우, 그에 대한 반격으로 이라크 공격, 지역에 상관없이 다양하게 일어나고 있는 폭력적 문제들도 이러한 모습과 무관하지 않다. 지금 세계적으로 관심이 되고 있는 종교적 극단주의 운동은 종교적으로 고정된 의미의 페티시즘으로 인해 그 의미와 충돌되는 어떤 해석도 허용하지 않고 오히려 의미를 영속화시키기 위해 더욱 가열된 폭력적 상황을 만들어내기도 한다.

'내가' 속한 종교전통에서 역사적으로 형성하여 고정적으로 전해져 내려온 특정 의미의 영속화를 위해 다른 관점에서 형성된 종교적 의미는 근본적으로 금지되거나 기껏해야 보조적인 의미로 남아 있어야지 기존의 의미를 대체할 수 있을 정도로 경쟁적 의미로 확장된다면 의미는 모두 제거되어야 한다.[3)] 종교사는 전해져 내려온 의미를 보존

3) 대표적인 예는 단순히 적에 위협을 주거나 아니면 자신이나 자신이 속해 있는 집단을 보호하기 위한 것으로 핵무기를 만들어냈지만 오히려 그것으로 인해 상상하지 못하는 체르노빌 원자로의 붕괴나 최근 일본의 지진으로 인한 원자력의 붕괴 등과 같은 악의 현상이 드러난 것이다. 그러므로 악을 제거하기 위한 기술이 더욱 강력하면 할수록 역설적으로 그것으로 인해 더 많은 악의 현상을 만들어낼 수 있다고 할 수 있다.

하거나 새롭게 확장시키는 과정에서 상상할 수 없을 정도의 타자에 대한 폭력성을 드러낸 경우가 무수하다. 인간의 모든 종교전통은 오랜 역사를 지니고 있는 세계종교이든 신종교 운동이든 예외 없이 이러한 모습을 보이고 있다. 그러므로 악은 기존의 의미를 지켜내든 그 반대이든 경쟁적 의미를 제거하려는 주체 자신의 의미만을 영속화시키려는 영웅성이 열정적으로 표출된 "불멸 게임들(immortality games)"에 존재한다(Ernest Becker, 2005c, 191). 다시 말해서 악은 고정이 되었든 그렇지 않든 의미 자체에 존재하기보다는 특정 의미를 선택하기 위해 다른 의미를 제거하려는 주체의 영웅성에 역설적으로 존재한다(Ernest Becker, 1968, 135-36).

인간의 역사에서 종교적 페티시즘이 갖고 있는 문제점을 비판적으로 제기하기 시작한 것은 르네상스와 종교개혁을 거치면서 일어난 계몽주의의 운동이다. 그 운동은 근대의 과학과 기술을 탄생시키게 하는 데 결정적 역할을 하였고 또한 종교적으로도 기존의 의미와는 다른 차원의 의미를 제공해서 종교적 의미의 고착화로 눌려 있던 삶과 학문에 비판적 정신을 제공해주었다. 그러나 그 운동도 세월이 흐를수록 이성적이고 의식적 차원에 국한된 의미의 강조로 인해 이해의 범주에 쉽게 들어올 수 없는 종교적 의미를 이해하는 데 매우 인색하였다(Frederick Sontag, 1983, 84). 극단적 경우에는 종교적 의미의 폐기를 선언해서 종교적 삶에 대한 미신적이고 시대착오적인 이미지를 만들어내기도 하였다. 아직도 그러한 모습은 현대인의 삶이나 학문에 뗄 수 없을 정도로 깊은 편견으로 남아있다. 이미 그 운동이 갖고 있었던 종교적 의미의 종말선언은 거짓이라는 점이 드러났고 전 세계적으로 종교적 삶이 긍정적이든 부정적이든 다시 부흥하고 있지만 여전히 기존 학문공동체가 갖고 있는 종교적 의미에 대한 비판은 계몽주의적 시각으로부터 많이 벗어나지 못하고 있다.

종교적 의미에 대한 극단적 비판은 의미의 내용에 있어서는 차이를 보인다고 하더라도 그러한 비판 이면에 들어있는 심리적 상태는 특정의 의미를 제외하고 어떤 의미도 확장하는 것을 거부하는 종교적 페티시즘과 동일하다. 특히 현대의 삶에 깊이 스며들어 있는 인간이해는 인간과 그의 환경 안에서 일어나고 있는 삶의 의미를 축소시키거나 아예 부정해버리는 특정 의미만을 고집하고 있어 종교적 의미가 제대로 해석되지 못하는 또 다른 형식의 페티시즘을 생산하였다. 베커는 박사학위 논문을 쓰기 시작하면서 바로 이러한 문제점을 정신의학과 종교의 비교연구에서 끊임없이 제기하였다. 그는 정신의학이 기존에 갖고 있는 정신의학적 의미의 페티시즘은 종교적 욕구를 병리적 차원으로 고정시켜버리는 "과학주의" 페티시즘으로부터 멀리 있지 않은 것으로 이해하였다. 사실 그가 처음 전임 교수직으로 초빙을 받았던 정신의학과에서도 기존의 정신의학적 의미체계가 인간의 전체 모습의 이해를 담아내지 못한 것의 비판 때문에 어려움을 겪었다. 그는 정신의학 학과에서만이 아니라 현대학문들이 쌓고 있는 자신의 영역의 페티시즘으로 인해 다른 분야와의 학제적 연합은 학문적 배반으로 간주되는 것을 처절하게 경험하였다. 그는 그러한 경험을 통해서 확신하게 된 것은 닫혀 있는 학문적 페티시즘은 특정 학문 집단의 고정된 의미를 영속화시키는 것 이외에는 다른 의미를 철저하게 소외시키거나 제거해야 할 '거짓'으로 인식하고 있다는 점이다(Ernest Becker, 2005b, 106).

더욱 문제점으로 대두되는 것은 다른 차원의 의미를 거부하는 배타성의 모습이 단순히 학문의 영역에서만 끝나는 것이 아니라 일반 사회에까지 확산되어 고정된 의미와 충돌되는 다른 의미와 그 의미를 생성하는 주체에 대해서 가혹할 정도로 파괴적으로 반응을 보여 악을 만들어낸다는 것이다. 베커는 현대 정신의학의 인간이해에 있어서 종교적 차원의 축소화 내지 병리적 관점의 지나친 강조는 현대인의 신경증과 불안증상을 생산해내는 원인으로까지 이해하였다(Ernest Becker, 1968, 258). 이러한 문제는 종교학이나 개별 종교전통도 예외가 아니다. 극단적 과학주의 종교학은 특정 의미만을 영속화시키려고 하여 그 의미의 범주에 들지 않으면 과감히 제거해버리려는 열기가 아직도 남아 있다(Donald Wiebe. 1999, xvi). 개별 종교전통도 특정 의미 체계의 영속화로 인해 타 종교전통의 존재 의미를 제거하는 과정도 종교적 페티시즘과 무관하지 않다. 그러한 페티시즘이 개인의 차원을 넘어 학문집단이나 종교전통 또는 사회 전체가 가담할 경우 파괴성은 더욱더 가열된다. 그러므로 인간은 근본적으로 자신의 동물성인 육체의 한계인 죽음을 극복하기 위해 의미체계인 종교전통을 비롯한 다양한 상징적 장치들을 고안해서 한계를 극복하려고 하지만 고정된 의미의 영속화를 유지시키기 위한 페티시즘 체계로 인해 더 많은 문제를 일으키기도 한다. 베커가 주장하고 있는 부분을 인용해 보기로 한다.

> 인간이 행한 것은 죽음의 두려움을 보다 고차원의 영속적인 문화적 수준으로 변환시키는 것이다. 하지만 이러한 승리는 엄청나게 새로운 문제를 일으킨다. 인간들은 자신들이 살고 있는 사회의 자기 초월적인 의미들로 귀중한 삶을 붙잡아야만 하기 때문에, 새로운 종류의 불안정성과 불안이 창조되어졌다. 그리고 이러한 불안은 정확히 말해서 인간사에 던져진 것이다. 유기체들이 그것들의 소화기관을 움직여 할 수 있는 것보다 인간은 악을 회피하기 위해 세상에 더 많은 악을 가져온 것에 책임을 져야 한다. 인간은 그의 동료 피조물들에게 그러한 냉혹한 지상의 운명을 준 것은 그의 동물적인 본성이 아니라 오히려 그의 발

명품(ingenuity)이다(Ernest Becker, 1975, 5).

종교적 의미의 페티시즘이 극복되기 위해서는 종교전통에서 역사적으로 축적해 온 자기 비판적 종교적 성찰에 대한 논의에서 실마리를 찾아야 한다. 인간의 역사에서 종교전통은 다른 상징적 체계들과 마찬가지로 일그러진 부정적 모습을 보여주기도 하였지만 동시에 어떤 상징적 체계보다도 인간의 삶에서 일어나는 악의 문제를 회피하지 않고 나름대로 해답 체계들을 보여주고 있다. 종교전통에서 보여주고 있는 긍정적 차원을 많이 제시할 수 있지만 특히 예언자적 자기 비판성이나 자기 자신의 삶을 포기하는 희생정신은 죽음의 공포뿐만 아니라 삶의 고통으로 몰고 갔던 가난, 폭력, 질병, 노예 제도나 구조적 착취와 같이 삶의 불평등을 고발할 수 있는 힘을 내재적으로 지니고 있다(Ernest Becker, 1968, 135). 더 나아가 특정 종교전통이나 사회 안에서만 그 힘을 발휘하는 데 머물러 있지 않고 특정 종교전통이나 종교적 맥락의 범주를 뛰어넘어 비판의 대상을 타자에게서 찾기보다 바로 자신에게로 돌리는 "자기 비판적" 성찰이다. 종교사에는 어떤 종교전통이든 인간의 상상력으로는 이해할 수 없는 고통 가운데에서도 최종적으로 모든 책임을 자신에게로 돌리는 자기 비판적 성찰의 예는 수없이 축적되어 있다. 베커는 바로 자기 비판적 종교적 성찰을 "성인다움의 영웅성(heroism of sainthood)"으로 이해하였다(Ernest Becker, 1968, 163). 그는 이러한 영웅성 안에 악의 문제를 해결할 수 있는 실마리를 찾을 수 있다는 판단하에 윤리기준(standard of ethics)에 대한 논의까지 제안하였다(Ernest Becker, 1968, 381, Frederick Sontag, 1983, 90).

6. 맺음말

지금까지 살펴보았듯이 이번 장에서는 어니스트 베커의 방대한 논의들 중 최종적으로 주장하려고 했던 죽음학과 종교의 상관성을 집중적으로 스케치하려고 하였다.[4] 그는 그 상관성을 서로 매개해주는 영웅성 논의를 중심으로 인간학으로서의 죽음학과 종교학의 이론적 접점을 두 가지 차원으로 제시하였다.

하나는 종교적 삶을 제도화된 형식보다는 인간 사회 전체의 메커니즘을 종교적으로 이해할 수 있다는 점이다. 베커의 사상에 있어서 죽음과 공포를 극복하기 위한 영웅성은 인간 주체가 자신의 한계를 극적으로 인정하는 피조물성과 잉여적 차원을 담아내고 있으므로 근본적으로 종교적이다. 영웅성은 인간의 역사에서 다양한 종교전통을 만들어내기도 하고 기존의 종교전통들을 새롭게 교정시키기도 하고 침체된 모습에 새롭게 생명력을 불어넣기도 하며 이전과는 전혀 다른 차원의 신종교 운동으로 대체시켜나갔다. 더 나아가서 영웅성은 종교적 제도만을 창출하는 것이 아니라 인간의 삶의 다른 제도들도 동일한 방식을 보이면서 역사에서 종교적이고 영성적 에너지를 작동시킨다는 것이다. 그러므로 영웅성은 제도적으로 구분된 종교적 삶에만 국한되어 일어나는 것이 아니라 비슷한 과정이 정치, 경제, 사회 등

4) 베커의 논의는 현대 죽음학을 발전시키고 일반적 삶의 공간에까지 구체적으로 확산시키는 데 결정적 역할을 한 또 다른 핵심인물인 엘리자베스 퀴블러–로스(Elisabeth Kübler-Ross, 1926-2004)의 죽음연구와 더불어 죽음의 논의를 통해서 현대 문화와 문명이 간과하고 있는 인간의 문제 특히 종교적이고 영성적인 차원에 대한 비판적 성찰을 심층적으로 보여주고 있다. 퀴블러-로스의 논의는 주로 죽어감의 과정에 대한 의학적 환경을 전제로 그렇게 하였고 베커의 경우는 삶과 죽음의 존재론적 불안과 공포에 대한 심층적 논의를 통해서 "인간과학"으로서의 죽음학이 나가야 할 전체 방향성을 종교와 연결해서 이론적으로 제시해 주었다.

다른 삶의 모습에서도 드러날 수 있다는 것이다. 베커의 주장은 제도화된 종교전통의 참여와 상관없이 인간을 근본적으로 "종교적 인간"으로 규정한 종교학의 근본 전제와 같다. 따라서 베커가 최종 목표로 했던 죽음학은 종교학을 다른 형식을 통해서 주장하였다고 하더라도 무리가 아니다.

다른 하나는 악에 대한 종교적 폭력성 이론이다. 종교연구에 있어서 언제나 당혹스럽게 부닥치는 것은 종교전통은 이론적으로 이상적 세계를 그려내고 있지만 현실적으로 반대의 모습을 보여주고 있다는 점이다. 인류의 역사에서 인간의 문명이나 문화의 어떤 장치보다도 인간의 삶을 전인적으로 고양시키는 데 많은 기여를 했던 종교도 악의 문제와 관련해서 그렇게 예외적으로 보이지 않는다. 종교의 세계는 이론적으로 이상적 인간의 삶을 얘기한다고 하더라도 역사 속에서 그러한 모습과는 대조되는 모습은 얼마든지 볼 수 있다. 세상 곳곳에서 일어나고 있던 폭력의 현장의 이면에는 역설적으로 종교와 관련된 문제가 핵심적으로 놓여 있다. 서구의 초기 기독교의 박해, 기독교의 유대교 박해, 기독교와 이슬람의 역사적인 갈등과 전쟁 등은 종교적인 악의 현상을 사회적으로 쉽게 증거 해줄 수 있는 예들이다. 과학적으로 발전되어 있고 민주화가 이루어졌음에도 불구하고 과거와 비교해 보면 지금도 변화보다는 그대로 유지되고 있다. 종교 간의 평화나 인권 또는 대화라는 이름으로 종교에 대한 심층적 이해의 노력들이 많이 진척되고 있음에도 불구하고 여전히 그러한 모습은 글로벌하게 진행되고 있다.

역사 속에서 이러한 모습은 종교전통 중 아브라함을 같은 조상으로 믿고 있는 유대교, 기독교, 그리고 이슬람과의 관련성 안에서 많이 일어났으므로 아브라함 종교전통이 문제라는 인식이 강하게 자리

잡고 있다. 반면에 소위 동양 종교전통이나 신종교 운동은 아브라함 종교전통에서 보여주는 것과는 예외적으로 전쟁보다는 평화의 모습을 인간의 역사에 남겨 놓았다는 인식이 강하다. 그러나 이러한 인식은 동양의 종교전통의 역사를 조금이라도 관심을 갖고 들여다보면 잘못된 이해라는 점을 쉽게 지적할 수 있다. 많은 증거를 서술하고 있는 역사책을 뒤적거리지 않더라도 최근에 벌어지고 있는 아시아의 종교적 상황을 이해하면 증거를 생생하게 확인할 수 있을 것이다. 인도에서 일어나고 있는 수많은 종교적 갈등, 이를테면 힌두교와 이슬람의 폭력적 갈등, 극단적 힌두교도의 신불교(new Buddhism)와 기독교의 박해, 불교 종파간의 갈등, 인도 극단주의의 힌두교 운동의 기독교 박해, 스리랑카에서 불교의 인도 타밀족의 힌두교도 박해, 버마에서 벌어지고 있는 불교의 기독교와 이슬람 박해, 필리핀에서의 이슬람과 기독교의 갈등, 동티모르에서 기독교의 학살, 인도네시아에서의 이슬람과 기독교의 갈등 등은 이점을 잘 보여주고 있다. 한마디로 아브라함의 종교전통이든 동양의 종교전통이든 또는 신종교 운동이든 모두 이러한 모습으로부터 자유로울 수 없다.5)

베커의 논의도 다른 연구와 마찬가지로 종교적 폭력인 악의 문제를 모두 해소시켜 줄 수 있는 이론은 아니다. 그러나 그의 관점은 기존의 논의와는 구별되게 악의 문제를 인간과학의 관점에서 해석해볼

5) 최근에는 종교전통이 갖고 있는 이런 문제점과 관련해서 종교 자체가 문제라는 세속주의의 비판적 주장들이 열정적으로 나타나기 시작했다. 이를테면 리처드 도킨스(Richard Dawkins, 1941-)나 샘 헤리스(Sam Harris, 1967-) 같은 극단적 세속주의자들은 종교는 한마디로 잘못된 망상(delusion)이라는 자신들의 이념을 절대화해서 종교 무용론을 주장하고 있지만 그 이면을 보면 역설적으로 또 다른 형식의 "종교"를 전파하는 모습을 보이고 있다. 이 밖에도 많은 종류의 이데올로기들도 이러한 편견으로부터 자유로울 수 없다. 오히려 종교가 보이는 편견보다도 더 많이 종교에 대한 편견을 갖고 있다는 점을 부정할 수 없다.

수 있다는 점에서 의의가 있다. 그의 논의는 사회구조나 초월적 실재를 중심으로 신정론의 관점에서 악의 문제를 분석하려고 하지 않고 "인정론"의 관점에서 인간의 영웅성에 내재된 폭력성을 중심으로 그 문제를 분석하려고 하였다. 종교적 악의 현상도 사회구조나 초월적 실재에서부터 근본 원인이 있는 것이 아니라 바로 그러한 구조와 실재를 매개하면서 살아가고 있는 구체적인 인간 안에 원인이 내재된 것이다. 종교적 악의 현상이 드러나는 근본 원인은 경쟁 관계에 있는 타자의 종교적 의미는 존재할 수 없고 오직 '나'의 의미만이 존재해야 한다는 종교적 페티시즘인 영웅성에 내재되어 있다. 또한 문제에 대한 해결의 실마리도 종교사에 무수히 축적되어 있는 성인다움의 영웅성이 증언하고 있듯이 바로 '나 자신'과 '내가' 속한 집단의 영웅성에 대한 자기 비판적 성찰에 놓여 있다. 결국 종교적으로 악을 생성하고 해소하는 것은 모두 인간의 문제이다. 그러므로 베커가 악의 문제와 관련해 궁극적으로 주장하는 영웅성의 논의는 인간과학으로서 종교학의 주장으로 최종 수렴되고 있음을 다시 확인할 수 있다.

제 8 장

결 론

제8장 결 론

지금까지 죽음인식에 대한 종교심리학적 연구를 7개의 장에 걸쳐서 전개하였다. 제1장 서론에서도 지적하였듯이 종교심리학의 논의 중 죽음인식과 관련된 연구를 기술하지 않는 분야는 없기 때문에 연구는 이미 양적으로 많이 축적되어 있다. 죽음연구하면 늘 언급되는 현대 호스피스 운동을 창시한 시실리 손더스(Cicely Saunders, 1918-2005)와 엘리자베스 퀴블러 로스(Elizabeth Kubler-Ross, 1926-2004)를 비롯해서 그들의 영향을 받은 실천적 연구들을 대표적으로 지적할 수 있다. 그러나 이 책에서는 의료적 환경 혹은 남겨진 자들을 중심으로 이루어지고 있는 슬픈 감정을 추스르는 애도나 비탄 관련 교육 또는 자살이나 죽음을 예방적 차원에서 연구하는 죽음교육의 실천 프로그램에 초점을 맞추지 않았다. 이번 연구에서는 주로 종교심리학이 태동한 이후 죽음인식과 관련해서 발전시킨 이론적 논의를 비판적으로 정리하는 데 그 목표를 두었다.

물론 종교심리학적 이론을 죽음인식 연구와 관련해서 정리한다고 하더라도 한 권의 저술 안의 모든 논의를 정리한다는 것은 한계가 있으므로 이번 연구에서는 종교심리학 운동이 일어난 이후 죽음인식 연구를 종교심리학의 중심 논의로 확산시켰던 9명의 핵심이론 주창자들──윌리엄 제임스, 그렌빌 스탠리 홀, 지그문트 프로이트, 카를 구스타프 융, 오토 랑크, 롤로 메이, 로버트 제이 리프튼, 노먼 올리버 브라운, 그리고 어니스트 베커──의 죽음인식 연구에 집중하였다. 물론 각 장에서 다루었던 핵심 이론가들의 주장이 강조점을 두는 데 차이점을 보이고 있어 죽음인식 연구의 개척기에 해당하는 제임스와 홀의 연구와 중간기에 해당하는 랑크, 랑크의 영향을 받은 메이와 리프튼의 죽음인식 연구는 각각 비교적 관점에서 두 명 혹은 세 명으로 묶어 다루었다. 죽음인식의 완숙기에 해당하는 프로이트, 융, 브라운, 베커의 논의는 각각 독립적으로 전개하였다. 앞의 7개의 장에서 구체적으로 다루었던 죽음인식에 대한 종교심리학적 논의를 정리한 다음 이 책이 종교심리학의 관점에서 지향하려고 하였던 결론적 주장을 지적하면서 글을 매듭짓기로 한다.

우선 제2장에서는 종교심리학 운동의 주창자들인 윌리엄 제임스와 그렌빌 스탠리 홀의 죽음인식 연구를 비교적 관점에서 검토해 보았다. 특히 그들이 죽음인식 연구를 하게 된 논의를 연구 계기와 배경, 연구방법론, 그리고 불멸인식에 초점을 두고 비교하였다. 제임스와 홀 모두 죽음인식 연구를 하게 된 계기는 개인적인 경험과 깊이 연관되어 있다. 제임스는 심한 우울증으로 인해 연구의 계기를 갖게 되었던 반면 홀은 어린 나이에 시신을 대면하면서 갖게 된 공포경험과 두 명의 부인을 잃은 비극적인 경험이 죽음인식을 학문적으로 연구하게 된 계기가 되었다. 방법론에 있어서 제임스는 그의 두 가지 성품이론 중 "고뇌하는 영혼"의 관점에서 죽음인식을 연구하였던 반면, 홀은 특정 성품이론 보다는 생애를 나이별로 아동기, 청소년기, 장년기, 노년기로 나누어서 죽음인식 연구를 전개하였다. 마지막으로 제임스와 홀 모두 죽음인식의 논의를 죽음이라는 한계를 벗어나려는 불멸인식의 종교성으로 이해하였다. 바로 이 점이 제임스와 홀의 죽음인식의 논의가 궁극적으로 종교심리학적 통찰로 수렴되고 있는 부분이다.

제3장에서는 지그문트 프로이트가 그렌빌 스탠리 홀의 초청으로 처음 북미에서 강연한 계기를 시점으로 진행하였던 죽음인식 연구를 죽음의 감정, 죽음의 태도, 죽음욕동, 그리고 죽음욕동과 종교로 나누어서 검토하였다. 프로이트는 죽음인식과 관련해서 종교심리학적 차원에서 거의 언급하지 않는 부분이 없을 정도로 치밀하게 논의를 전개하였다. 현대 죽음연구에서 흔하게 언급되고 있는 죽음인식에 대한 심리학적 차원의 논의는 거의 대부분 프로이트가 제기한 논의의 각주에 불과할 정도로 그의 죽음인식 연구는 남겨진 자가 떠난 자를 인식하면서 경험하게 된 복잡한 감정이나 태도 문제를 비롯해서 폭력성이나 종교와 관련해서 죽음욕동의 문제를 심층적으로 다루었다. 사실 프로이트의 죽음인식 연구는 그의 사상 체계와 이면에 흐르고 있는 종교심리학적 연구에서 지엽적 주제가 아니라 중심 주제이다. 특히 이 장을 기술하면서 구체적으로 알게 된 것은 프로이트의 논의에 있어서 죽음욕동은 주체자신의 죽음인식보다는 타자를 향한 죽이는 욕동이라는 의미이고 종교에 대해서도 일반적으로 부정적 심리학적 환원주의를 넘어서 종교의 긍정적 차원에 대해서도 균형감을 갖고 전개하고 있다는 점이다. 그러나 프로이트의 논의는 다른 연구자들의 종교심리학적 연구와 대조적으로 삶은 몸의 죽어가는 과정이라는 점에 대한 논의나 죽음이후의 삶인 불멸인식에 대한 논의는 거의 제시하지 않고 있다.

제4장에서는 카를 구스타프 융의 종교심리학적 죽음인식 연구에 관심을 갖게 된 계기, 죽음과 영, 죽음과 나이, 죽음과 불멸, 그리고

죽음과 종교로 나누어서 각각 검토하였다. 논의를 전개하면서 분명하게 확인할 수 있었던 것은 세 가지 문제였다. 우선 융의 죽음인식 논의는 프로이트가 거의 간과하였던 몸의 죽어가는 과정을 심층적으로 파악하였다는 점이다. 사실 그의 논의는 인간의 생물학적 죽음인식으로 인해 갖게 된 문제들과 그로부터 벗어나기 위한 정신적 차원을 영과 불멸을 연결해서 깊이 있게 다루었다. 다음으로 그의 논의는 다른 논의와 마찬가지로 종교적 차원을 핵심적으로 강조하였다는 점이다. 죽음인식의 궁극적 대답은 다른 차원보다도 반드시 종교적 차원과 연결되어야 한다는 것이다. 마지막으로 그의 논의는 밖으로 분출하였던 에너지를 다시 내면으로 거둬들여 오후인생 학교에서 필수 과목으로 죽음준비교육을 주장하고 있다는 점이다. 그의 논의는 주로 오전인생보다는 오후인생 학교에 강조되어서 장년기와 노년기의 과목으로 기울어진 경향을 보여주는 것을 제외하고 인생 전체 주기에 모두 죽음준비교육을 해야 한다고 주장했던 홀의 종교심리학적 주장과 비슷하다.

제5장에서는 초기 정신분석학 멤버였고 서기로 모임의 중요한 기록을 담당하였지만 결국 프로이트와 헤어지게 된 오토 랑크의 죽음인식 연구를 정리한 다음, 그의 죽음인식 연구로부터 결정적으로 영향을 받은 심리학자 중에서 실존주의 심리학자인 롤로 메이와 사회정신의학자인 로버트 리프톤의 종교심리학적 논의를 주로 검토하였다. 우선 이 장에서는 북미에서 시작되었던 종교심리학 운동의 개척자들의 죽음인식 연구가 랑크의 연구를 통해 다시 부활되었던 점을 지적한 이후 그가 죽음인식을 갖게 된 배경은 프로이트의 정신분석 운동 멤버로 활동하기 이전인 비엔나대학교에서 공부하는 시점부터 이미 시작되었다는 점을 연구사의 관점에서 지적하였다. 그런 다음 그의 연구가 프로이트의 논의와 결별하게 된 원인과 프로이트의 정신분석을

넘어 종교적이고 영성적 차원이 핵심적으로 강조되었던 의지의 심리치료법을 정리하였다.

더 나아가 이 장에서는 랑크의 연구는 개척기의 죽음인식 논의를 매개해주고 있다는 점에서 중간기로 분류하였지만 사실 그의 논의는 앞에서도 지적하였듯이 프로이트의 후기 논의에도 자극을 주었고, 그 이후 다양한 연구자에게 절대적인 영향을 끼쳤다는 점도 부각시키려고 하였다. 그래서 그에게 영향을 받은 연구자들 중에서 메이와 리프톤의 논의를 집중적으로 검토하였다. 그 과정에서 알 수 있었던 것은 그들 모두 인간은 죽음인식으로 인해 폐쇄적으로 갇혀 있는 존재이기보다는 그것을 넘어서려는 불멸의 몸짓을 끊임없이 추구해나가는 능동적 존재라는 랑크의 주장을 공통적으로 강조하였다는 점이다. 그럼에도 불구하고 메이는 인간의 유한성인 죽음을 벗어나기 위해 종교적이고 영성적 차원이 근본적으로 복원되어야 한다는 랑크의 논의를 그대로 견지하고 있었던 반면 리프톤은 모호한 태도로 랑크와의 차별성을 보여주려고 하였다는 점이다.

제6장에서는 프로이트의 정신분석 체계가 갖고 있는 이원론의 문제점을 죽음욕동과 몸의 논의와 연결해서 비판적으로 탐구하였던 브라운의 죽음인식 논의를 정리하였다. 그 과정에서 두 가지를 알 수 있었다. 하나는 그는 프로이트의 죽음욕동 논의가 이론적으로 간과하고 있던 측면을 랑크의 죽음욕동 논의를 토대로 분석을 재구성하여 프로이트의 논의에서 거의 관심을 두지 않았던 몸의 자연적인 죽음 즉 죽어감의 논의를 드러내려고 하였다는 점이다. 다른 하나는 그는 프로이트의 논의와 달리 종교적이고 영성적 차원의 논의를 생략하거나 억압시키지 말고 몸 안으로 회복시켜 몸과 정신을 하나로 통합시킨 종교적 몸 신비주의를 제시하였다는 점이다. 한마디로 브라운은

죽음과 불멸인식의 논의는 종교적 내지 영성적 차원과 몸의 상관관계에 대한 성찰 없이는 근본적으로 불가능하다는 점을 강조하였다.

제7장에서는 앞의 연구를 비판적으로 통합해낸 베커의 죽음학을 종교와 연결해서 집중적으로 검토하였다. 사실 제임스와 홀, 프로이트, 융, 랑크, 그리고 브라운의 죽음인식 연구가 종교심리학적 프레임 안에서 종합적으로 꽃을 피우기 시작한 것은 어니스트 베커의 죽음학과 밀접히 관련되어 있다. 특히 그의 연구결과가 발표되기 시작하면서 현대문화가 간과하였던 문제가 드러나기 시작하였다. 그가 드러내려고 했던 것은 두 가지 문제이다. 하나는 과거와 비교해서 현대의 삶은 끊임없이 죽음을 부정하여 인간의 유한성을 감추려는 다양한 불멸의 환상을 개인적으로나 집단적으로 드러낸다는 것이다. 죽음으로부터 벗어나기 위한 환상은 때로는 돈과 권력 또는 주체의 몸의 아름다움과 연결되어 생성되기도 한다. 다른 하나는 불멸의 환상이 개인이나 집단의 겸허한 몸짓으로 존재하지 않고 타자의 존재를 거칠게 부정하기까지 하는 메커니즘을 작동시켜 쉼 없는 무한 경쟁으로 거칠게 몰아가는 주범이라는 것이다. 불멸의 환상에서 작동하는 메커니즘은 타자를 이겨낼 수 있다는 경쟁심으로 새로운 영웅을 만들어 내기도 하고 집단적으로 종교 간의 갈등이나 폭력을 지속적으로 생성시키기도 한다는 것이다.

결론적으로 제임스와 홀의 개척적인 연구이든, 랑크와 그의 영향을 받은 메이, 리프튼, 브라운이 초기 연구를 더욱 확장시킨 연구이든, 독자적으로 발전시킨 프로이트와 융의 연구이든, 그리고 개척기부터 중간기의 모든 연구를 통합하려고 했던 베커의 발전된 연구이든 그 과정에서 공통적으로 흐르고 있는 것은 인간은 자신의 한계를 경험하고 있는 정직한 계기가 죽음인식과 그것을 넘어서려는 또 다른 인식이 복합적으로 결합되어 표출된다는 점이다. 인간의 이중적 결합 인식은 제도적 종교전통에 참여하든 그렇지 않든 궁극적으로 종교적인 마음을 끊임없이 생성시켜주는 원천이라는 것이다. 이런 차원에서 보면 죽음인식은 종교적인 마음으로 나가게 해주는 물음이고 반대로 종교적인 마음은 유한성을 지속적으로 기억시켜주는 죽음인식에 대한 대답이다. 그러므로 각 장에서 보여주었던 죽음인식을 둘러싼 다양한 논의는 관점과 강조점에 있어서 차이점을 보여준다고 하더라도 인간의 삶의 과정에서 한 번도 메마르지 않았던 샘물처럼 끊임없이 솟아나는 종교적인 마음을 파헤쳐 들어간 종교심리학이다.

| 참고문헌 |

김재영. (1999). 칼융과 머세아 엘리아데의 종교이해에 관한 비교연구: 원형이론을 중심으로. 「종교연구」, 17. 한국종교학회.

김재영. (2014). 윌리엄 제임스와 그렌빌 스탠리 홀의 죽음인식 비교—그들의 종교심리학 운동을 중심으로. 「종교연구」, 74/4. 한국종교학회.

김재영. (2015). 어니스트 베커(Ernest Becker, 1924-1974)의 죽음학과 종교. 「종교연구」, 75/1. 한국종교학회.

배병훈. (2014). 『스티브 잡스의 오이디프스 저니: 어네스트 베커의 관점을 중심으로』. 서울: 비우.

어니스트 베커/김재영 옮김. (2008). 『죽음의 부정: 프로이트의 인간이해를 넘어서』. 파주: 인간사랑.

윌리엄 제임스/김재영 옮김. (2001). 『종교적 경험의 다양성: 인간 본성의 연구』. 서울: 한길사.

존 바우커/박규태, 유기쁨 옮김. (2005). 『세계종교로 보는 죽음의 의미』. 서울: 청년사.

카를 구스타프 융/A.야페 편집, 조성기 옮김. (2008). 『카를 융: 기억 꿈 사상(1961)』. 서울: 김영사.

Allen, Gay Wilson. (1967). *William James: A Biography.* New York: The Viking Press.

Becker, Ernest. (1961). *Zen: A Rational Critique.* New York: W.W. Norton.

Becker, Ernest. (1962). *The Birth and Death of Meaning.* New York: Free Press.

Becker, Ernest. (1964). *The Revolution in Psychiatry: the New Understanding of Man*. New York: Free Press.

Becker, Ernest. (1967). *Beyond Alienation: A Philosophy of Education for the Crisis of Democracy*. New York: George Braziller.

Becker, Ernest. (1968). *The Structure of Evil: An Essay on the Unification of the Science of Man*. New York: George Braziller.

Becker, Ernest. (1969). *Angel in Armor: A Post-Freudian Perspective on the Nature of Man*. New York: Free Press.

Becker, Ernest. (1971). *The Lost Science of Man*. New York: George Braziller.

Becker, Ernest. (1973). *The Denial of Death*. New York: Free Press.

Becker, Ernest. (1975). *Escape from Evil*. New York: Free Press.

Becker, Ernest. (2005a). The Significance of Freudian Psychology(1963). In Daniel Liechty(Ed.), *The Ernest Becker Reader*. Seattle: The University of Washington Press.

Becker, Ernest. (2005b). A Theory of Alienation as a Philosophy of Education(1967). In Daniel Liechty(Ed.), *The Ernest Becker Reader*. Seattle: The University of Washington Press.

Becker, Ernest. (2005c). Toward the Merger of Animal and Human Studies(1974). In Daniel Liechty(Ed.), *The Ernest Becker Reader*. Seattle: The University of Washington Press.

Becker, Ernest. (2005d). The Second Great Step in Human Evolution(1968). In Daniel Liechty(Ed.), *The Ernest Becker Reader*. Seattle: The University of Washington Press.

Becker, Ernest. (2005e). Toward the Merger of Animal and Human Studies(1974). In Daniel Liechty(Ed.), *The Ernest Becker Reader*. Seattle: The University of Washington Press.

Becker, Ernest. (2005f). The Vision of the Science of Man(1968). In Daniel Liechty(Ed.), *The Ernest Becker Reader*. Seattle: The University of Washington Press.

Beit-Hallahmi, Benjamin. (1977). Psychology of Religion 1880-1930: The Rise and Fall of a Psychological Movement. In H. Newton Malony(Ed.), *Current Perspectives in the Psychology of Religion*. Michigan: William B. Eerdmans Publishing Company.

Bregman, Lucy. (1984). Three Psycho-Mythologies of Death: Becker, Hillman, and Lifton. *Journal of the American Academy of Religion,*

LII/3.
Brown, Norman O. (1959). *Life against Death: The Psychoanalytical Meaning of History.* Middleton: Wesleyan University Press.
Brown, Norman O. (1966). *Love's Body.* Berkeley: University of California Press.
Brown, Norman O. (1990). *Hermes the Thief: the Evolution of a Myth.* Lindisfarne Press.
Brown, Norman. O. (1991). *Apocalypse and or Metamorphosis.* Berkely: University of California Press.
Brown, Norman O. (2005). Memoirs. In Jerome Neu(Ed.), *Memoriam: Norman O. Brown.* Santa Cruz: New Pacific Press.
Brown, Norman O. (1953). Introduction. in Norman Brown(Trans.), *Theogony.* Englewood Cliffs: Pretice Press.
Buy, Jean du.(1905). Stages of Religious Development. *The American Journal of Religious Psychology and Education,* Vol. I, May, 1904-August, 1905.
Carrette, Jeremy R. (2002). Introduction Section Two: The Return to James: Psychology, Religion and the Amnesia of Neuroscience. In William James Century Edition, *The Varieties of Religious Experience: A Study in Human Nature.* New York: Routledge.
Coe, Albert George. (1916). *The Psychology of Religion.* Chicago: The University of Chicago Press.
Freud, Sigmund. (1953). *Totem and Taboo and Other Works(1913).* In J. Strachey(Ed., & Trans.), *The Standard Edition of the Complete Psychological Works of Sigmund Freud,* Vol. 13. London: The Horgath Press.
Freud, Sigmund. (1955a). Editor's Note of *Beyond Pleasure Principle(1920).* In J. Strachey(Ed., & Trans.), *The Standard Edition of the Complete Psychological Works of Sigmund Freud,* Vol. 18. London: The Horgath Press.
Freud, Sigmund. (1955b). *Beyond Pleasure Principle(1920).* In J. Strachey (Ed., & Trans.), *The Standard Edition of the Complete Psychological Works of Sigmund Freud,* Vol. 18. London: The Horgath Press.
Freud, Sigmund. (1957). Contributions to a Discussion on Suicide(1910). In J. Strachey(Ed., & Trans.), *The Standard Edition of the Complete*

Psychological Works of Sigmund Freud, Vol. 11. London: The Horgath Press.

Freud, Sigmund. (1961a). *The Ego and the Id(1923).* In J. Strachey (Ed., & Trans.), *The Standard Edition of the Complete Psychological Works of Sigmund Freud,* Vol. 19. London: The Horgath Press.

Freud, Sigmund. (1961b). *Civilization and Its Discontents*(1930). In J. Strachey(Ed., & Trans.), *The Standard Edition of the Complete Psychological Works of Sigmund Freud,* Vol. 21. London: The Horgath Press.

Freud, Sigmund. (1963a). Appendix, Letter to Frederik Van Eeden (December 28, 1914). In J. Strachey(Ed., & Trans.), *The Standard Edition of the Complete Psychological Works of Sigmund Freud,* Vol. 14. London: The Horgath Press.

Freud, Sigmund.(1963b). Thoughts for the Times on War and Death(1915). In J. Strachey(Ed., & Trans.), *The Standard Edition of the Complete Psychological Works of Sigmund Freud,* Vol. 14. London: The Horgath Press.

Freud, Sigmund. (1963c). On Transience(1916). In J. Strachey(Ed., & Trans.), *The Standard Edition of the Complete Psychological Works of Sigmund Freud,* Vol. 14. London: The Horgath Press.

Freud, Sigmund. (1963d). Mourning and Melancholia(1917). In J. Strachey(Ed., & Trans.), *The Standard Edition of the Complete Psychological Works of Sigmund Freud,* Vol. 14. London: The Horgath Press.

Hall, G. Stanley. (1920a). *Adolescence: its Psychology and its Relations to Physiology, Anthropology, Sociology, Regimen, and Hygiene,* Volume, I, II, New York: D. Appleton.

Hall, G. Stanley. (1920b). *Educational Problems.* Volume, I, II, New York: D. Appleton.

Hall, G. Stanley. (1921). *Aspect of Child Life and Education.* New York: London.

Hall, G. Stanley. (1922). *Senescence: The Last Half of Life.* New York: D. Appleton and Company.

Hall, G. Stanley. (1923a). *Life and Confessions of a Psychologist.* New York: Appleton.

Hall, G. Stanley. (1923b). *Jesus, the Christ, in the Light of Psychology.* New York: D. Appleton.

Halling, Steen. (2000). Meaning beyond Heroic Illusions?: Transcendence in Everyday Life. *Journal of Religion and Health,* 39: 143-57.

James, William. (1956a). *The Will to Believe and Other Essays in Popular Philosophy,* New York: Dover Publications.

James, William. (1956b). *Human Immortality,* New York: Dover Publications.

James, William. (1977). *A Pluralistic Universe.* In Frederick Burkhardt(Ed.), The Works of William James. Cambridge: Harvard University Press.

James, William. (1981). *The Principles of Psychology,* Volumes 1-3. In Frederick Burkhardt(Ed.), The Works of William James. Cambridge: Harvard University Press.

James, William. (1986). *Essays in Psychical Research.* In Frederick Burkhardt(Ed.), The Works of William James. Cambridge: Harvard University Press.

James, William. (2002). *The Varieties of Religions Experience: A Study in Human Nature*(1902). New York: Routledge.

Jones, Ernest. (1953). *The Life and Work of Sigmund Freud: 1856-100, The Formative Years and the Great Discoveries,* Volume I. New York: Basic Books.

Jones, Ernest. (1955). *The Life and Work of Sigmund Freud: 1901-1919, Years of Maturity,* Volume II. New York: Basic Books.

Jong, Jonathan., & Halberstadt Jamin. (2016). *Death Anxiety and Religious Belief: An Existential Psychology of Religion.* London: Bloomsbury.

Jordan, Louis Henry. (1986). *Comparative Religion: Its Genesis and Growth.* Georgia: Scholar Press.

Jung, Carl Gustav. (1977). Healing the Spirit(1961). In H Read, M. Fordham, & G. Adler(Ed.); R. F. C. Hull (Trans.). *The Collected Works of C. G. Jung,* Vol. 18. Princeton, N. J.: Princeton University Press.

Jung, Carl Gustav. (1971). *Psychological Types.* In H Read, M. Fordham, & G. Adler(Ed.); R. F. C. Hull (Trans.). *The Collected Works of C. G. Jung,* Vol. 6. Princeton, N. J.: Princeton University Press.

Jung, Carl Gustav. (1973). *Psychology and Religion.* In H Read, M. Fordham, & G. Adler(Ed.); R. F. C. Hull (Trans.). *The Collected Works of C. G. Jung,* Vol. 11. Princeton, N. J.: Princeton University Press.

Jung, Carl Gustav. (1960). Spirit and Life((1926). In H Read, M. Fordham, & G. Adler(Ed.); R. F. C. Hull (Trans.). *The Collected Works of C. G. Jung,* Vol. 8. Princeton, N. J.: Princeton University Press.

Jung, Carl Gustav. (1960). The Stages of Life((1931). In H Read, M. Fordham, & G. Adler(Ed.); R. F. C. Hull (Trans.). *The Collected Works of C. G. Jung,* Vol. 8. Princeton, N. J.: Princeton University Press.

Jung, Carl Gustav. (1960). The Soul and Death(1934). In H Read, M. Fordham, & G. Adler(Ed.); R. F. C. Hull (Trans.). *The Collected Works of C. G. Jung,* Vol. 8. Princeton, N. J.: Princeton University Press.

Jung, Carl Gustav. (2009). *The Red Book: Liber Novus.* In Sonu Shamdasani (Ed.), New York: W. W. Norton and Company.

Keen, Sam. (2005). A Conversation with Ernest Becker(1974). In Daniel Liechty (Ed.), *The Ernest Becker Reader.* Seattle: The University of Washington Press

Lageman, August G. (1987). Encounter with Death: The Thought of Robert Jay Lifton. *Journal of Religion and Health,* Vol. 26, No. 4.

Leary, David. (2009). Between Peirce(1878) and James(1898): G Stanley Hall, The Origins of Pragmatism and the History of Psychology. *Journal of the History of the Behavioral Sciences,* Vol. 45, No. 1.

Leuba, James, H. (1906). *Belief in God and Immortality: A Psychological, Anthropological and Statistical Study.* Boston, 1906.

Leuba, James H. (1925). *The Psychology of Religious Mysticism.* London: Routledge and Kegan Paul.

Lieberaman, E. James. (1985). *Acts of Will: The Life and Work of Otto Rank.* New York: The Free Press.

Liechty, Daniel. (2005). Introduction. In Daniel Liechty (Ed.), *The Ernest Becker Reader.* Seattle: The University of Washington Press.

Lifton, Robert Jay. (1961). *Thought Reform and Psychology of Totalism: A Study of "Brainwashing" in China.* New York: W.W. Norton and company.

Lifton, Robert Jay. (1968a). *The Death in Life: Survivors in Hiroshima.* New York: Random House.

Lifton, Robert Jay. (1968b). *Revolutionary Immortality: Mao Tse-Tung and the Chinese Cultural Revolution.* New York: Vintage Books.

Lifton, Robert Jay. (1973). Mao and the Death of the Revolution. In Robert Jay Lifton (Ed.), *America and the Asian Revolutions.* Chicago: Aldine Publishing Company.

Lifton, Robert Jay. (1979a). *The Broken Connection.* New York: Simon and Shuster.

Lifton, Robert Jay, Shuichi Kato and Michael R. Reich. (1979b). *Six Lives Six Deaths: Portraits from Modern Japan.* New Haven: Yale University Press.

Lifton, Robert Jay. (1983). *The Problem of Self: Human Resilience in An Age of Fragmentation.* Chicago: The University of Chicago Press.

May, Rollo. (1953). *Man's Search for Himself.* New York: W. W. Norton and Company.

May, Rollo. (1967). *The Art of Counseling.* New York: Abingdon Press.

May, Rollo. (1969). *Love and Will,* New York: W. W. Norton and Company.

May, Rollo. (1972). *Power and Innocence: A Search for the Sources of Violence.* New York: W. W. Norton and Company.

May, Rollo. (1973). *Paulus: Reminiscences of A Friendship.* New York: Harper and Row Publishers.

May, Rollo. (1975). *The Courage to Create.* New York: Norton and Company.

May, Rollo. (1986). The Problem of Evil: An Open Letter to Carl Rosers. In Rollo May, Carl Rosers, Abraham Maslow and other humanistic psychologists, *Politics and Innocence: A Humanistic Debate.* Saybrook Publishers.

May, Rollo. (1991). *The Cry for Myth.* New York: W. W. Norton and Company.

Meagher, David. K. and Balk, David. E. (2013). *Handbook of Thanatology: The Essential Body of Knowledge for the Study of Death, Dying, and Bereavement* (2nd edtion). New York: Routledge.

Meister, Robert. (2005a). In Jerome Neu (Ed.), *In Memoriam: Norman O. Brown.* California: New Pacific Press.

Menaker, Esther. (1982). *Otto Rank: a Rediscovery Legacy.* New York:

Columbia University Press.

Moglen, Helen. (2005b). In Jerome Neu (Ed.), *In Memoriam: Norman O. Brown.* California: New Pacific Press.

Moraglia, Giampaolo. (2004). On Facing Death: Views of Some Prominent Psychologists. *Journal of Psychology.* Vol. 44, No.3.

Myers, Gerald E. (1986). *William James: His Life and Thought.* New Haven: Yale University Press.

Nelson, James M. (2009). *Psychology, Religion, and Spirituality.* London: Springer.

Nin, Anais. (1989). Preface. *Art and Artist: Creative Urge and Personality Development* by Otto Rank. New York: W. W. Norton and Company.

Owens, Lances. and Holler, Stephan. (2014). Carl Gustav Jung and the *Red Book: Liber Novus. Encyclopedia of Psychology and Religion* (2nd edition). Springer.

Paloutzian Raymond F., & Park, Crystal L., (Ed.). (2013). *Handbook of the Psychology of Religion and Spirituality.* New York: Guilford Press.

Perry, Ralph Barton. (1935). *The Thought and Character of William James,* Vol. I, Boston: Little Brown and Company.

Pratt, James Bissett. (1928). *The Religious Consciousness: A Psychological Study.* New York: The Macmillan Company.

Proudfoot, Wayne. (2004). Pragmatism and "an Unseen Order" in *Varieties.* In Wayne Proudfoot (Ed.), *William James and a Science of Religions: Reexperiencing The Varieties of Religious Experience.* New York: Columbia University Press.

Rank, Otto. (1941). *Beyond Psychology.* New York: Dover Publications.

Rank, Otto. (1981). Literary Autobiography(1930). *Journal of the Otto Rank Association,* 16.

Rank, Otto. (1989). *Art and Artist: Creative Urge and Personality Development.* New York: W. W. Norton and Company.

Rank, Otto. (1998). *Psychology and the Soul*(1930). Baltimore: The Johns Hopkins University Press.

Rates, Harvey. (March 9, 1977). Letters from Ernest: Correspondence between the Late Social Critic Ernest Becker and a Protestant

Pastor. *The Christian Century,* 217-27.

Owens, Lance S. and Hoeller, Stephan A.(2014). Carl Gustav Jung and The Red Book: Liber Novus. *Encyclopedia of Psychology and Religion*(2nd edition).

Palgi, Philis. and Abramovitch, Henry. (1984). Death: A Cross-Cultural Perspectives. *Annual Reviews of Anthropology,* 13.

Ricoeur, Paul. (1977). *Freud and Philosophy: An Essay on Interpretation.* New Haven: Yale University Press.

Sontag, Frederick. (1981). Anthropodicy of Theodicy?: A Discussion with Becker's *The Structure of Evil. The Journal of American Academy of Religion,* XLIX/2, 267-74.

Sontag, Frederick. (1983). The Rebirth of Meaning: A Human Problem. Zygon, 18: 83-95.

Starbuck, Edwin. Diller. (1989). *The Psychology of Religion: An Empirical Study of the Growth of Religious Consciousness.* New York: The Walter Scott Publishing.

Starbuck, Edwin Diller. (1925). G. Stanley Hall as A Psychologist. *The Psychological Review,* Vol. 32, No. 2.

Taves, Ann. (2004). The Fragmentation of Consciousness and The Varieties of Religious Experience: William James's Contribution to a Theory of Religion. In Wayne Proudfoot (Ed.), *William James and a Science of Religions: Reexperiencing The Varieties of Religious Experience.* New York: Columbia University Press.

Thouless, Robert H. (1971). *An Introduction to the Psychology of Religion.* Cambridge: Cambridge University Press.

Tylor, Eugene. (2010). William James on a Phenomenological Psychology of Immediate Experience: the True Foundation for a Science of Consciousness?. *The History of the Human Sciences,* 23, No. 3.

Wass, Hannelore., Berardo, Felix M., & Neimeyer, Robert A., (Ed.). (1988). *Dying: Facing the Facts*(2nd edition). Washington: Hemisphere Publishing Corporation.

Waymire, Kristen. (2008). Lifton's Analysis of War and America Within the Fear of Death Model: Its Relevance to the Occupation of IRAQ. *Lambda Alpha Journal,* Vol. 38.

Webb, Eugene. (1998). Ernest Becker and the Psychology of Worldviews.

Zygon, 33, 71-85.
White, Sheldon H. (1992). G. Stanley Hall: From Philosophy to Developmental Psychology. *Developmental Psychology,* Vol. 28, No. 1.
Wulff, M. David. (1997). *Psychology of Religion: Classic and Contemporary.* New York: John Wiley and Sons.

| 찾아보기 |

ㅈ

ㅎ

아 | 산 | 재 | 단 | 연 | 구 | 총 | 서

1 전환기의 중국경제
김윤환 외 | 단국대 경제학과

2 폴란드 경제의 변천 개혁과 그 전망
김광수 | 숭실대 경제학과

3 재소한인
이광규 외 | 서울대 인류학과

4 소련산림과 임업
홍성천 외 | 경북대 임학과

5 아세안의 정치경제
김국진 외 | 외교안보연구원

6 태국의 사회변동과 경제발전
최석만 외 | 전남대 사회학과

7 중국의 사회경제 통계분석
신한풍 외 | 고려대 통계학과

8 중국의 정치와 경제
박두복 외 | 외교안보연구원

9 동유럽의 개혁과 시장경제의 도입
허만 외 | 부산대 사범대학

10 동유럽의 개혁운동
박영신 | 연세대 사회학과

11 현대 러시아 연구
기연수 외 | 한국외대 노어과

12 전략적 선택과 기업의 국제경쟁력
이장호 | 서강대 경영대학

13 협동사회의 정착과 정부의 역할
이종범 외 | 고려대 행정학과

14 한국 제조기업 생산성의 동적 분석
노부호 외 | 중앙대 경영대학

15 분배의 정의
변형윤 외 | 서울대 경제학과

16 도덕적 행동의 강화
이훈구 외 | 연세대 심리학과

17 관료부패와 통제
김해동 외 | 서울대 행정대학원

18 한국경제의 내실 있는 성장
정창영 외 | 연세대 경제학과

19 한국국민정신운동의 역사와 발전방향
박수명 외 | 부산대 사범대학

20 한국대학생의 가치성향과 상담효과
이영희 외 | 숙명여대 교육학과

21 가출청소년과 학교관리체제
안창규 외 | 부산대 교육학과

22 동북아 정세변화와 한 · 일관계
한승조 외 | 고려대 정치외교학과

23 언론과 부정부패
정대철 외 | 한양대 신문방송학과

24 한국의 고등학교 교육
이원호 외 | 부산대 교육학과

25 가족과 방송
김학수 외 | 서강대 신문방송학과

26 재정개혁의 전망과 재산세제의 개편과제
오연천 | 서울대 행정대학원

27 청소년을 위한 전자게임 프로그램의 규제 및 평가체계 개발
박혜원 외 | 울산대 가정관리학과

28 정신장애자 가족의 사회심리적 특성
이근후 외 | 이화여대 의과대학

29 가족의 관계역동성과 문제인식
이광규 외 | 서울대 인류학과

30 현대인과 한국전통음식
승정자 | 숙명여대 식품영양학과

31 기업의 초고속정보통신망활용
안중호 | 서울대 경영학과

32 지역발전을 위한 교육자치제의 개선방안
김남순 | 조선대 사범대학

33 전환기의 공무원 가치관
조경호 | 울산대 행정학과

34 지방자치와 사회복지의 과제
김영모 | 중앙대 사회복지학과

35 WTO체제하의 지방중소기업 지원정책
최명주 외 | 계명대 통상학부

36 현대한국의 시민운동
이효선 | 중앙대 사회학과

37 기업 세계화의 단계 및 정도의 측정
허영도 외 | 울산대 경영학과

38 가족복지를 위한 가족주치의 시범사업의 효과
이혜리 외 | 연세대 가정의학교실

39 한국대학생의 삶의 만족도
김재은 외 | 이화여대 교육심리학과

40 지역경제와 지역산업구조의 개편방향
정기화 외 | 전남대 경제학부

41 중국기업의 소유형태별 경영특성
노철화 외 | 부산대 무역학과

42 남북한의 인성 · 사상교육
한승조 외 | 고려대 정치외교학과

43 연계적 뇌기능 조언을 위한 의료용 멀티미디어 시스템의 설계
유선국 | 연세대 의용공학교실

44 다민족국가의 민족문제와 한인사회
최협 외 | 전남대 인류학과

45 저소득층지역 청소년 여가문화와 소집단 활성화
박문수 외 | 서강대 사회학과

46 삶의 질의 국제비교와 지역간 비교분석
이재기 외 | 울산대 경제학과

47 21세기 지역주민의 삶의 질
양종회 외 | 성균관대 사회학과

48 삶의 질에 대한 국가간 비교
조명한 외 | 서울대 심리학과

49 외국인 노동자의 노사관계와 사회적 적응
석현호 외 | 성균관대 사회학과

50 한국의 사법제도와 발전 모델
정종섭 | 건국대 법학과

51 고령화사회와 중상층 노인의 사회활동
조성남 외 | 이화여대 사회학과

52 한국의 서비스 시장 개방정책
한홍렬 | 한양대 경제학부

53 한국과 AFTA간의 교역증진 및 경제 협력방안
손일태 외 | 경희대 경제통상학부항

54 물류비 절감을 위한 무역업체의 정보화전략
이영수 외 | 경북대 경제통상학부

55 사회주의 체제전환과 사회정책
오정수 외 | 충남대 사회복지학과

56 남북통일 이후 농업생산체계 개편
홍성규 외 | 건국대 농업경제학과

57 국제화와 세계화
하영선 외 | 서울대 외교학과

58 IMF 개혁정책의 평가와 한국경제의 신(新) 패러다임
조동근 | 명지대 경제학과

59 구조개혁과 실업대책
박동운 | 단국대 경제무역학부

60 21세기 신노사관계
심윤종 외 | 성균관대 사회학과

61 학교에서의 집단 따돌림
이춘재 외 | 가톨릭대 심리학과

62 한국노인의 정신건강실태와 건강증진
조맹제 외 | 서울대 의과대학

63 혁명과 개혁 속의 중국 농민
김광억 | 서울대 인류학과

64 중국의 경제환경과 한국기업의 진출 전략
지용희 외 | 서강대 경영학과

65 김대중 대통령의 시스템 사고
김동환 | 중앙대 공공정책학부

66 실업과 가족해체
최일섭 외 | 서울대 사회복지학과

67 합리적 부채비율 조정방안
오상근 | 동아대 경제학과

68 한국 중산층의 생활문화
문숙재 외 | 이화여대 소비자·인간발달학과

69 계층간 갈등상태에서 최적소득세
김진욱 | 건국대 경상학부

70 글로벌 경쟁력 제고를 위한 기업전략과 조직구축
이만우 외 | 고려대 경영학과

71 의료보험과 국민연금의 관리효율화를 위한 통합방안
사공진 외 | 한양대 경제학부

72 정부개혁의 과제와 전략
박우서 외 | 연세대 행정학과

73 책임운영기관 제도에 관한 비교분석
김근세 | 가톨릭대 행정학과

74 새로운 패러다임하에서의 한국기업의 바람직한 지배구조
최운열 외 | 서강대 경영학과

75 현대 한국사회의 계층구조
양춘 외 | 고려대 사회학과

76 한국의 산업정책과 산업구조조정
강인수 | 숙명여대 경제학부

77 기업구조조정
김석진 | 경북대 경영학부

78 지식경영을 위한 인적자원 개발 및 관리체계
장영철 | 경희대 경영학부

79 뉴 비즈니스 모델
전성현 | 국민대 정보관리학부

80 중산층의 정체성과 소비문화
함인희 외 | 이화여대 사회학과

81 외국관광객 유치를 위한 마케팅 전략
박상규 | 강원대 경영학과

82 한국인의 세대별 문학의식
이동순 | 영남대 국문과

83 공공부문의 효율성 평가와 측정
김재홍 외 | 울산대 사회과학부

84 한국 청소년의 정치의식과 형성요인
김광웅 외 | 숙명여대 아동복지학과

85 한국 대학생의 정치의식
배한동 | 경북대 윤리교육과

86 산업의 정보화와 산업발전
이기동 | 계명대 통상학부

87 한국 제조업의 고용조정 분석
이종원 외 | 성균관대 경제학부

88 지식자산에 대한 경영전략적 평가모형 개발
배재학 외 | 울산대 컴퓨터·정보통신공학부

89 관광사업을 위한 한국적 이미지의 휴식복 개발
채금석 | 숙명여대 의류학과

90 한국 정치제도의 개혁
신정현 | 경희대 사회과학부

91 e비즈니스와 아웃소싱 전략
정승화 외 | 연세대 경영학과

92 집단 따돌림의 진단 및 치료방안
홍준표 | 중앙대 인간생활환경학과

93 16대 총선과 낙선운동
조기숙 | 이화여대 국제대학원

94 부동층 유권자 행태 분석
진영재 | 연세대 정치외교학과

95 사이버 공동체의 성공요인
이재관 | 숭실대 경영학부

96 온라인 소비자 행동의 이론과 실증
윤성준 | 경기대 경영학부

97 글로벌 시대 정약용 세계관의 가능성과 한계
차성환 | 한일장신대 역사사회학과

98 러시아의 체제전환 과정에서 나타난 국가의 역할과 그 전망
이상민 외 | 부산대 정치외교학과

99 남북한의 경제발전 수준과 산업구조 비교, 그리고 경제교류 협력방향
주성환 | 건국대 경제학과

100 집단따돌림과 교육해체
한준상 | 연세대 교육학과

101 공적연금제도의 효율성과 개선방안
유금록 | 군산대 행정복지학부

102 벤처기업-대기업의 성공적인 협력 모델
나중덕 | 경산대 경영학과

103 북한의 재외동포정책
조정남 외 | 고려대 정치외교학과

104 사이버 공동체 형성의 역동적 모형
장용호 | 서강대 신문방송학과

105 기업이론과 기업의 소유지배구조
김일태 외 | 전남대 경제학부

106 가축분뇨 자원화를 위한 공동이용조직에 대한 농가선호도 분석
유덕기 | 동국대 생명자원경제학과

107 개혁정책과 전문가 집단
이경원 외 | 제주대 행정학과

108 현대 한국사회의 이중가치체계
신수진 외 | 이화여대 가정관리학과

109 한국의 산업구조 변화와 기업집단 다각화 전략
김용학 외 | 연세대 사회학과

110 지식정보사회의 경제적 모형 설정 및 사례 연구
김범환 | 배제대 경영정보학부

111 변호사징계제도
오종근 | 한림대 법학부

112 인터넷 특허법
김순석 | 광주대 법학과

113 e-비즈니스 시대의 금융 및 재정정책의 새로운 패러다임
이종욱 | 서울여대 경제학과

114 청소년의 하위문화와 정체성
조성남 | 이화여대 사회학과

115 디지털금융시대의 금융구조변화와 정부규제 및 정책
이충열 | 고려대 경제학부

116 지식경영을 위한 기업의 조직설계방안
김경수 외 | 전남대 경영학과

117 전자금융의 발달과 경제정책의 새로운 패러다임
이명훈 | 명지대 경제학과

118 동아시아의 안보와 유엔체제
강성학 편저 | 고려대 정치외교학과

119 유료 치매노인 그룹홈의 개발과 관련 정책
최정신 외 | 가톨릭대 소비자 · 주거학과

120 소비자 지향적 문화산업 정책
홍영준 | 호남대 광고홍보학과

121 국제 · 국가 · 지방 환경규제의 연계
정준금 외 | 울산대 행정학과

122 현행 회사 합병 · 분할제도의 평가와 개선방안
옥무석 외 | 이화여대 법학과

123 배려지향적 도덕성과 정의지향적 도덕성
정옥분 외 | 고려대 사범대학

124 기업구조조정에 대한 채권금융기관 및 금융감독기관의 역할과 책임
이중기 | 한림대 법학과

125 실업대책으로서 한국의 법정기준근로시간 단축
박영범 | 한성대 경제학과

126 프랑스어의 비분리성 소유개념 표현
노유채 | 연세대 언어정보연구원

127 지방채의 효율적 관리방안
강태구 | 호원대 법행정학부

128 21세기 산업구조 변화와 과학기술정책
임채성 외 | 그리스도신학대 경영정보학부

129 인터넷 쇼핑몰 이용자의 불평행동
예종석 | 한양대 경영학부

130 한국기업의 성과급제도 현황, 효과 및 개선방안
김성수 | 서울대 경영학과

131 전자상거래와 소비자보호
서민교 외 | 경일대 인터넷국제통상학과

132 평생학습 사회에서의 인적자원개발을 위한 사회적 파트너십 구축
김영화 | 홍익대 교육학과

133 한국 공교육의 새로운 구상과 전략
권대봉 외 | 고려대 교육학과

134 한국의 정부개혁
김태룡 | 상지대 행정학과

135 지방정부 생산성 측정의 이론과 실제
이은국 외 | 연세대 행정학과

136 불가 시문학론
배규범 | 경희대 학술연구 교수

137 남북경제교류의 법적 문제
제성호 | 중앙대 법학과

138 경제위기와 청소년 발달
구인회 | 서울대 사회복지학과

139 생명과학기술의 응용과 기본권보호적 한계
정상기 외 | 한남대 법학과

140 경제발전과 정치환경의 한 · 일 비교분석
정갑영 외 | 연세대 동서문제연구원

141 한국 공교육의 진단
윤정일 외 | 서울대 교육학과

142 우리나라 지방자치 발전을 위한 자치 단체장의 역할
정성호 외 | 경기대 사회과학부

143 의료보험제도의 개혁방안
권순원 | 덕성여대 경제학과

144 중등 도덕교육의 현실과 문제
손동현 외 | 성균관대 철학과

145 사이버공동체 발전론
이명식 | 상명대 경영학과

146 남북경협 확대에 대비한 북한 담보 제도의 정비방안
박훤일 | 경희대 법과대학

147 한국 공무원 인사제도 개혁
김판석 | 연세대 행정학과

148 교사화법 교육
임칠성 외 | 전남대 국어교육과

149 세계화의 문화정치학
임혁백 외 | 고려대 정치외교학과

150 효과적인 e-SCM을 위한 의사결정 조정 시스템 모형
이원준 | 성균관대 경영학부

151 환경거버넌스
김종순 외 | 건국대 행정학과

152 자동차산업의 인적자원관리
이덕로 | 서원대 경영학부

153 한국과 영국 간 지식기반산업 비교
이명호 | 한국외대 경영학과

154 한국 벤처기업의 기술네트워킹 및 기술마케팅 전략
장영일 | 인제대 경영학부

155 회사변호사의 윤리
오승종 | 성균관대 법과대학

156 미디어교육론
이정춘 | 중앙대 신문방송학과

157 조선시대 서원과 양반
윤희면 | 전남대 역사교육과

158 환경문제와 철학
박찬국 | 서울대 철학과

159 노인보건복지 이론과 실제
김명 외 | 이화여대 보건교육학과

160 북한의 법체계
권재열 외 | 숭실대 법학과

161 생명공학기술의 안전성 확보에 관한 법적 고찰
이재협 | 경희대 법학부

162 청소년복지학
김성이 외 | 이화여대 사회복지학과

163 변화하는 세계, 변화하는 복지국가
조영훈 | 동의대 사회복지학과

164 의리의 윤리와 한국의 유교문화
김낙진 | 진주교대 도덕교육과

165 미국의 통상정책과 통상법
윤충원 | 전북대 무역학과

166 사회복지 프로그램 평가
김학주 | 경상대 사회복지학과

167 환경주의와 지속가능한 발전
정대연 | 제주대 사회학과

168 무역과 환경
김기흥 외 | 경기대 경제학부

169 산업계 유해폐기물의 위험과 관리
김금수 | 호서대 경상학부

170 백범 김구의 지적 계발과정 탐색
문용린 | 서울대 교육학과

171 태평양전쟁 발발 이후 일제의 인적 지배와 그리스도교계의 대응
윤선자 | 전남대 사학과

172 거버넌스 상황에서 갈등관리를 위한 대체적 분쟁해결제도
서순복 | 광주대 법정학부

173 시장경제의 유형과 민주주의
최배근 | 건국대 경상학부

174 일본고전소설 총론
김현정 | 국립한국전통문화학교

175 국어 교육을 위한 국어 문법론
이관규 | 홍익대 국어교육과

176 율곡의 군주론
전세영 | 부산교대 윤리교육과

177 동북아시아 환경협력
정서용 | 명지대 법학과

178 기후변화협약과 기후정책
신의순 외 | 연세대 경제학과

179 인터넷과 국제 학술정보 네트워크-하이퍼링크 분석
박한우 | 영남대 언론정보학과

180 국내 기업복지의 활성화 방안
최수찬 | 연세대 사회복지대학원

181 세계화와 인간안보
김우상 외 | 연세대 정치외교학과

182 세계문화유산 종묘 이야기
지두환 | 국민대 국사학과

183 한국 평생교육의 사회철학적 과제
곽삼근 | 이화여대 교육학과

184 강점모델
정순둘 | 이화여대 사회복지학과

185 글로벌시대의 계약법
박영복 | 한국외대 법과대학

186 배심제와 시민의 사법참여
안경환 | 서울대 법학과

187 동북아공동체
김재한 | 한림대 정치외교학과

188 정치 참여와 탈물질주의
김욱 | 배재대 정치외교학과

189 퍼지전문가회로망을 이용한 금융기관의 사이버 기업여신결정 지원시스템의 개발
권혁대 | 목원대 경영학과

190 환경정책과 환경법
송인성 | 전남대 지역개발학과

191 포스트모던 시대의 평생교육학
한숭희 | 서울대 교육학과

192 현대 한국인의 세대경험과 문화
박길성 외 | 고려대 사회학과

193 서구의 근로연계복지
김종일 | 건국대 사회복지학과

194 사회복지운동론
현외성 | 경남대 사회복지학과

195 외국의 역모기지 사례
유선종 | 건국대 부동산학과

196 옛이야기와 어린이문학
이지호 | 진주교대 국어교육학과

197 노인사회복지관광의 정책과제와 방안
김창수 | 경기대 관광학부

198 복지서비스의 민간위탁 시스템 분석
김순양 | 영남대 행정학부

199 새로운 빈곤층의 대두와 정부의 정책과제
김진욱 | 건국대 경제학과

200 문화행정론
김정수 | 한양대 행정학과

201 스칸디나비아 노인용 코하우징의 계획과 적용
최정신 외 | 가톨릭대 생활과학부

202 북한의 자연생태계
공우석 | 경희대 지리학과

203 통계로 이해하는 러시아
전홍찬 | 부산대 정치외교학과

204 사회복지법인의 경영과 회계
이동규 | 충남대 회계학과

205 의약분업 정책과정
차흥봉 | 한림대 사회복지학과

206 지역공동체와 평생교육
오혁진 | 동의대 평생교육학부

207 아동보호서비스의 실제
한미현 | 백석대 사회복지학부

208 그린마케팅
박재기 | 충남대 경영학부

209 아동권리와 아동복지
이혜원 | 성공회대 사회복지학과

210 국제 이주와 인도인 디아스포라
김경학 | 전남대 인류학과

211 질병과 의료의 사회학
조병희 | 서울대 보건대학원

212 북한이탈주민의 사회통합을 위한 지역복지실천의 모색
이기영 | 부산대 사회복지학과

213 치매노인케어론
조유향 | 초당대 간호학과

214 노인상담입문
서혜경 외 | 한림대 대학원 사회복지학과

215 '통일 이후 통일과정'으로서의 독일 통일영화
이준서 | 이화여대 독어독문학과

216 중국의 사회보장
오정수 | 충남대 사회복지학과

217 환경자원의 경제적 가치와 환경오염의 사회적 비용
김재홍 | 울산대 사회과학부

218 사회복지프로그램의 경제적 평가방법
박창제 외 | 상주대 사회복지학과

219 자유의지와 결정론
안건훈 | 강원대 철학과

220 심리학자들이 쓴 행복한 결혼의 심리학
채규만 외 | 성신여대 심리학과

221 현대 해석학 강의
양해림 | 충남대 철학과

222 한국인의 주거 빈곤과 공공주택
하성규 | 중앙대 도시 및 지역계획학과

223 IMF 경제위기와 한국 출산력의 변화
김두섭 | 한양대 사회학과

224 동아시아의 영토분쟁과 국제법
이석우 | 인하대 법학부

225 독일 복지국가와 사회복지서비스
정재훈 | 서울여대 사회사업학과

226 사회복지사를 위한 실용 비모수통계
엄명용 | 성균관대 사회복지학과

227 피해자학 연구
이윤호 | 동국대 경찰행정학과

228 광고언어창작론
박영준 외 | 부경대 국어국문학과

229 환경규제 패러다임의 전환
한철 | 한남대 법학과

230 고령사회의 노동환경변화와 고용 시스템의 문제점 및 법적 대응
고준기 | 국립군산대 법학과

231 세계화와 소득불평등
이성균 외 | 울산대 사회과학부

232 유비쿼터스 사회의 이해
안중호 외 | 서울대 경영학과

233 국제환경책임법론
박병도 | 건국대 법학과

234 한국의 선거와 민주주의
윤종빈 | 명지대 정치외교학과

235 한국 시민운동의 구조와 동학
조대엽 외 | 고려대 사회학과

236 또래관계
송영혜 | 대구대 재활심리학과

237 해외 한국기업과 현지인 노동자
석현호 외 | 에스코이아학술문화재단

238 독일 국가복지에서 민간복지단체의 역할과 의미
차성환 외 | 한일장신대 사회복지학부

239 청정공학
조정호 | 동양대 생명화학공학과

240 한국전통연희론
심상교 | 부산교육대 국어교육학과

241 정신장애와 가족
서미경 | 경상대 사회복지학부

242 빈곤통계의 작성과 활용
김주환 | 동국대 정보통계학과

243 인터넷과 한국정치
강원택 | 숭실대 정치외교학과

244 북한의 시장경제이행
정영화 외 | 서경대 법학과

245 시스템사고로 본 지속가능한 도시
문태훈 | 중앙대 도시및지역계획학과

246 실버산업과 유비쿼터스 컴퓨팅
고일상 | 전남대 경영학부

247 재활상담과 사례관리
나운환 | 대구대 직업재활학과

248 영유아교육기관에서의 장애 이해 교육
유수옥 | 우석대 유아특수교육과

249 장애의 사회적 의미와 사회통합
박수경 | 대진대 사회복지학과

250 경제분석의 수리적 기초
조인성 | 공주대 경제통상학부

251 비영리부문의 비교연구
김승현 | 서울산업대 행정학과

252 고등교육경제학
반상진 | 전북대 교육학과

253 과학윤리교육의 이론과 방법
조희형 | 강원대 과학교육학부

254 결혼이민자가족의 이해
김오남 | 대불대 사회복지학과

255 동아시아 국가의 공공부조
신동면 | 경희대 사회과학부

256 특수아동 진단 및 평가
이나미 | 대불대 특수교육과

257 계약형 사회복지와 권리옹호시스템
이명현 | 경북대 상주캠퍼스 사회복지학과

258 실내공기질 및 위해성 관리
양원호 | 대구가톨릭대 산업보건학과

259 충남 방언 문법
한영목 | 충남대 국어국문학과

260 교육권론
노기호 | 군산대 법학과

261 도시경관계획론
임승빈 | 서울대 조경 · 지역시스템공학부

262 교통의 새로운 패러다임
김형철 | 경원대 도시계획 · 조경학부

263 노인의 삶의 질 향상을 위한 주거환경디자인
천진희 | 상명대 디자인대학 실내디자인전공

264 사회복지와 문화
박병현 | 부산대 사회복지학과

265 장애인복지의 이론과 실제
이선우 | 인제대 사회복지학과

266 창의성 개발을 위한 디자인교육 콘텐츠
김선영 | 인천가톨릭대 조형예술대학 환경디자인학과

267 구성주의 사회복지 실천 기술론
고미영 | 서울신학대 사회복지학과

268 장애아교육학
김기흥 | 부산교육대 유아교육과

269 지역사회복지와 자원부문
한상진 외 | 울산대 사회학과

270 환경관리회계
육근효 | 부산외국어대 회계학부

271 인권 관점에서 보는 장애인복지
유동철 | 동의대 사회복지학과

272 정신증상
송지영 | 경희대 의과대학병원 신경정신과

273 사이버공간의 사회심리학
이성식 외 | 숭실대 정보사회학과

274 노인에 대한 사회적 돌봄과 돌봄 서비스의 질 보장
최희경 | 신라대 가족노인복지학과

275 아동 심리치료의 실제
신현균 | 전남대 심리학과

276 사회복지와 위험관리
노충래 | 이화여대 사회복지전문대학원

277 국제 탄소시장의 이해
양승룡 | 고려대 식품자원경제학과

278 타자의 초상
신문수 | 서울대 영어교육과

279 한국정치와 환경정치
나정원 | 강원대 정치외교학과

280 북한이주민
윤인진 | 고려대 사회학과

281 음주의 사회경제적 비용
정우진 외 | 연세대 보건대학원

282 지방정치와 동북아 도시거버넌스
박재욱 | 신라대 행정학과

283 노숙인 복지론
남기철 | 동덕여대 사회복지학과

284 유럽통합과정과 지역협력
이규영 | 서강대 국제대학원

285 사회복지재정 연구
지은구 | 계명대 사회과학대학 사회복지학과

286 지역사회 교육개혁을 위한 시민사회 조직의 참여
김영화 | 홍익대 교육학과

287 복지사회를 대비한 국민연금의 구조개혁
박영석 외 | 서강대 경영학부

288 한미 FTA 지재권 협상에 따른 의약품 분야 사회후생 변화
오근엽 | 충남대 무역학과

289 산업입지, 환경 그리고 지역경제
이기동 외 | 계명대 국제통상학과

290 감성지능 개발을 통한 삶의 질 향상
김경수 외 | 전남대 경영학부

291 교육복지론
이용교 외 | 광주대 사회복지학부

292 인간과 행복에 대한 철학적 성찰
박찬구 | 서울대 철학과

293 유럽연합의 사회통합 사례와 교훈
이무성 | 명지대 정치외교학과

294 민영화와 사회후생
이상호 | 전남대 경제학부

295 북한의 교육학 체계 연구
최영표 외 | 동신대 교육대학원

296 한국 지속가능발전의 구조와 변동
정대연 | 제주대 사회학과

297 우리나라의 공익 연계 마케팅에 관한 연구
임승희 | 전주대 경영학부

298 시각장애인복지론
김영일 | 조선대 특수교육과

299 그린에너지와 환경촉매
정석진 | 경희대 화학공학과

300 취약학교 초등학생을 위한 온라인 보건 교육 프로그램
박경옥 | 이화여대 보건관리학과

301 신탁제도를 통한 고령자의 보호와 지원
최수정 | 서강대 법학전문대학원

302 사회적 약자계층에 대한 실태분석 및 정책방안
이은우 외 | 울산대 경제학과

303 한류 문화와 동북아 공동체
최혜실 | 경희대 국어국문학과

304 노동유연화와 해고보호법
권혁 | 부산대 법학전문대학원

305 사회복지 위험관리의 이해
박미은 | 한남대 사회복지학과

306 의료기관의 회계와 세무
노준화 | 충남대 경영학부

307 여성인적자원의 전문성 확보를 위한 경력개발
백지연 | 이화여대 국제사무학과

308 정신병리
강선경 | 서강대 신학대학원

309 바다의 반란 적조
윤양호 | 전남대 해양기술학부

310 한국 장애인 복지 발달사
이성규 | 서울시립대 사회복지학과

311 서양예술 속의 동양 탐색
진상범 | 전북대 독어독문학과

312 한국인의 도덕성 발달 진단
문용린 | 서울대 교육학과

313 영국정치와 국가복지
고세훈 | 고려대 공공행정학부

314 인간학적 사유를 여는 중도·중복장애 교육학
이숙정 | 단국대 특수교육과

315 개별화 교육과정
이소현 | 이화여대 특수교육과

316 인간의 긍정적 성품
권석만 | 서울대 심리학과

317 지방자치와 지역여성의 전망
이혜숙 | 경상대 사회학과

318 한국 현대 노년소설 연구
전흥남 | 한려대 교양학부

319 정보격차 해소를 위한 창의적 정보교육 프로그램
이영준 외 | 한국교원대 컴퓨터교육과

320 한국 가족과 젠더
손승영 | 동덕여대 교양학부

321 한국의 복지혼합
김진욱 | 서강대 신학대학원

322 사회자본과 자원봉사
김태룡 외 | 상지대 행정학과

323 농촌교육복지연구
박삼철 | 단국대 교양학부

324 사회정체성 평가 차원에 대한 국제비교조사
이명진 | 고려대 사회학과

325 캐나다 복지국가 연구
조영훈 | 동의대 사회복지학과

326 한국의 소수자운동과 인권정책
전영평 외 | 서울대 행정대학원

327 한국과 미국의 보육서비스 전달체계와 품질 비교분석
김근세 외 | 성균관대 국정관리대학원

328 한국사회의 소득불평등과 국민 의료이용
이용재 | 호서대 사회복지학과

329 정보시대의 인간안보
조화순 | 연세대 정치외교학과

330 가족의 사회경제적 특성과 아동발달
김광혁 | 전주대 사회복지학과

331 초·중·고등학생의 학업소진 진행과정 및 경로분석
이상민 | 고려대 교육학과

332 다문화사회의 사법통역
이지은 | 이화여대 통역번역대학원

333 동아시아 지역주의
유현석 | 경희대 정치외교학과

334 환경친화적 공공시설관리와 지역공동체의 삶의 질
이소영 | 중앙대 실내디자인·주거환경학과

335 의료보험의 법정책
김나경 | 성신여대 법과대학

336 양극화 시대 가족해체와 청소년의 적응에 관한 한국과 미국의 비교 연구
오승환 외 | 울산대 사회복지학과

337 기업의 사회적 책임과 지역경제사회발전 연구
허영도 외 | 울산대 경영학부

338 노인의 삶의 질 향상을 위한 온라인 소셜 네트워크 구축 방안
김진우 | 연세대 경영학과

339 청소년 생활역량
윤명희 외 | 동의대 평생교육학과

340 외국인 배우자의 다양성과 국제결혼의 안정성
김두섭 | 한양대 사회학과

341 정보인권의 규범구체화
이민영 | 가톨릭대 법학과

342 한국 사회복지실천의 고유성
최성재 외 | 서울대 사회복지학과

343 스웨덴의 환경책임 실천모형
최희경 | 경북대 행정학부

344 자율운동과 주거공동체
윤수종 | 전남대 사회학과

345 한국인의 공공봉사동기
김상묵 | 서울과학기술대 행정학과

346 한국 이혼가정 아동의 성장
김혜숙 | 경인교육대 교육학과

347 동양 사상과 노인 복지
홍승표 외 | 계명대 사회학과

348 노동과 사회보장의 연계
오문완 | 울산대 법학과

349 학습장애 위험군 아동의 조기선별을 위한 읽기검사 표준화 연구
김애화 외 | 단국대 특수교육학과

350 신·재생에너지에 기초한 녹색성장과 사회통합
김인호 | 이화여대 법학전문대학원

351 문화교류역량과 다문화 경영이 기업 경영성과에 미치는 영향
임병학 외 | 부산외대 경영학부

352 빈곤영유아의 발달과 적응
정익중 외 | 이화여대 사회복지학과

353 민사법질서와 인권
양천수 | 영남대 법학전문대학원

354 성년후견제도와 사회복지제도의 연계
신권철 | 서울시립대 법학전문대학원

355 한국 다문화사회의 이방인
김순양 | 영남대 행정학과

356 현대 시민사회와 소비자계약법
이병준 | 한국외대 법학전문대학원

357 개인의 사회적 정보보호를 위한 공공 정보서비스 개선 연구
장항배 | 상명대 경영학과

358 여성교육투자에 대한 교육경제학적 탐색
백일우 외 | 연세대 교육학부

359 사회적 기업과 지속가능한 지역발전
임업 외 | 연세대 도시공학과

360 다문화가정 구성원에 대한 투트랙 한국어 교육방안 연구
박시균 | 군산대 국어국문학과

361 아시아의 빈곤과 한국기업의 역할
한인수 | 충남대 경영학부

362 유치원·초등학교 연계 환경교육
박희숙 | 공주대 유아교육학과

363 비정규 고용과 사회정책
구인회 외 | 서울대 사회복지학과

364 사생활의 자유에 관한 비교법적 연구
이창현 | 서강대 법학전문대학원

365 다중융합 환경 기반의 미디어스킨을 활용한 문화콘텐츠 디자인 적용방안에 관한 연구
오문석 외 | 광운대 미디어영상학부

366 북한이탈주민 여성의 성인식 관련 기초조사
한인영 외 | 이화여대 사회복지학과

367 노인주택 파노라마
유선종 | 건국대 부동산학과

368 시설보호 청년의 적응
정선욱 | 덕성여대 사회복지학과

369 다수 집단과 소수 집단의 심리
김혜숙 | 아주대 심리학과

370 바이오 휴머니티
권택영 | 경희대 영어학부

371 프랑스 다문화교육의 이해
이경수 | 상명대 불어교육과

372 한·중 서비스산업의 비교분석과 교역 확대 방안
김상호 | 리츠메이칸 아시아태평양대 국제경영학부

373 현대의학에 있어서 생명의 시간과 인간의 존엄
김학태 | 한국외대 법학전문대학원

374 0~3세 영유아의 영상물 과몰입 실태조사 및 정신건강증진 프로그램 개발과 적용
이경숙 | 한신대 재활학과

375 복지국가의 조세와 정치
양재진 외 | 연세대 행정학과

376 청소년기 자살행위 실태와 관련 요인
박선희 | 경희대 간호과학대학

377 기술혁신에 따른 지역 간 정보격차
최정혜 외 | 연세대 경영대학

378 한국 사회의 이중구조와 생애주기적 불평등
안상훈 편 | 서울대 사회복지학과

379 소비자의 친환경행동에 영향을 미치는 사회적·경제적 가치에 대한 고찰
송재기 | 텍사스테크대 경영학과

380 어머니 양육행동 관련 변인들과 유아 사회정서행동 간의 구조모형 분석
심숙영 | 숙명여대 원격대학원

381 조선족 여성, 동남아시아 여성 그리고 새터민의 적응 유형 분석 및 삶의 질 향상 방안 모색
정태연 | 중앙대 심리학과

382 세계의 연금, 한국의 연금
허만형 | 중앙대 공공인재학부

383 노인요양원과 문화 변화
최재성 | 연세대 사회복지학과

384 시민사회와 국제개발협력
손혁상 | 경희대 공공대학원

385 복지국가의 변화와 빈곤정책
김윤태 | 고려대 사회학과

386 다문화가정의 미디어 이용과 사회적 자본의 관계
진창현 | 경기대 경영학과

387 사회진출 대졸 초년생의 탄력성 변화 양상
이상민 | 고려대 교육학과

388 사회자본과 경제발전 그리고 정부의 질
도수관 | 대구가톨릭대 행정학과

389 망명과 귀환이주
서장원 | 고려대 독일문화학과

390 근거기반실천과 사회복지
김유진 | 경북대 사회복지학부

391 인터넷상 정보 유통에 대한 새로운 저작권 규율 방향 모색
박준석 | 서울대 법학전문대학원

392 한국 사회의 인종차별적 담화구조
이창수 | 한국외대 통역번역대학원

393 사회복지사의 사회복지 가치 지향
김용석 | 가톨릭대 사회복지학과

394 개인정보의 국제적 유통에 따른 법적 문제와 대책
박훤일 | 경희대 법학전문대학원

395 정신장애인의 인권
서미경 | 경상대 사회복지학과

396 취약계층 비만청소년들의 체중관리를 위한 건강증진 프로그램의 효과
김영호 | 서울과학기술대 스포츠과학과

397 한국 전통의 돈의 문학사, 나눔의 문화사
서신혜 | 한양대 창의·융합교육원

398 와이파이 공간과 모바일 정보 격차
이건학 | 서울대 사회과학대학

399 도시정비사업의 법적 쟁점과 해설
성중탁 | 경북대 법학전문대학원

400 사회서비스 제공기관의 조직요인과 성과
신창환 | 경북대 사회복지학부

401 도시 사운드스케이프 디자인
전진용 외 | 한양대 건축공학부

402 지방의회 의원윤리연구
김택 | 중원대 경찰행정학과

403 발달장애인 자립생활 증진을 위한 역량탐색 및 주거로서의 해결과제
김라경 | 광주교육대 교육학과

404 외국인고용제도개선과 인권
김상호 외 | 경상대 법과대학

405 사회복지연구에서 질적방법과 분석
김인숙 | 가톨릭대 사회복지학과

406 현대미술에서의 예술적 성장과 창의적 인재양성
백경미 | 울산과학기술원 기초과정부

407 현대인의 삶과 문화예술교육
곽삼근 | 이화여대 교육학과

408 문화적 배경과 체화된 인지
민동원 | 단국대 경영학부

409 아동 섭식행동평가 척도 표준화 및 섭식문제 현황 조사
정경미 | 연세대 심리학과

410 잊혀질 권리: 이상과 실현
문재완 | 한국외대 법학전문대학원

411 인권의 지역화: 일상생활의 인권 증진을 위하여
김중섭 | 경상대 사회학과

412 다문화 시대 이주민의 한국어 의사소통
민병곤 외 | 서울대 국어교육과

413 다문화 시대의 문화교육 커리큘럼
윤여탁 외 | 서울대 국어교육과

414 다문화 시대의 통일교육
박성춘 외 | 서울대 윤리교육과

415 다문화 시대 사회 통합을 위한 시민 교육
이진석 외 | 부산대 일반사회교육과

416 다문화 관련 법률 및 제도
박성혁 외 | 서울대 사회교육과

417 생태복원의 인문학적 상상력
김성도 외 | 고려대 언어학과

418 국내 출생 다문화가정 청소년의 아픔과 분투: 사회적 차별로부터의 회복과 성장
서영석 | 연세대 교육학과

419 종교심리학의 이해: 죽음인식의 논의를 중심으로
김재영 | 서강대 종교학과

아 | 산 | 재 | 단 | 연 | 구 | 보 | 고 | 서

1 한국인의 도덕성 연구
배해수 | 고려대 국문학과

2 산업화와 청소년 진로
이원호 | 울산대 교육학과

3 공동체의식과 시민운동
김영섭 | 한양대 행정학과

4 한국청년의 삶의 의미 충족도와 만족적 태도
안정수 | 경희대 철학과

5 중국조선족의 사회발전과 한 · 중관계의 위상
손장권 | 고려대 사회학과

6 해송림 "솔껍질깍지벌레"의 천적 및 주요 종의 생태
김규진 | 전남대 농생물학과

7 사회정의와 실천윤리
박종대 | 서강대 철학과

8 동구개혁의 영향
김달중 | 연세대 정치외교학과

9 한국청소년의 의식세계
김문조 | 고려대 사회학과

10 고강도 철근 콘크리트 구조의 실용화
정헌수 | 중앙대 건축학과

11 신기술의 연관형태 및 출현예측의 구조모형
권철신 | 성균관대 산업공학과

12 민간기업의 연구개발을 위한 조세정책
권영훈 | 한양대 경제학부

13 기술개발 활성화방안
송승구 | 울산대 화학공학부

14 부패의 현상과 진단
이문조 | 영남대 정치외교학부

15 연구투자의 지역적 편중화와 부산지역의 기초과학연구 활성화방안
윤웅찬 | 부산대 화학과

16 GATT의 신구 덤핑방지협정과 그 대응방안
전창원 | 동국대 무역학과

17 한국사회의 도덕성 제고를 위한 진단과 처방
황경식 | 서울대 철학과

18 새로운 노사관계 방향
이진규 외 | 고려대 경영학과

19 21세기 동북아 정세예측과 한국의 전략적 대응방안
최평길 외 | 연세대 행정학과

20 소련의 한국에 대한 정책목표분석
신승권 | 한양대 정치외교학과

21 메모리 커패시터용 $Pb(Zr_xTi_{1-x})O_3$ 강유전체 박막의 제작과 특성
장지근 외 | 단국대 전자공학과

22 러시아 국제법학의 전통
김용구 | 서울대 외교학과

23 유럽연합의 현황과 전망
김동현 외 | 성균관대 행정학과

24 중국의 정치동원
송영우 외 | 건국대 정치외교학과

25 산업적 활용을 위한 이동로보트 시스템의 개발
박민용 외 | 연세대 전자공학과

26 중국조선족의 정치사회화과정과 동화적 국민통합의 방향
전인영 외 | 이화여대 사회생활학과

27 공적부조의 이론과 실제
최일섭 외 | 서울대 사회복지학과

28 대외통상환경의 변화와 법제개편
서헌제 | 중앙대 법학과

29 기업금융의 국제화
최생림 | 한양대 경영학부

30 자동차부품공업의 노사관계
김호진 외 | 고려대 행정학과

31 산업화 과정에서의 한국가족의 실태와 전망
정창수 외 | 성균관대 사회학과

32 공무원 가치관 실태와 정립방안
배병룡 외 | 경상대 행정학과

33 해외귀국청소년의 국내적응연구
이장영 | 국민대 사회학과

34 초고속정보통신망에서 LAN서비스 제공방안
이재용 | 연세대 전자공학과

35 WTO체제의 정책적 대응
김병진 외 | 경희대 행정학과

36 유럽의 통합정치
최수경 외 | 충남대 정치외교학과

37 유기질폐기물을 이용한 고단백사료원인 조류의 생산공정
최정우 외 | 서강대 화학공학과

38 초고속정보통신망의 수용성과 정책방향
박영상 외 | 한양대 신문방송학과

39 중국의 강남사회와 한중교섭
조영록 외 | 동국대 사학과

40 세계화시대의 사회·문화의식
신행철 외 | 제주대 사회학과

41 국내 외국인 노동자의 문제와 대책
성규탁 외 | 연세대 사회복지학과

42 노인인력 활용정책과 프로그램
김정후 외 | 강원대 법과대학

43 한일간 학술교류 현황과 활성화방안
정홍익 외 | 서울대 행정대학원

44 계량모형에 의한 한일 경제관계의 이해
김명직 외 | 한양대 경제학부

45 직장인의 음주행태와 삶의 질
진기남 외 | 연세대 보건행정학과

46 유통정보 시스템의 구조와 설계
정용길 | 충남대 경영학과

47 남북통일 이후 사회통합을 위한 교육의 역할
안기성 외 | 고려대 교육학과

48 대중음악에 심취한 청소년들의 심리적 특성
김인경 외 | 연세대 인간행동연구소

49 멀티미디어 시스템을 활용한 교육환경의 개선방안
김한일 | 제주대 컴퓨터교육학과

50 탈냉전기 한일관계의 쟁점
최상룡 | 고려대 정치외교학과

51 자치시대 새로운 '삶의 질' 지표의 모색
김형기 외 | 경북대 경제통상학부

52 유럽통합의 역내외 협력과 갈등
이호재 외 | 고려대 정치외교학과

53 21세기를 대비한 신노사관계
김재원 | 한양대 경제학부

54 대학의 시간제학생 등록제
안규철 외 | 전남대 교육학과

55 21세기에 대비한 방송통신정책
한진만 외 | 강원대 신문방송학과

56 주민참여를 통한 혐오시설 관리운영방안
박균성 외 | 경희대 법학부

57 여성의 정치적 권리인식과 정치참여
전경옥 외 | 숙명여대 정치외교학과

58 한국인 위장질환과 식생활·환경요인 및 *H. pylori* 감염과의 관계
이양자 외 | 연세대 식품영양학과

59 학생과 시민의 자원봉사활동
윤정일 외 | 서울대 교육학과

60 동북아 환경문제와 지역환경협력의 모색
신연재 외 | 울산대 정치외교학과

61 노인 자원봉사활동을 통한 사회통합 프로그램 개발
김동배 | 연세대 사회복지학과

62 물류정보 시스템
김태현 | 연세대 경영학과

63 전자식 문서교환을 이용한 항공화물 운송체계
민재형 | 서강대 경영학과

64 청소년과 성
이근후 | 이화여대 의과대학

65 민족통합과 무궁화호 위성의 남북한 공동활용방안
방정배 | 성균관대 신문방송학과

66 채식주의가 20대 여성의 영양상태와 에스트로겐 대사에 미치는 영향
성미경 | 숙명여대 식품영양학과

67 가상정보공간을 통한 지역개발 활성화 전략
유재천 외 | 한림대 언론정보학부

68 조산아 관리현황 및 정책수립 방안
박상기 외 | 조선대 의과대학

69 남북한관의 의식조사와 통일교육 개선방안
김동규 외 | 고려대 북한학과

70 동양 전통 자연사상 탐구
장동순 | 충남대 환경공학과

71 초고속정보망의 시뮬레이터 구현
한기준 | 경북대 컴퓨터공학과

72 유통원가 시스템의 유효성
정다미 | 명지대 경영학과

73 국악과 문화관광의 만남
정익준 외 | 동아대 국제관광통상학부

74 기업의 지식경영 활용사례
김창은 | 명지대 산업공학과

75 선진국과 한국의 직업교육·훈련제도의 특성과 한계
정주연 | 고려대 경제학과

76 제주지역 성인 여성의 자원봉사활동
이상철 외 | 제주대 사회학과

77 M&A와 문화충돌 관리
박원우 | 서울대 경영학과

78 폐금속광산 인근 주민들의 중금속 오염실태
정종학 외 | 영남대 의학과

79 북한 농촌·농업실태와 인력자원개발 시스템을 통한 북한 농민의 구호방안
박성열 | 건국대 교육공학과

80 중소 소매점의 경쟁력과 소매성과
채명수 외 | 한국외대 무역학과

81 고령자를 위한 쾌적한 실내온도와 착의량의 설정
정운선 | 안동대 의류학과

82 지역문화 이벤트 PR
박종민 | 경희대 언론정보학부

83 인터넷 지역정보화의 실태와 전략
유평준 외 | 연세대 행정학과

84 여성 삶의 질 향상을 위한 사회교육 활성화 방안
김양희 | 중앙대 가족복지학과

85 벤처기업과 벤처금융
강대석 외 | 충남대 무역학과

86 구조조정기에 있어서 실업대책과 사회안전망 구축
박천익 | 대구대 경제학과

87 한국 유아의 조기교육
이명조 외 | 한국외대 교육대학원

88 남북한 경제공동체 형성전략
이상만 | 중앙대 경제학과

89 지방자치회계의 투명성과 주민의 알 권리
권찬태 외 | 경북대 경영학부

90 정치지도자의 정책리더십
이해영 | 경일대 행정학과

91 경제위기와 한국인의 복지의식
신광영 외 | 중앙대 사회학과

92 북한의 노동
김강식 | 한국항공대 경영학과

93 우리나라 중소기업의 정보기술 활용 현황과 경쟁력 강화를 위한 제안
정승호 | 부산외대 정보시스템학과

94 인간배아복제의 법적 · 윤리적 문제점과 그 해결방안
최병규 | 한경대 법학부

95 가치변화에 따른 투표행태
조찬래 외 | 충남대 정치외교학과

96 인터넷 경매에서의 계약체결과 소비자 보호
이기수 외 | 고려대 법과대학

97 세계화시대 남북한 통합의 방향과 과제
윤민재 | 서울대 사회발전연구소

98 글로벌 시대 지방정부의 문화마케팅 전략
박흥식 | 중앙대 행정학과

99 대졸여성실업의 실태분석 및 대학-노동 시장 간 효율적 연계방안
이은우 외 | 울산대 사회과학부

100 그린 투어리즘의 분석
이응진 | 대구대 관광학부

101 지방자치단체장의 부정부패
오일환 | 한양대 아태지역연구센터

102 산업화가 유교체제하 중국여성의 지위에 미친 영향
천성림 | 배재대 사회과학연구소

103 움직이는 말하기
유혜숙 외 | 나사렛대 교양학부

104 장애학생을 위한 특수교육공학의 활용
김용욱 | 대구대 중등특수교육과

105 지식기반사회의 평생교육 이해와 평생교육 프로그램 개발
박성열 | 건국대 교육공학과

106 N세대의 미술교육
김동철 | 대구교육대 미술교육학과

107 노후계획과 투자
권택호 | 여수대 국제통상학과

108 영화산업
양영철 | 경성대 연극영화학부

109 동유럽의 변혁과 언론의 역활
정대수 | 경남대 정치언론학부

110 환율, 임금, 물가가 국제경쟁력 및 수출입산업에 미치는 영향
하인봉 | 경북대 경제통상학부

111 일본기업의 기술혁신 전략
위정현 | 중앙대 상경학부

112 노후보장정책과 역저당연금제도
조덕호 외 | 대구대 행정학과

113 유비쿼터스 라이프와 미래 사회
김석수 | 한남대 멀티미디어공학과

114 죽음과 관련된 생명윤리적 문제들
구인회 | 가톨릭의과대 인문사회과학교실

115 경제적 세계화와 빈곤문제, 그리고 국가
김준현 | 한일장신대 인문사회과학부

116 한국의 세계불교유산
김종명 | 한국학중앙연구원 한국학대학원

117 복지레저서비스론
고태규 | 한림대 국제학부

118 자생적 철학체계로서 인간중심철학
선우현 | 청주교대 윤리교육과

119 전략적 통합과 한반도 평화체제
김승채 | 고려대 정책대학원

120 환경사법론
전경운 | 경희대 법학부

121 인터넷 자료를 통해 본 한국의 이혼 문화와 사회복지
성정현 외 | 협성대 사회복지학과

122 유럽연합의 사회정책에 관한 연구
문진영 | 서강대 신학대학원 사회복지학과

123 여성건강의 통합적 관점
김혜원 | 관동대 간호학과

124 복잡계 네트워크 과학
강병남 | 서울대 물리천문학부

125 경제적인 3세대 전원주택 개발
박근준 | 호서대 건축공학과

126 사회복지와 인적자원개발
이상일 | 인제대 국제경상학부